QINGJING
JIAOYU
JINGYAO

情境教育精要

李吉林◎著

教育科学出版社
·北 京·

出　版　人　　所广一

项目统筹　　代周阳

责任编辑　　谭文明

版式设计　　宗沅雅轩　　沈晓萌

责任校对　　贾静芳

责任印制　　叶小峰

图书在版编目（CIP）数据

情境教育精要 / 李吉林著. — 北京：教育科学出版社，2016.4（2022.12 重印）

ISBN 978-7-5191-0419-1

Ⅰ．①情…　Ⅱ．①李…　Ⅲ．①小学教育—研究　Ⅳ．①G62

中国版本图书馆 CIP 数据核字（2016）第 072616 号

情境教育精要

QINGJING JIAOYU JINGYAO

出版发行　**教育科学出版社**		
社　　址　北京·朝阳区安慧北里安园甲 9 号	市场部电话	010-64989009
邮　　编　100101	编辑部电话	010-64981277
传　　真　010-64891796	网　　址	http://www.esph.com.cn

经　　销　各地新华书店			
制　　作　宗沅雅轩			
印　　刷　唐山玺诚印务有限公司			
开　　本　720 毫米×1020 毫米　1/16	版　　次	2016 年 4 月第 1 版	
印　　张　15	印　　次	2022 年 12 月第 10 次印刷	
字　　数　194 千	定　　价	39.80 元	

如有印装质量问题，请到所购图书销售部门联系调换。

序

激荡心灵的情境教育

胡金波

（中国教育学会副会长、国家督学、江苏省委组织部副部长）

当李吉林老师荣获首届基础教育国家级教学成果奖特等奖喜讯传来的时候，我倍觉高兴，尤感喜悦。真是可喜可贺，众望所归；可歌可颂，实至名归；可圈可点，天道酬勤。冰心先生曾诗言："成功的花，人们只惊慕她现时的明艳！然而当初它的芽儿，浸透了奋斗的泪泉，洒遍了牺牲的血雨。"我想，这正是李老师从一名普通的小学教师成长为一位知名教育家的生动写照。

因工作关系，我有幸与李老师相识。她尽管年过古稀，但精神饱满、春色满面，童心不灭、充满活力，给人留下"有一股使不完的劲、有一腔道不尽的情"的深刻而美好的印象。她谈吐亲切而平实，表情自然而阳光，透过她的眉宇，能看到人性的自然流淌，生命的灿烂展现。在与她多次近距离的接触和交流中，我感到：她的一举一动倾注"情"、一言一语总关"情"、一字一画体现"情"，她用自己的情境教育实践对教育真谛做出了朴实回应——"教育的目的应当是向人传送生命的气息"，"教育是人的灵魂的教育，而非单纯的理智知识和认识的堆积"，教师的责任就是"要培养学生具有面对一丛野菊花而怦然心动的情怀"，引领学生走向仁爱、走向善良、走向智慧。

我曾专程到南通师范第二附属小学聆听并观摩情境教学公开课。走进课堂，感到春风扑面；融入师生，感受春潮涌动。老师因讲得生动而出彩，学生因学得主动而出色，师生因有机互动而让教室格外灵动，课堂里充满着爱、洋溢着情、体现着乐。李老师三十多年如一日，在情境教学、情境教育、情境课程的田园里辛勤耕耘、艰苦探索，产生了一个又一个以学习者为中心的感人肺腑的美好故事，留下了一串又一串集丰富知识的系统性、学习活动的操作性、审美教育的愉悦性于一体的让人难忘的闪光足印，奏响了一代又一代祖国花朵快乐成长的和谐乐章，进入了"从心所欲，不逾矩"的崇高境界。

情境教育是源于实践的教育。"纸上得来终觉浅，绝知此事要躬行。"李老师就是这样一位生命不息、躬行不止的有理想信念、有道德情操、有扎实学识、有仁爱之心的教育家。自登上讲台那一刻始，她一边不知疲倦地向上攀登，一边刻苦钻研教育理论。刘勰在《文心雕龙》中所阐述的"情以物迁，辞以情发"的思想，启发她由"景"入"境"，揭示出儿童的语言表达离不开情感与客观外物的规律。她大胆吸收脑科学研究的最新成果，认为良好的师生关系能引起神经递质的释放，由此形成的情绪记忆是最高效的记忆。李老师满怀深情地向下深入，走进课堂增知识、深入课堂长才干、扎根课堂做贡献。首先，她以丰富的教学实践为情境教学觅得源头活水。李老师认为，儿童母语教学要善于摆脱成人化的先验模式。通过大量观察和仔细研究，她发现，儿童的语言表达需要情感开路、直观外物承载，由此创造性地开辟了在小学低年级教学中发展智力的道路。从"一切景语皆情语"的教学对话中，李老师独创性地让艺术走进语文教学，系统地创设"以生活展现、以图画展现、以音乐渲染、以表演体会、以实物演示、以语言描绘"的情境，收获了"运用情境教学，进行审美教育"的成果。其次，她以灵动的教学实践为情境教育获得持续动力。实践永无止境，探索不会终结。李老师曾说："越研究，我越发现自己只是窥探到儿童学习秘密的一角。"她在总结出"以培养兴趣为前提、以观察周围世界为基础、以发展思维为核心、以激发情感为动因、以训练学科能力为手段"的情境教学五要素后，直觉告诉她这五要素具有普适性。为此，她又义无反顾地推动"情境教学"向"情境教育"的迈进，从"情境德育"、"情境音体美"、"情境数学"中，构建了"拓宽教育空间、缩短心理距离、强化主体意识、着力创新实践"的操作模式，实现了情境教育的又一次突破。最后，她又以鲜活的教学实践为情境课程提供评价尺度。功夫不负有心人，李老师的情境教育结出令人称道的丰硕成果。历经5年的第一轮情境教育教改实验结束时，李老师所教的五年制小学生和其他学校的六年制小学生一起参加统考，合格率为100%，作文优秀率是所在区县平均水平的12倍，阅读优秀率是所在区县平均水平的5倍。情境教育走出了一条不为升学、赢得升学的素质教育之路。

　　情境教育是始于问题的教育。世界本是问题的世界，没有问题就不成其为世界。教学也不例外。问题、活动、评价是课堂教学的"三块基石"。在李老师的眼里，问题不是麻烦，每个问题都蕴含着解决的"种子"。针对小学生写作文的苦恼，李老师从"美"切入，创设直观形式与语言描绘相结合的情境，让儿童在富有美感的情境中感受语言形象，体验字里行间所渗透的情感，使小学语文教学走出"山重水复疑无路"的困境，进入"柳暗花明又一村"的天地。李老师视教学过程中的问题为"接生婆"，认为它能助产新思想的诞生。回答和解决"一切为了儿童的发展"这一问题，成为李老师终身挥之不去的追求。正因如此，情境教育突破了传统封闭式教育，解决了单纯符号化认知使儿童处于被动应付状态，发展受到压抑、潜能未被有效开发的问题。李老师深知，教学中的问题无时不在、无处不在，但如何从发现问题中汲取智慧，从解决问题中获取力量，却是一个充满艰辛的探索过程。她乐于"悬思"、敢于"苦索"、善于"顿悟"，以"望尽天涯路"的开阔视野、"众里寻他千百度"的顽强毅力、"衣带渐宽终不悔"的坚定韧劲，收获了"那人却在，灯火阑珊处"的无比喜悦，使认识"大道至简"、超越感性，让情境教学"破茧成蝶"；使操作"大音希声"、走进学生，让情境教育"凤凰涅槃"。李老师用新视野审视教学新变化，探索出完整的情境教学的课堂操作模式；她用新观念拓宽教改新思路，提出了情感活动与认知活动结合的主张；她用新办法解决老问题，开发了情境课程的四大领域，建构了开放的学习系统。她用自己的不变的信念，解读了"如果你从肯定开始，必将以问题告终；如果你从问题开始，必将以肯定结束"的真言。

　　情境教育是"道始于情"的教育。情是生命的灵魂，教育因情而精彩。教育只有"通情"，方可"达理"。离开情，教育就没有韵调和意义，教学就没有温馨和动力。如果说教育就是生长、生长就是目的的话，那么情境教育就是滋润生长的载体、呵护生长的通道，它以自己独特的价值追求、具有个性的方式方法，走进学生心灵，实现知识与情境依存，儿童与情境互动。具体表现在四个方面。一是以春风化雨般的"情"滋润学生的自然成长。教育是等待的艺术。李老师善于聆听学生内在时钟自然的、伟大的嘀嗒之声，让学生顺应天性，静静地、专注地、有节奏地、慢慢地成长，呈现出"自然历史的过程"的精彩，不求立竿见影，勿行揠苗助长。她把学生带出学校，走

向大自然：春天，带孩子们去寻找春姑娘的笑脸；秋天，带孩子们去捡秋叶，留下秋姑娘的影子；寒冬来了，去感受冬爷爷的礼物……二是以春色撩人般的"情"启迪学生自己成长。生长是自己的事情，既不可复制，也不可替代。李老师认为，教育的崇高在于通过自我教育促进自己成长，她欣赏雅斯贝尔斯的教育名言"真正的教育就是自我教育"，"教育的过程是让受教育者在实践中自我练习、自我学习和生长"，"教育者的终极使命就是把受教育者引到自我教育的道路上去"。在二年级语文教学改革中，她开发出"口头作文"、"情境说话"、"观察情境作文"、"想象性作文"等独创作文样式，让学生把所听、所闻、所感写下来，学生乐此不疲，取得了良好的教学效果。三是以春诵夏弦般的"情"促进学生自由成长。自由成长的前提就是让学生在知识面前享有自由，李老师认为：课堂的使命是发现学生、解放学生、激励学生和发展学生，就是要引领学生进入西塞罗所期待的"让学生摆脱现实的奴役，而非适应现实"的状态。四是以春笋怒发般的"情"推动学生自觉成长。情境教育在学生心中打下了"教育的本质在于它那虔诚的宗教性"的深刻烙印，收获"宗教性的教育是这样一种教育：它谆谆教导受教育者要有责任感和崇敬感"的果实，让学生成为他自己的自己、更高大的自己、对国家民族人类有更大贡献的自己。李老师以"满眼风波多闪烁，看山恰似走来迎"的情怀，见证"我见青山多妩媚，料青山见我应如是"的现实，让学生唯真而动，唯善而行，唯美而崇。

情境教育是根植于美的教育。在李老师的眼中，美是教育的本质、美是教育面对的永恒主题。她深知爱美之心人才有之、人皆有之、人皆育之，她透悟，美是到处都有的，对于我们的眼睛，不是缺少美，而是缺少发现。情境教育聚焦于解决"缺少发现"的问题，让学生在自己的世界中发现美、用自己的本真体悟美、用自己的尺子欣赏美、用自己的超然珍爱美、用自己的行为创造美。李老师视美育为立于学生成长的教育，情境教育的要义就是以自然之美滋润学生、以生活之美启迪学生、以艺术之美提升学生、以崇高之美引领学生。她认为，小学教育是为人的终身发展打基础的教育，情境教育的一个重要使命就是让美育成为伴于学生终身的教育，就如孔子所倡导的"兴于诗，立于德，成于乐"，就如王国维所期待的好教育是"始于美育，终于美育"。在推进情境教学向情境教育跨越的过程中，李老师特别强调挖掘隐于具体学科中美的元素。每一门学科尽管研究对象不同，但每门学科所展示学科的知识之美、境界之美、人生之美，同样散发出诱人的芳香，因此，在美的情境教学中，儿童普遍生成热烈的情感，内心愉悦，容易体会到学习的快乐。李老师高度重视情境教育中的艺术教育。她认为，培养完整的人应是"志于道，据于德，依于仁，游于艺"。艺术就是"呈人之美"，艺术教育就是"成人之美"，教师应成为善于"成人之美"之人。三十多年的潜心实践和研究，情境教育探索出"择美构境，以境生情，以情启智，情感与认知结合，引导儿童在情境中学、思、行、治，促其素质全面发展"的道路，让学生进入"知之者不如好之者，好之者不如乐之者"的新境界。

激荡心灵的情境教育，简洁却韵味悠长，入俗却卓尔不群，落地却纤尘不染，引领却非孤芳自赏。情境教育作为原创性的研究成果，源于李老师"持之以恒、实事求是的优秀研究品质"和"将实践与理论自然地融合"。（引自基础教育国家级教学成果奖评审专家组的评审意见）时代期待着生命不息、思考不止的李老师与钟情于情境教育的人一道，为情境教育的传扬而振奋，为情境教育的传递而享受，为情境教育的传承而担当，共创情境教育的美好明天。

/目录/CONTENTS

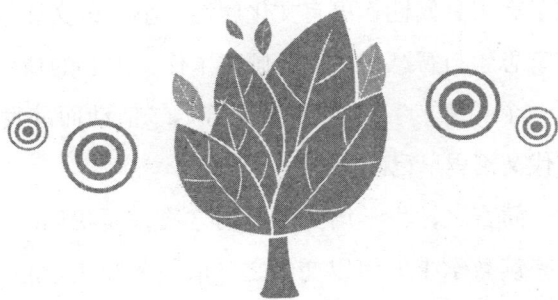

第一部分

怎样认识情境教育

1 明确核心理念
——情感活动与认知活动结合

情境教育创新的历程可概括为"一个主旋律，三部曲"，"情境教学—情境教育—情境课程"，这三部曲都围绕着一个主旋律，那就是儿童学习快乐、高效，获得全面发展。

回顾实验之初，我作为语文教师，就深深地懂得语文是人类优秀文化的重要组成部分，其丰富的文化内涵决定了语文教学不能唯工具论。语文除了有工具属性，更有文化属性。小学语文课本中的一篇篇语文教材都是作家思想与智慧的结晶，倾注了作家内心的情感。中国的文学创作历来讲究一个"情"字。"情者文之经"、"情动而辞发"、"为情造文"等在中国古代文论里早已阐明。

简言之，小学语文是有情之物，而我们的儿童又是有情之人。那么，在阅读教学中如何以文中之"情"激起儿童心中之"情"？又如何通过文中情的熏陶、感染，来丰富儿童的精神世界？如何突出一个"情"字，成了语文教学必须突破的瓶颈。

我通过富有美感的音乐、图画、戏剧等艺术手段与语言描绘相结合，再现课文描写的情境。实验表明，这种儿童喜闻乐见的形式、用"美"优化的情境极大地激发了儿童的情感。

在不断学习与研究教学中"美"的作用时，我从艺术心理学中知道了"美能唤情"。我也在教学现场无数次感受到，一旦情感伴随儿童的学习活动，儿童的学习主动性就大增，认知活动就转变成一种体验，思维活动积极展开，个个跃跃欲试，以学为乐，以思为乐，课堂进入忘我的沸腾状态。儿童智慧的火花竞相迸发，而且相互碰撞着、感染着，这又让我感悟到"情能启智"。在这普遍的学习热情高涨的课堂里，学习效能不断提高成为必然。于是，我着手研究激发儿童情感的起因，那就是动机的形成。我敏锐地关注教学现场和教学的动态发展，发现儿童会因好奇、因美感、因探究、因与经验相关、因情感共鸣……形成一种关注、探究的心理而要学。我将此过程进一步概括为：激起探究—引起满足—产生乐趣—形成内发性动机。这一过程保证了儿童在接触新课时，萌生情感，带着热烈的情绪，主动地投入到教学活动中来。其间，正是由于情感的联结、牵拉，在教师与学生、与教材之间，生成了一股看不见的、却蕴藏极大能量的"力"。于是，我下决心将这一过程细化。从初读课文—细读课文—精读课文的各个阶段，把握整个教学过程中儿童情感生成变化的脉络。

教学的现实效果让我进一步去思考现象背后的实质：大量的教学实践为我揭示了在初读、细读、精读课文的过程中，由入情、动情、移情，以至在其间即时抒情的儿童情感生成、发展的脉络和流程。

在大量的实践中，我目睹了、亲身经历了课堂上情感伴随儿童学习活动，普遍形成了主动参与、主动发展、教学高效能的众多场景。在实践体验与理论感悟的双重作用下，感受到儿童在这种热烈的内驱力推动下，在课堂上为求知而乐，为探究、想象而兴奋、激动的氛围。在暗示的作用下，教学到达了一个比教学设计预期目标还要丰富得多、广阔得多的境界。"求知—满足"的平衡感又使儿童感到无穷的乐趣，得到一种精神上的享受，继而又生成新的学习动机。

我终于概括出儿童情绪发展的过程，在优化的情境中，儿童的情绪经历了"关注—激起—移入—加深—弥散"这一连续的从生成到发展的过程。我内心的主张随之日渐明晰、强烈：儿童有情，情感是动因；利用儿童情感，培养儿童情感。情感既为手段又为目的，是教育促进儿童发展的高效举措。在这样的形态中，儿童的情感与思维的活动已融合在一起，且相互推进。儿童情境学习正是利用美，利用情，创设"美·智·趣"的学习情境。

回顾探索的历程，实验是从教育实践的实际出发，一步一步地提出问题，并从语言学、意境说、美学及哲学等方面得到及时的理论借鉴，集

诸家论述，对情感的认识一步步加深，一步步具体和系统化。从"情"与"境"、"情"与"辞"、"情"与"理"、"情"与"全面发展"的辩证关系，我终于发现儿童学习"快乐、高效"的核心秘密，那就是情感活动与认知活动的结合。其实，早在20世纪80年代中期，我带的第一轮实验班毕业后，我在界定什么是情境教学时就明确提出，"情境教学是通过创设优化情境，激起儿童热烈的情绪，把情感活动与认知活动结合起来的一种教学模式"。

在这里，我特别想强调的是，我们选择音乐、图画、戏剧等这些艺术手段创设情境，是教师根据教学目的、学科特点、教材特点、儿童特点人为优化情境。与此同时，还须将知识嵌入情境中，使知识有根、有背景，从而得到整合。儿童情境学习的知识不再是孤立的、抽象的符号，而是有场景、有事件、有角色。无论从理论上还是实践中，人在境中，知识也在境中，相互联系、相互依存，且笼罩着情感色彩。这就从根本上决定了儿童情境学习促使情感活动与认知活动结合。儿童所获得的不仅是知识的习得，而且其对知识的运用，对世界的认识，潜在智慧的开发，连同心灵的塑造、精神世界的丰富都融合在一起。为持续和强化情感活动与认知活动二者的结合，我又提出"四结合"的具体策略：课堂学习与儿童生活结合，保证习得的知识更为丰富，儿童更感亲近；艺术的直观与语言描绘结合，在教师语言指向下，其学习的内容以及教师情感的示范，儿童都自然地接受了；学科内容与儿童活动结合；学习知识与运用知识结合。这些都能进一步增强儿童学习的主动性，使其在系列的学科活动和知识的运用中更易获得成就感。儿童与情境互动、知识与情境互补，情感活动与认知活动二者紧密结合并不断得以持续与强化，儿童便能主动投入学习过程中。引导儿童"境中思"、"境中做"、"境中学"，儿童便可以在系列的情境中受到熏陶、感染，不仅学得快乐，而且获得高效，精神世界丰富，获得全面发展。

近年来，学习科学的研究也表明，"情感活动与认知活动二者是不可分割的，二者的结合是学习的核心"。在构建儿童情境学习范式时，我将两者结合作为核心理念明确提出。正如专家评说的，情境教学开拓了情感活动与认知活动相结合的有效途径，弥补了教学认识论中的一大缺陷。

如今，脑科学的研究已发现，"只有情绪才能为我们提供足够多的热情来达到目标"，"情绪信息总是比其他信息优先得到加工，且留下难以磨灭的情绪记忆"。人脑的这些功能，是情境学习实现高效能的生理基础。儿童情境学习突出情感，不仅有利于学习知识，具有独特的优势，而且可以有效地培养儿童的审美情感和道德情感。这种高级的情感不仅是丰富的、纯美的，而且是有力度的。这让儿童在他们的意识包括价值观尚未形成时，就逐渐感受到知识之美、世界之美，在懵懂中依稀懂得"爱美"、"乐善"、"求真"是多么美好，使他们成为洋溢着生命情感的个体，甚至不自觉地把自己的情感移入大自然、移入生活、移入他人，为从小培养自身卓越的素养做有效的铺垫。

2 记住核心元素

在情境课程从孕育到构建的探索过程中，民族文化意境说给予我重要的理论滋养。一千多年前刘勰的《文心雕龙》，以及近代学者王国维的《人间词话》，可谓意境说的代表杰作。回忆 20 世纪 70 年代末，我只是从意境说关于客观外物与"情"、与"思"、与"辞"的论述中，联系语文教学范畴来理解、借鉴的。经过对意境说的进一步领悟与思考，深感其博大精深，它蕴含着美学、心理学、创造学最古朴的原理，而这正是国际上"情境认知"研究领域的空白之所在。意境说是中国民族文化的瑰宝，其精髓可概括为"情景交融，境界为上"。它虽原本是文学创作的理论，或者更准确地说是"诗论"，但在探索情境教育的过程中，却可"借古人之境界为我之境界"。正如王国维所说"一切境界无不为诗人所设"，而我觉得一切境界无不为我、为儿童所设。我从意境说中概括出了"真、美、情、思"四大元素，并从中得到启迪，这四大元素也进而影响了我对情境课程模式的构建。

讲究"真"，给儿童一个真实的世界：符号学习与多彩生活链接

刘勰在《文心雕龙·物色》等篇中，强调了客观外物在文学创作中所起的作用。他认为"感物吟志，莫非自然"，"物"是创作的对象，是"情"、"思"、"辞"的根基，所谓"诗人感物，联类不穷"，"物我交融，情景相生"，把"感物"与"咏志"结合起来。这种近乎唯物论的阐述，实际上强调的是"写真实"才能"抒真情"。在《文心雕龙·情采》篇中，刘勰明确指出"为情者要约而写真"，并鲜明地反对"矫揉"、"雕削"。王国维则明确指出"所见者真，所知者深"，"写景物真感情者，谓之有境界"。

情境教学从起步阶段就受上述论说的影响，我在优选典型场景，为儿童提供作文题材时，就追求给儿童一个真实的世界——走进大自然，体验社会生活，为儿童展现一个活生生的、可以观、可以闻、可以触摸、可以与之对话的多彩的世界。在进一步的实验与研究中，情境课程将学科教学的内容与生活的真实相连、相融合，从而寻求到将符号认知与生活感受之间的断层连接起来的路径。让儿童在感受"真"、领悟"真"中长大。这无论对他们儿时的认知、情感、思维发展，还是对其做人乃至对未来他们走进社会生活，都是十分有益和必要的。所以，情境课程的特点之一便是"形真"、"神似"。值得注意的是，这里的"形真"不是"形似"，因为我意识到，情境课程的各科课堂教学不可能都以真实形象再现，况且过于讲究实景，局限于一景一物，会缺乏典型意义，不能为儿童提供意象广远的境界。"真"的要义便是各科教学内容与儿童的真实生活相通，创设的情境亦包含模拟的情境，只是要求形象富有真切之感，并非绝对真景、真物。简言之，以"神似"显示"形真"。从"真"出发，由"真"去启迪"智"，去追求"美"，去崇尚"善"。

追求"美",给儿童带来审美愉悦：在熏陶、感染中产生主动学习的"力"

刘勰在《文心雕龙·情采》篇中强调了"文采"。他借用水的"沦漪结",木的"花萼振",动物皮毛的"色资丹漆",通俗地说明事物的形体总是需要文采，需要美的。不难看出，刘勰追求的是物、情、辞和谐的美。王国维又进一步指出诗人从"真景物"的"外物美"，连通自己的"内修美"，精神与物象交融，沉浸在美的境界中，激起情感的升腾，所谓"情以物兴，故辞必巧丽"。

意境说对"美"的反复褒扬，以及现代美学理论的相关研究，影响着我在情境教学初期就去追求语文教学的"美"，创造性地将艺术引进语文教学，使创设的、或再现的、或优选的情境呈现美感。通过美的形式、美的内容、美的语言，让"美"首先去占领儿童的心灵，情境的美对儿童具有极大的魅力，使我选择了"以美为突破口"作为情境课程操作要义的第一条，进而又以美为境界，以美育人。

美感带来的愉悦，使儿童欢愉而兴奋。我深感教学中的美，对于儿童仿佛是一块教育的磁石，它既能启智又能育德，既能冶情又能发辞，具有全方位的育人功能。由于美，我们可以摆脱各科教学单纯工具性的抽象理性。美感的笼罩，使各科教学的文化内涵得到顺乎自然的体现，工具性包容的知识和实践，镶嵌在浸润了文化艺术的美的情境中。如此，知识变活了，变得有血有肉，变得丰富而具神采。

我还以"美"作为培养儿童创新精神的土壤。因为审美的愉悦使儿童的想象、联想在无限自在的心理世界中积极展开，潜在的创新的种子就易于在这宜人的审美场中萌动、发芽。美，显示出一种积极的驱动，产生对儿童智慧的启迪。美不仅滋润了儿童的心田，而且会呼唤儿童向往崇高和圣洁的境界。他们因爱美而鄙丑，从善而憎恶，最终使心灵变得美好起来。

在情境课程中，教师的审美感受及其给教学带来的高效能，对儿童产

生无可替代的作用，这使我明确地提出一个值得倡导的教学原则——"美感性"。此类对美的认识、主张及操作要义，一方面是受到美学原理的启示，另一方面则是因意境说对我潜移默化的影响。

注重"情"，与儿童真情交融：让情感伴随认知活动

刘勰在《文心雕龙·物色》篇中，就客观外物对人的情感的影响，做了生动形象的阐述，即"情以物迁"。他指出，"物色之动，心亦摇焉"，表明人的情感受客观外物的影响之深。王国维则明确指出，"境非独谓景物也，喜怒哀乐亦人心中之境界"、"一切景语皆情语"，并指出"情"是文章之灵魂，主张"为情造文"，特别讲究真情的抒发。

回忆实验初期，我将外语情景教学移植到小学语文教学中，只是在课堂上进行片段的语言训练。不久，意境说让我豁然开朗，拓宽视野。我琢磨，对于阅历很浅、常常睁大着眼睛好奇地望着周围世界的儿童来说，外面精彩的世界无疑会影响其心理世界。于是，我带领儿童走向大自然去观察，在春天野花盛开的田野，夏日蝉鸣蛙叫的小河边，秋夜的明月下，冬日飘雪的早晨，都让我亲身体验到"情以物兴，物以情观"在儿童教育现场中的真实体现。真是景中生情，而情又融于景。客观外物激起儿童的情感，儿童自然而然产生一种不容自遏的表达动机，即所谓"情动而辞发"。意境说的尝试和借鉴让我摒弃了传统作文教学无病呻吟、遵命而作的弊端。"观察情境作文"为整个情境课程的开发构建，起到了开拓性的作用。

通过教学实践，我还发现课堂上优化的情境会激起儿童热烈的情绪，驱动他们情不自禁地投入学习中。我将意境说关于情感的精辟阐述与自己教学实践中的体验结合起来，感悟到用艺术的直观与语言描绘结合起来的情境并不是一种单纯形象的呈现，而是浸润着、弥漫着真挚美好的情感。情感成了情境的内核，无情之境终不成境界，所以除了"形真"外，我还概括出"情切"、"意远"、"理寓其中"等其他情境教学的特点。

经过多年的探索，我深感"情"是情境教育的命脉。当儿童在教师引领

下，进入情境时，情感便链接在教师、学生、教材之间，相互牵动着、影响着。我将"以情为纽带"概括出来，作为情境课程重要的操作要义之一，继而我又结合心理学、美学、场论的学习，更明确了优化的情境必然会激起儿童热烈的情绪，能够使其产生一种投入学习活动的主观需求，感受学习活动带给他们的快乐与满足，并在其间受到熏陶、感染。因为情感的作用，教师的真情、期待、激励，衍化出学生的自信。包括儿童的思维、想象、记忆等系列的智力活动都处于最佳的状态，儿童学习活动由此获得意想不到的效果。毋庸置疑，单纯的符号学习，儿童是不可能主动地学，更谈不上感受学习的快乐；潜在的智慧，也会因为没有情感火花的点燃，而在师生都不知晓的状态下，继续沉睡以致泯灭。在意境说理论的影响下，经过多年的探索，我构建了将儿童情感活动与认知活动结合起来的独特的课程范式——情境课程，把认知与情感、学习与审美、教育与文化综合地在课程中体现出来。

突出"思"，给儿童宽阔的思维空间：尽力开发潜在智慧

刘勰在《文心雕龙》中提出"神思"的理念，并为此特写一章，阐明人的思维不受时空的限制。诗人创作时产生的联想、想象等一系列思维活动，可以极其广远。所谓"故寂然凝虑，思接千载"，"悄焉动容，视通万里"，诗人可以进入"眉睫之前，卷舒风云之色"，"登山则情满于山，观海则意溢于海"的"神与物游"的神奇美妙境界。

我认为，情境课程要以"思"为核心，这个依据首先来自于心理学理论。而在情境教学诞生初期，我发现想象在发展儿童思维、培养儿童悟性方面有特殊的作用，并开始注意儿童想象力的发展。这些认识与自己较早地受到意境说的影响并从中汲取了理论滋养是分不开的。

我和实验班的老师常常把儿童带入广远的意境中，在课文描写的情境中阅读，并设计出想象性复述、想象性作文、童话作文等系列的创造性语言表达的训练样式。让儿童在其间展开美妙的想象，把观察与思维、观察与想象有机地结合起来。儿童在阅读中凭借想象，可以加深情感体验，丰

富阅读材料；在习作中，凭借想象可以把作文写得富有儿童的情趣，我由此逐渐悟到了启迪儿童的想象是发展儿童创造性的不可或缺的有效途径。因此，我特别主张在优化的情境中，让儿童带着想象去阅读，带着想象去习作。实践表明，在情境中，儿童的想象力是极其惊人和美妙的，他们的思维是长翅膀的，是会飞的。他们的想象力可以神通江河湖海，意攀高山白云，同样可以达到思接往昔，憧憬未来的境界。

情境教育突出的"真"、"美"、"情"、"思"四大关键要素，正是儿童发展所需。儿童是"真"人，教师应是"不失其赤子之心者"。教育与生活相通，便是"真"的表现。即使是模拟的生活情境，同样给学生一种真切之感。真人真景激起真情感，才能激发广远之思，进入美的境界，创造出美的果实。

我结合现代教育理论将中国古代文论中的意境说大胆地运用于小学教育，这是中国民族文化给予了我们智慧的启迪与理论滋养，导引我们的教育创新走自己民族的路。其实，"文学"说到底是"人学"，而教育又是"人的教育"。从哲学意义上看，二者无疑是相通的。所以意境说，不仅是为小学语文情境教学提供理论支撑，而且进一步支撑了整个情境教育的研究、情境课程的建构。难怪后现代课程论者指出课程范式研究要转向"寻求情境化的教育意义"，并提出"在东方文化中寻求课程与教学智慧"，建构具有民族文化风格的课程与教学理论，这实在是很有见地的看法。正因为情境教学、情境教育、情境课程蕴含着民族文化，洋溢着时代气息，所以才显现出勃勃的生命力，并展示出更宽广的美好前景。

3 了解四大特点
——形真、情切、意远、理寓其中

民族文化意境说的吸纳，教学实践的不断磨炼，使得情境课程逐渐形成鲜明的个性特点和独特的优势。那就是"形真"、"情切"、"意远"、"理寓其中"。

情境课程受到学生们的普遍欢迎。生动丰富的环境，学生可活动其中，感到学科学习变得"易"、"趣"、"活"，且因触及学生的情绪和意志领域，又极大地提高了课堂教学的效率。在情境课程实施中，学科课程不再是薄薄的一本教材，不再是没完没了的单调重复的各种习题和可有可无的乏味的问答；学生的视野，学生的思想，也不再是被禁锢在小小的教室里。那丰富有趣的教学内容、鲜明生动的形象、真切感人的情意，以及耐人寻味的哲理，使教学变为具有吸引力的、有趣而有意义的活动。这一切都是由情境课程本身具有的"形真"、"情切"、"意远"、"理寓其中"的特点所决定的。

形真

儿童往往是通过形象去认识世界的。小学各科教学内容都是源于生活，基本上都具有鲜明的形象。典型的是语文学科，由于课文语言本身是抽象的，如何通过语言文字，让学生仿佛看到课文描写的形象、受到感染，同时又通过所感受的形象体会语感，加深对课文语言的理解呢？情境的创设使课文的语言镶嵌在特定的情境中，语言的符号转化为鲜明的形象，使学生如入其境，可见可闻，产生真切感。只有感受真切，才能入境。叶圣陶先生曾指出："作者胸有境，入境始于亲。"课文中无论是久远年代的历史人物、异国他乡的角色，还是自然界的山山水水、森林草地，都一下子推到学生眼前；无论是山谷间瀑布的轰响，大榕树下鸟的鸣叫，还是月光下的小茅屋里，贝多芬为盲姑娘弹奏的《月光曲》，连同凡卡给爷爷写信时轻轻的哭泣……通过情境教学，学生都仿佛听到了、看到了。情境缩短了久远事物与现实的时空距离，增强了形象的真实感，引起了儿童对课文中的人物事件的关注，使其产生细致的情感体验，其对课文语言的感受也随之敏锐起来。

在数学学科中，只要将教材内容与生活链接，就更易于使学生感受到数学在实际生活应用中的价值，使抽象的数学变得可以看得见，也可以摸得着。即使是模拟的情境，同样给学生以真切感。

"形真"，便是情境课程的第一特点。但这并不意味着所有情境都必须是生活真实形象的再现。因此，所谓"形真"，主要是要求形象富有真切感，即神韵相似。能达到"可意会，可想见"就行。如同京剧中运用的白描手法一样，演员操一把船桨，就表示船在水上行驶；挥动着一根竹鞭，就意味着跃马奔驰……虽是如此简易，但观众在台下看，却如同真的一般。中国画里的白描、写意，简要的几笔勾勒出形象，并不要求工笔重彩、细描细画，看起来同样真切、栩栩如生。情境教学以音乐渲染的形象，以扮演显示的形象，以图画再现的形象也是同样的道理。以"神似"显示"形真"，例如数学《认识三角形》一课，让学生分别扮演直角、锐角、钝角，作为三角形家族成员。扮演者只是分别戴上不同的三角形头饰，作自我介绍，再加上同学的比较，拟人化的三角形让学生从模拟的形象中生动地感受和理解了三种三角形的异同。不但运用起来方便易行，而且这样的形象更具有典型意义。

由此看来，"形真"，并不是实体的复现，或忠实的复制，照相式的再造，而是以简略的形体、暗示的手法，获得与实体在结构上对应的形象，从而给学生以真切之感。

情切

情境课程的鲜明目标，是为了促使儿童心理品质、智能及个性的和谐发展，其中包括儿童的情感。儿童是世上最纯真的人，他们的情感易于被激起，一旦他们的认识活动能伴随着情感，就会产生一种向着教学目标的"力"。学科情境课程是以生动形象的场景，连同教师的语言、情感、课堂气氛组成多维的整体的情境，作用于儿童的心理，进而促使他们主动积极地投入整个学习活动。情境课程正是抓住促进儿童发展的动因——情感，展开一系列教学活动的。这就从根本上区别于注入式的教学，使教学不再是被动接纳，而成为儿童主观所需，教学过程亦成为他们情感所驱使的主动发展的过程。情境课程贵在以教师的真切情意去感染儿童，从而激起儿童的相应情感，所以"情切"是情境教学的又一特点。

"以情动情"是教育的共同规律，情境课程更是如此。教师要善于将自己对教材的感受及情感体验传导给学生。在教师情感的影响下，孩子们一下子被吸引住了，带着对"美"的向往进入课文情境，积极主动地学习课文。诗人郭沫若在酝酿他的名篇《地球，我的母亲》时，激动地脱下鞋，赤裸着双脚在大地上行走，恨不得要弯下腰亲吻大地。"地球"确实带给他"我的母亲"的强烈感受，使诗人激动不已。我们教师，虽不是诗人，但也需进入课文情境以自己的真情实感激发起儿童的情感。

同样，在其他学科，情境的美感也能激发起学生热烈的情绪，以情生趣，以情激情，是学科情境课程共同的特点。

由于情境课程"以情为纽带"，真情传递在师生之间。因此，我们会看到孩子们发自内心的微笑，也会看到他们深情的泪水顺着脸颊情不自禁地淌下。学生始终保持着饱满的学习情绪，对事物的是与非、美与丑普遍地有比较正确的分辨，其间，情境课程中的情感因素起着积极作用。

情境课程是以教师的情感去感染、激发学生的情感，这些往往通过教师的言语、眼神表现出来。教师情感的流露都是真切地表现为对学生饱含着希望和期待，使教师的情感成为促使学生心理品质发展的因素。

可以说，"情"是情境课程的出发点，也是追求的目的和归宿所在；而作为其教育目的或归宿的"情感"，则表现为层次更高级、内涵更丰富的理想、道德、信念、意志等，是一种强大的情意力量。

刘勰在《文心雕龙·情采》篇中，指出"情者文之经"，主张"为情造文"。情境课程中，我们把"情"看成是教育教学活动的命脉，是儿童教育的"魂"。在情境课程的操作要义中，我们提出了"以情为纽带"。在构建情境教育的基本模式中，我提出"缩短心理距离"，消除了教师与学生、学生与教材之间的隔膜与陌生感，师生间创设一种亲、助、和的人际情境；课堂上，创设美、智、趣的教学情境，从而让儿童活动进入"最佳的情绪状态"。把认知与情感、学习与审美、教育与文化综合地体现出来。

情境课程情真意切，促使儿童的情感参与认知活动，充分地调动了儿童学习的主动性。儿童思维活动进入最佳状态，迸发出令人惊喜的智慧的火花，潜在的智慧在优化的情境中得到了很好的显露。"让情感进入课堂"的教学境界，通过情境教学这一模式，得到实现。

意远

每一篇教材其内容归根结底是来源于现实生活的。情境教学、情境教育取"情境"而不取"情景"，其原因就在于情境要具有一定的深度与广度。情境课程提出"意远"的特点，就是受意境说的影响、启迪。刘勰指出："文之思也，其神远矣。"情境课程主张与斑斓的生活相通，使所创设的情境、意境深远。

情境课程的"意远"拓宽了学生的想象空间。情境在很大程度上属于相似模拟，粗略而简易，为学生留有宽阔的想象余地。这使我联想到一位儿童剧场的创始人阿里斯·朋尼赫茨女士所说的话。她认为："儿童剧场的背景和装扮若过于逼真，孩子们就没有想象的余地了，因而不能促进他们想象力的发展。"她还说今天的教育的欠缺就在于现实化，没有发展孩子想象力的余地。

情境课程讲究"情趣"和"意象"，因此，它不可能图解式地机械地运用情境。情境总是作为一个整体，呈现在学生的眼前，而且为学生开拓了广远的想象空间。诗人艾青曾说过："想象是经验向未知之出发；想象是此岸向彼岸的张帆远举，是经验的重新组织。"因此，情境课程总是把教材内容与生活情境联系起来，如此由近及远，由此及彼，由表及里，由昔及今以至未来……

在具体的课程中，常常把儿童带入广远的境界中，拓宽儿童的思维空间，让儿童伴随着情感进行思维活动，把观察与思维结合起来，把学科观察等实践活动与想象结合起来。如教学《圆的周长》时，在"意远"的导引下，老师让学生搜集"神舟五号"的相关数据，设计应用题。

让学生积极展开联想活动、想象活动与逻辑思维，并担当"神舟五号"设计组的小助手，来选择最佳的方法测量"神舟五号"飞船飞行轨道的周长。在此情此境中，儿童急切地寻找答案。

老师在教学中没有明确提出要研究"圆周长计算方法"，而是创设了让学生测量飞船飞行轨道周长这一现实而又广远的情境，有效地促进了儿童思维的积极活动。再如"数字化解读"教学中，老师联系"我感动、我行动"主题教育活动，让学生结合"感动中国十大人物"的先进事迹开展"数字化解读"，将与感动中国人物有关的数据编写成题目。

教学实践表明，在广远的意境中，儿童的想象力显现得极其惊人和美妙，而且加深了对事物本质的认识。再如，让三年级学生写想象性作文《海底世界漫游记》，学生的创作动机被情境所激发，两节习作的课间，学生竟不肯休息，直至放学，学生还津津有味地想象着、写着……后来，老师让他们在观察日记里继续写。结果，孩子们连续写了六七篇，有的甚至写了九篇。想象给学生带来了创造的快乐，这让教他们语文的我深感儿童的思维是长翅膀的，儿童的思维是会飞的。有了形象的感染，有了具体的感受。形、情、理就交织在一起。正如《文心雕龙》中所云，"视通万里"、"思接千载"。

情境课程讲究"情绪"和"意象"。情境，总是作为一个整体，展现在儿童的眼前，造成"直接的印象"，激起儿童的情绪，又形成一种"需要的推动"，成为学生想象的契机。教师可凭借学生的想象活动，把教材内容所展示的与学生所想象的情境联系起来，从而为学生拓宽了广远的意境，把学生带到课文描写的那个情境中。情境教学所展现的广远意境激起儿童的想象，而儿童的想象又丰富了课文情境。学生的联想及想象能力也在其中得到了较好的发展。

理寓其中

情境课程所呈现的鲜明形象，抒发的真挚情感，拓宽的广远意境，三者融成一个整体，其命脉便是内涵的理念。情境教学失去理念如同没有支柱一样，站不起来，深不下去，只能是内容贫乏、色彩苍白的花架子。例如，对于课文《桂林山水》，其理念便是祖国山河的锦绣，而漓江的山水则是这锦绣山河中的明珠。《詹天佑》则是表现一个爱国者不畏千难万险，在崇山峻岭中创造奇迹，表现了詹天佑火热的爱国心。可以说，情境课程所蕴含的理念，便是教材蕴含的理念。

对于数学、科学以及音、体、美学科而言，从严格的意义上讲，其每一课教材也都蕴含理念。就拿"水"这一节科学课来说，不仅是认识水的三态，而且渗透着"水"连同世间的一切事物都会变化的理念。把握住这一点，教学时就会让学生对大海、长江、小河、湖泊、瀑布的不同景象，雨、雪花、冰雹、云朵、水蒸气的不同状态，以及同一个事物的多种变化等方面加以体会。再如音乐课，每一首歌都是通过内容抒发情感的，其间的思想情感掌握了，就更易于表达歌曲的情感，并受其熏陶、感染。因此，情境课程的"理寓其中"，正是从教材理念出发，由教材内容决定情境课程设计的思路和形式。事实上，教学过程中，创设的一个或一组情境都是围绕着教材理念展现的。

情境课程既突出"形真"，又讲究"意远"；既注重"情切"，又强调"理寓其中"，体现情境教育兼容、辩证的哲学理念，恰切地彰显了情境教育蕴含的民族文化的意蕴和独特的风格，正确体现了理性与感性、认识与情感的相互关系。情境课程充分利用形象，展现广远意境，以情感激活大脑，让儿童在宽阔的思维空间里展开联想和想象，提高儿童的悟性。加之蕴含的理念，又促进儿童在学习过程中，形象思维和抽象思维相互补充、相互促进，进而带动儿童素质的全面发展。

4 综合运用创设情境的六条途径

图画再现情境

图画是课堂上创设情境、展开形象的主要手段，课文中运用语言描写的情境，通过图画再现出来，一下子就变得具体、鲜明而生动。因此，用图画再现课文情境，实际上就是把课文内容形象化，这符合儿童对形象乐于接受、易于理解的认识特点。

用图画再现情境，具体有多种途径，放大的插图是其中的一种。除此之外，还有简易粉笔画、剪贴画、现成的课文插图及视频画面。

一、放大的插图

放大的插图一般用在内容美感特别丰富，形象特别鲜明，意境又很广远的课文中。当用其他的黑板画、剪贴画都不足以表现课文中饱满的形象和广远的意境时，则要考虑用放大的插图创设情境。最好能选用现成印刷品，这样比较省时省力。比如，《燕子》是一篇优美的散文，描写燕子从南方飞来，带来了光彩夺目、百花争艳的春天。这样美丽动人、充满生趣的景象，运用放大的插图，是很合适的。教学时，我做了这样的描述引导：

"这么活泼可爱的燕子，在春天从南方飞来了，那是一种怎样的情境呢？请小朋友看图。"（出示放大的课文插图后，利用学生的情绪，进一步把学生带入情境）"现在小朋友就是小燕子，这时候，你们从南方飞来了。啊，春天是这样的美，你们得仔细欣赏一下。"

眼前的图画，一下子被罩上了情感色彩，充满着春天田野的气息。瞬间，孩子们几乎全身心地倾注在放大的插图上。插图激活了他们大脑中已储存的春天的表象，他们一个个犹如变成小燕子穿行在飘荡的柳枝间，飞翔在田野上……他们愉快地描述自己的所见。

有了这样的感知基础，课文中描写的"光彩夺目的春天"、"可爱的小

燕子从南方赶来了，加入这百花争艳的盛会"等有关词句就会连同形象一起进入学生们的意识之中。这样一个过程包含着知识的学习，贯穿着语言的表达，同时也渗透着美的感受。

二、简易粉笔画

简易粉笔画，是以粉笔勾勒形体的线条进而再现情境的。

由于简易粉笔画是边讲边画，画面从无到有，一步步呈现在学生眼前，画面处于动态之中，这就必然吸引学生的注意，因而用简易粉笔画简便而生动，很容易把学生带入情境。有些课文所说的现象比较抽象，但又不需要对表明某一现象的画面做细致的描绘，这时运用简易粉笔画就能够帮助学生一目了然地理解事物之间的相互关系。

在教学课文重点时，也可将简易粉笔画展示的形象与课文中的词相结合，把学生带入教材所描绘的情境之中。这样做既省时又省力，效果很好。

例如，教学《泊船瓜洲》时，以几笔勾画出诗人王安石在明月之夜，船停泊瓜洲，走出船舱，抬头仰望明月的情境，进而想象此时"春风又绿江南岸"的故乡美景，体验诗人对月发出的"明月何时照我还"的思乡之情。

为了帮助学生理解文章的层次，弄清课文描写的情节，运用简易粉笔画勾勒出角色活动的空间、背景，效果也是很不错的。

三、剪贴画

剪贴画以图形表现形体轮廓，不像放大的插图那样要求逼真，只要大体相似即可，即使有些变形也很生动。因此制作起来就方便多了。凡是无须细致描绘，只需显示形体轮廓，就能再现情境的画面，都可以用剪贴画再现。剪贴画最大的优越性是可以贴上拆下，灵活运用。由于剪贴画是由若干零件组合而成的，因此为画面提供了活动的条件，使画面易于呈现"动态"，更富有生气。

四、课文插图

这是一种最方便、最经济的手段。在条件差的农村学校，应该充分利用课本上的插图，把学生带入情境。尤其是一些以人物为主的插图，单幅的或是连续几幅的插画，表现历史重大主题的插画，反映异国他乡风俗人情的插画，抒发了特别庄重的情感的插画，这类插画所反映的课文内容，无法用剪贴画、简易粉笔画表现，教学相关课文时，借助这类插图带入情境，其实是值得推崇的、最经济的办法。实际上，大多数课文中都有许多绘画精美的彩色插图，我们应尽量发挥这些课文插图的作用。

五、视频画面

视频画面包括电视录像、幻灯的画面及其他一些多媒体画面，这类画面能给学生一种新异、真切的感觉。同时，这些画面又呈现于连续的动态中，非常能吸引学生的注意力。随着教学条件的改善，视频画面已经被广泛引入情境教学的创设途径之中，展示出很好的应用前景，大家用得也很熟练。

值得注意的是，视频画面不宜滥用，用得太多了，就没有新鲜感了。特别是由于画面过于真切，不是"有我之境"，不容易使儿童展开想象，也难成为"境中人"。

无论是运用放大的插图，还是课文插图；无论是运用简易粉笔画，还是剪贴画、视频画面，都需要教师加以指点、启发、描绘，引导学生关注感知的角度及侧重点，从而充分感受形象，进入情境，加深对课文语言的理解。更为重要的是，教师运用图画再现情境时，不仅画面有"形"，还

要有"境",教师描述不仅要有"形"还要有"情",这样,才能以"形"对儿童的感官发生作用,"形"又激起"情",儿童才有可能由此进入教材描写的情境之中。

音乐渲染情境

音乐是一种抒情功能极强的艺术形式。它通过乐曲进行中力度的强弱对比、旋律的起伏变化以及节奏的抑扬顿挫,使人获得比其他艺术形式更为直接、更为丰富、更为生动的感受。音乐的这种情感性质决定了它具有强烈的刺激力和影响力。音乐创作者在乐曲中表现的是他自己在生活中获得视觉形象的综合感受,转化成音乐的形象。当乐曲以旋律、节奏变化的形式作用于儿童的听觉,产生感性上的直接体验时,必然会唤起儿童心理上相似的反映和情感的共鸣,起到很好的渲染情境的作用。英国哲学家培根说过的:"音乐的声调的摇曳和光芒在水面上浮动完全相同,那不仅是比喻,而是大自然在不同事物上所印下的相同的痕迹。"这种通感,也可称为联感,决定了通过音乐更容易把儿童带到特定的情境之中。事实也正是这样。音乐像文学一样,也有自己丰富的语言、鲜明的形象和广远的意境。在音乐的渲染下,儿童很容易直接产生情感体验,激起类似的想象和联想,心驰而神往。

在小学语文教学中,把音乐与文学两者结合起来,作用于儿童的听觉和视觉,会起到相互渗透、相互补充、相互强化的作用。只是选取的音乐与教材语言要具有一致性或相似性,尤其在整个基调、意境以及情节的发展上二者应和谐、协调,这样才会获得意想不到的效果,进而达到以音乐渲染特定情境的目的。

用音乐渲染情境,并不局限于播放现成的乐曲、歌曲。对一时找不到合适乐曲的课文,在教学必需时,教师自己的弹奏、轻唱以及学生自己的表演唱、哼唱,都是行之有效而且十分简便的办法,关键是要运用恰当。

比如《伏尔加河上的纤夫》这篇课文,是根据俄罗斯著名画家列宾的作品描写而成的。19 世纪的俄罗斯是沙皇统治的黑暗年代，列宾所塑造的伏尔加河上纤夫的形象，深刻地揭露了当时沙皇统治的残酷以及人民生活的痛苦。这也正是学生学习这篇课文应该获得的认识和感受。但是课文插图太小，朦朦胧胧，影响了感知效果。于是我想到《伏尔加船夫曲》这首俄罗斯歌曲，当时因条件所限，也没有现成的录音带，我只得自己轻唱，用深沉的曲调来渲染纤夫生活步履的艰难、灾难的沉重。下面是我的一段相关描述：

在古老的俄罗斯，沙皇的统治使广大人民生活十分痛苦，在伏尔加河上纤夫的悲惨生活就是一个很好的证明。你们看（揭示图画），他们用力地背着纤绳，脚步是这样沉重，歌声充满反抗的情绪。读了这篇课文，我仿佛听到他们在唱。（老师哼唱，学生看着图，听着歌，深受感染）

一些接近儿童生活的课文，都有相适应的歌曲，不妨让学生自己轻唱或哼唱，同样也能收到很好的效果。尤其是低年级学生可利用课间操时间，边唱边做动作，更可增强学习效果，学生情绪都很热烈。

总之，那些一般图画不足以表现的动态和意境，或是庄严肃穆，或是欢快激动，或是惊险紧张，用音乐是再合适不过的。其强烈而微妙的教学效果，不是其他手段可以替代的。

近年来，神经科学家研究表明：音乐会让人脑产生大量的类似吗啡的"内啡肽"，是一种能使人产生愉悦感的神经递质。音乐的重要功能就是可以激发脑的神经通路，使神经一直处于唤醒状态，由此可见，我们选择音乐渲染情境，不仅是艺术的，也是科学的。

角色体验情境

情境教学中的角色有两种：一是进入角色；二是扮演角色。所谓进入角色，即"假如我是课文中的××"；而扮演角色，则是担当课文中的某一角色，进行表演。一方面，让儿童自己进入角色、扮演角色，课文中的角色不再局限于书本上，而是变成自己或班里的同学、老师，这就促使他们带着角色转换的真切感受理解课文，对课文中的角色必然产生亲切感，很自然地加深了内心体验。另一方面，表演的形式不仅能使课文所描述的形象直接作用于儿童的感官，而且这样的形象还被罩上了情感色彩。对这种生动的形式，儿童特别兴奋。他们既可以听到，又可以看到，且富有戏剧意味。儿童情绪热烈、印象深刻是必然的结果。

角色体验情境，用得最普遍的是童话、寓言、故事中角色的扮演。扮演那些狼呀、大公鸡呀、小山羊呀、小狐狸呀，孩子们将头饰一戴，教室里的气氛随即热烈起来，一个个欣喜若狂，争相扮演。表演开始，教材中的角色活灵活现地再现在孩子们眼前。他们成了热情的演员或观众，一下子全部进入到教材描写的情境之中。这样，教材语言与眼前形象连接，就加深了对课文的理解。值得注意的是，由于表演本身常常是即兴的，且其背后不仅有感知、记忆，也包含着想象与其他一些思维活动，因此，每次表演都应有明确的目的，或为了理解教材语言，或为了运用语言训练表达。

在小学语文教材中，尤其是低中年级，可以让学生表演的课文是很多的，通过表演，能够加深学生对课文的体验。到了高年级，也仍然可以适当表演，因为表演使学生"稚化"，仿佛又回到学龄初期。这种外界特定环境引起的心理"稚化"，使学习者忘我并形成良好的情绪状态。因此，在高年级，只要教学需要，仍可通过角色体验情境。不过相应的要求应在低、中年级训练对白为主的基础上，结合进行语感教学，增加创造性。

对于富有情趣的角色，特别接近儿童生活的戏剧形式，儿童普遍会感到其乐无穷。他们扮演或担当了角色，就由"本角色"变为"他角色"，进而会立即融入所担当的角色中去，其学习动机也会得到强化。更具深层意义的是，角色扮演让儿童心理从动情到移情，从而加深其对角色语言、情感、行为的体验。

游戏比赛情境

喜爱游戏是儿童时期与生俱来的本能。儿童在游戏中快乐、自在、和谐，全身心投入，以至忘我，迸发出勃勃生气和创造力。从本质上讲，游戏就是为儿童创造的。

然而，游戏在很多人的认识中，是课外的活动内容，是非正规的教学方式。因而课堂教学尤其是应试教育的课堂里，老师们常常忘却了游戏，甚至排斥游戏，游戏也悄然远离了儿童。实际上，这就忽略了游戏对儿童发展的意义和重要价值。

事实上，无论是从儿童天性的角度考虑，还是从教学效果的角度考虑，让游戏走进课堂的意义是无可厚非的。一些我们熟知的传统游戏，实际上包含着深刻的道理。2015 年 1 月 23 日，《海南日报》一篇名为"'石头剪刀布'研究入选麻省理工年度'最优'"的新闻报道引起了人们的广泛关注。浙江大学与中国科学院研究人员组成团队，对"石头剪刀布"这一传统游戏进行大规模测量与研究，揭示了其中隐藏的行为模式，生动解释了"石头剪刀布"的胜算原理，这项研究成果入选了"麻省理工学院科技评论 2014 年度最优"，成为中国首次入选此项榜单的社科领域成果。这一发现，让我们对游戏刮目相看。

智慧创造了游戏，而游戏又孕育着智慧、激发了智慧，可以使儿童爆发出热烈的学习情绪。皮亚杰早就指出：从认知的角度考察，游戏是一种智力活动。所以我们不得不承认游戏本身是一种效果不可低估的学习方式，可谓玩中启智。

基于情境课堂快乐、高效的基本宗旨，游戏比赛情境也被列入创设课堂情境的重要途径之一，成为最受孩子欢迎的、最有生趣的情境。情境课堂引进游戏、利用游戏，就是从儿童特点出发，让儿童快乐学习，提高效率。因为当儿童心情愉悦时，其大脑处于兴奋状态，神经元连接加快，心理的愉悦促使儿童易于学会知识，想象力和创造力得到发展，儿童团体合作、力争上游的信念在游戏过程中也得到了培养。在情境课堂创设情境，就必须充分突出游戏"快乐"、"智慧"、"活动"三大特点。让儿童在游戏中交流信息、运用知识，让儿童乐学、爱学，进入忘我境界，教学进入沸腾状态。创设游戏比赛情境的关键是游戏的"比"和"赛"。形式上讲，可以比集体、比个人、比对错、比优劣、比输赢、比快慢。游戏比赛情境的创设也可与扮演角色、模拟操作结合进行，一般可用在巩固所学内容的教学阶段，通过游戏帮助儿童理解学习内容，使其学会在快乐的思考中运用知识。

我们必须珍视儿童因为游戏生成的快乐、热烈的情绪，因势利导，让儿童在渲染着趣味的学习环境氛围中，进一步生成学习的内驱力，进而主动参与学习活动。

至于做什么游戏，可以利用传统游戏，也可自行设计、创造新的游戏，关键要根据教学内容的需要、儿童的需求。要让儿童在玩中学、玩中用，真正达到既给儿童带来快乐，又能增强教学效果、促进儿童身心全面发展的目的。

网络拓展情境

当今社会已进入网络时代，丰富的网络资源为儿童提供了极其宽广而又复杂和崭新的教育空间，这是一个巨大的智库。我们必须运用网络拓展情境，网络提供的信息、声音、视频和互动，可作为拓展情境的新途径。目前，通过网络搜索信息，下载网络视频，研究开发微课，建立班级博客、班级微信群，乃至翻转课堂等都已逐渐地在教学中运用起来。

从儿童角度来说，儿童在懵懂、好奇中，已经常拨弄手机，打开电脑，去发现新奇的、虚拟的网络世界。这对儿童的认知发生着深刻的影响，其间也难免有负面影响的产生。

信息技术的广泛运用形成的教育的新形态，将给教育带来深刻的变化。未来的学习过程，对儿童来说，既是开放的，也是不确定的。因此，如何适应儿童学习的新需求，引领儿童走进健康的安全的网络，使信息技术真正成为"智慧教育"已成为当今教育教学的新挑战。当下，在起步阶段，需培养儿童正确运用网络信息的能力。

我们不能简单地认为运用信息技术就是"智慧教育"。"智慧教育"不是简单在课堂上播放视频，让儿童看得真切、学得生动。在某种意义上，网络视频过于真切、生动、便捷，无形中会扼杀儿童的想象力。而情境教育的重要核心理念就是要开发儿童的潜在智慧，发展儿童的创造性。在网络拓展情境的探索中，我初步提出以下系列要点：

一是我们首先要培养儿童主动地利用网络搜索信息的意识与习惯。这是他们了解世界、扩大视野、获取更丰富知识时所必须具备的，也是信息社会对人才培养的新要求。

二是要指导儿童学会选择信息、取舍信息。引导儿童学会选择、正确取舍，是重要的一环，应作为网络学习的第一准则。例如，老师提前为儿童提供关键词，就是一种便捷的指导方法，这样不至于使儿童在茫茫网络世界里毫无头绪、迷失方向，误入有毒的"黑洞"。也便于儿童检索、获取正面信息。

三是要鼓励儿童在探究信息、选择信息过程中主动思考。网络平台的生动图像与信息，常会激发起儿童的好奇心和求知欲，我们应鼓励儿童在网络学习中提出问题，引导儿童学会在获取信息的过程中进行探究，以促使儿童潜在智慧的发展，使网络世界也成为拓展儿童思维的重要途径。

四是要引导儿童互动、交流信息。在互动时引导儿童评价获得的信息，各自在白板上呈现自己搜索选择的资料并进行交流。评价后做出判断，从而使儿童一步步理解所获信息的价值，进而学会合理地运用信息。

通过"搜索信息—选择信息—探究信息—交流信息—评价信息—运用信息"等一系列活动，培养儿童能主动地走进网络世界，正确地选择与取舍信息，并在此过程中进行探究，最终获取运用信息的能力。

语言描绘情境

在教学实践中，我深感，美能生情，而情又能激智，要达到这样的效果，教师的语言描绘是十分关键的。在课堂上，有的老师也运用图画、音乐、角色扮演等手段，但学生却并没有因为艺术的直观而真正进入情境，原因何在？那就是语言描绘不到位，或过于平淡，或过于华丽，或语速过快，儿童思维还来不及想象教师描述的画面。

教师要通过语言对儿童的认知、情感进行调节、支配和暗示，引领儿童感受情境的美，体验情境中的"情"，领悟课文蕴含的"理"，启发儿童积极的思维活动，培养儿童思维的深刻性。如果教师忽略了运用语言调节、支配、暗示儿童的认知活动，那么学生往往会热衷于自己最感兴趣的部分，而忽略了对整个情境，尤其是主体部分的感受。形象与词的分离，就难以使学生获得确切的、丰满的感性知识，更不易激起与教材情境相一致的情感活动。

当情境再现时，教师结合语言描绘，提示观察程序、观察重点，引导学生边听边看、边看边想，促使学生观察活动与思维活动结合进行。这对学生的认知活动，起着一定的指向性作用，从而提高其感知的效应。不仅如此，由于教师语言的作用，使情境展示的形象更加鲜明，并带着情感的色彩作用于儿童的感官，强化了情境，渲染了情境的氛围，从而激起儿童积极的情绪，使其主动进入到情境中，产生情感的体验。简言之，教师应该从与儿童对话的角度全面考虑，要用自己的真情和形象化的语言，使师生同在境中。由此可引导儿童从感受到感悟，到创造再到顿悟。

运用语言描绘情境，无论是与直观手段结合进行，还是单独运用，对教师运用语言都有一定的要求，教师语言除了需要具有示范性外，还要具有主导性、形象性、启发性及可知性。

一、主导性

既然语言支配着学生的认知活动，我们就必须充分发挥它的主导性。

要有意识地引导学生注意什么、感受什么、联想什么，以及观察后怎么表达，关键是教师语言的主导。在整个教学过程中，教师的主导性主要也正是通过教师的语言体现出来的。教师的语言描绘要能体现出主导性，关键在于教师对情境创设的目的要清楚，对教材的掌握要透彻。只有充分钻研教材，把握教学内容与教学形式之间的关系，才能充分体现语言的主导性。

二、形象性

教师的课堂语言是有声的语言，直接作用于儿童的听觉。由于分析器的作用，教师的语调、语义会引起儿童思维与想象的活动。但是，如果教师的语言过于概念化，就会显得贫乏干瘪，学生会因不理解或无趣味而抑制思维活动的进行。所谓"语言描绘情境"，即教师用语言对某一情境做具体描摹，使学生产生身临其境的感觉——学生感受到的，不仅是声音和词句，而且仿佛看到了画面，可谓"声音的图画"；就像画家作画是用线条与色彩去造型一样，教师描绘则是用有声的语言去"画画"、去揭示形象，是对整体情境的生动再现。

教师的语言要具有形象性，在很大程度上取决于教师是否"看到"课文描写的那个情境以及情境中的人物、景物。也就是说，只有教师自己"看到"了描绘的形象，学生才能"看到"。

三、启发性

情境教学着眼儿童的发展，教师的语言描绘，必须具有启发性，要让学生的语言学习和思维发展结合起来。通过教师的启发，引导学生积极进行思维活动，做到由此及彼，由表及里，由因至果，由个别到一般。

教师语言描绘的主导性、形象性、启发性，都建筑在学生的可知性上。

以上所讲的是把学生带入教材描写的情境之中的六种途径。需要注意的是，带入情境并不是目的，在儿童进入情境后，要充分利用儿童的感受、情绪，来帮助其理解教材语言、掌握教材，使学生在其中受到熏陶和感染。

由于情境教学手段的多样化，常常使课堂气氛热烈，但需警惕表面的

热闹。我早已明确提出情境教学最优化的两条标准："效率要高，耗费要低。""效率要高"固然是学生首先得益；"耗费要低"，其间包括的不仅是教师准备时间以及制作所需材料的低耗费，更主要包括学生所付出的时间和精力，要达到高质量、轻负担的要求。情境教学最优化的提出，在某种程度上抑制了单纯追求形式生动或不讲究实效的错误做法，使情境教学真正成为儿童快乐、高效学习的重要途径。

5 把握情境教育促进儿童发展的五要素

回顾漫长的探究历程，我从长期的大量实践中概括出情境教学促进儿童发展的五要素：一是以培养兴趣为前提，诱发主动性；二是以指导观察为基础，强化感受性；三是以发展思维为核心，着眼创造性；四是以激起情感为动因，渗透教育性；五是以训练语言为手段，贯穿实践性。这五要素具有普适性，同样适用于其他学科。此外，五要素的提出，也为情境教育的拓展做了重要的理论铺垫。此后，经过十多年的反复验证和深思，我深感其普遍意义可上升到一般规律，故将五要素的关键词提炼、上升为实施情境课程的五大原则。

以培养兴趣为前提，诱发主动性

教学过程，准确地说，应该是促进学习者"自我发展"的变化过程。教学过程只有通过学习者本身的积极参与、内化、吸收才能实现。教学的这一本质属性决定了学生是教学活动的主体，学生能否主动地投入，成为教学成败的关键。情境课程着力研究儿童"怎样学"，掌握其中的规律，推进儿童的学习过程。学龄期的儿童，学习的理智感一般比较差，尤其是学龄初期的儿童更为明显。他们的学习动机更多地为感性所驱使。情境课程的目的是促使教学过程变成一项能引起儿童持续地以极大兴趣向知识领域不断探究的活动。因为儿童的发展，同其他事物的变化一样，主要是由内因形成内驱力。因此，运用情境课程促使儿童发展的第一原则就是诱发主动性，以充分调动儿童主动地投入学习活动。

一、激起好奇心、求知欲

好奇和求知会驱使儿童爱问、好学，无论在现阶段诱发主动性，还是对儿童未来成才来说，都是很有价值的心理因素。好奇和求知，虽是儿童固有的特点，但这种积极心理要保持稳定却不是那么容易的。诸如单调重复的教学活动，过易、过难或过量的作业，老师无意的训斥、苛求，家长的责罚、逼迫等，都会压抑、挫伤儿童这种可贵的心理品质，使之逐渐淡化，进而视学习为负担，甚至想竭力地逃避、摆脱学习活动，这种情形在学校里是屡见不鲜的。因此，在情境课程的操作中，要鼓励儿童逾越学习的障碍，导入新课时要着手激发儿童的学习动机，并借助新异的教学手段，创设生动有趣的学习情境，激起儿童积极的学习情绪，形成学习的动机，使好奇、求知的欲望得以满足、持续。儿童内心的舒坦、快乐以及自我表现的欲望会有效激起他们浓厚的学习兴趣；而兴趣又易提升其参与学习活动的主动性。儿童一旦产生了学习兴趣，他们的注意力就无须作意志的努力，而受情绪的支配。心理学家告诉我们，除无意注意和有意注意外，还有第三种注意，即后继性有意注意，这种注意便是靠兴趣来维持的，它能促使学生主动投入教学过程。

二、树立自信心，培养自尊感

儿童的自信心和自尊感同样直接影响着他们学习的兴趣和学习的主动性。能否诱发全体学生的主动性，教师的观念和态度是关键。教师必须从传统的师道尊严的陈旧观念中走出来，要认识到学生才是真正的学习主体。教师的"教"是为了学生的"学"，而学生只有成为学习的主体才能真正地、主动地建构知识。尤其对成绩差的学生，教师的认可或指责、鼓励或挖苦，更会影响儿童的自信心和自尊感。儿童会十分敏锐地从教师的语调和眼神中，感受到力量或压抑、殷切的期待或冷漠的嘲讽。

教师的期望与鼓励，会逐渐改善学生对学习和对自己的评价，而这往往是在学习过程中发生的。

值得注意的是，后进生若能得到老师的肯定，便可进一步树立其自信心，培养其自尊感，对激发全体学生的学习主动性也更有普遍的积极意义。所有这些都有利于形成"老师的肯定—学生满足、树立自信心、自尊感—需要学习—再肯定、再满足—需要学习更新的、有一定难度的内容……"的良性学习链，儿童的主动性便可得到进一步调动。

由于以培养兴趣为前提，儿童真正变被动学习为自我需要，从课堂到课余，学习动机稳定、持续、强化。在培养兴趣的同时，注意培养学生良好的学习习惯，这对主动性的持续是十分有益的。即由爱上课到形成认真上课的习惯；由爱读书到养成专心读书的习惯；由爱动脑养成积极思维的习惯……有意识地在培养良好习惯的过程中，培养理智感，逐步做到自觉地、专心致志地学习。这样，即使日后的学习内容较为枯燥，他们也会凭着自己的理智感和良好习惯主动地学好。可以说，情境课程把诱发主动性放在促进儿童发展的首位，正是因为人的主动性在养成教育中对克服怠惰、激扬奋发的良好素质具有至关重要的意义。只有主动地学，才能主动地获得发展。"凡是没有自我运动的地方，那里就没有发展。"

以指导观察为基础，强化感受性

教学理应充分地体现美、利用美。教学实践已表明，无数成功的教学，一切深受学生欢迎的课，无不体现了一个"美"字，美无处不影响着学生的情感、智慧、身心的发展。幼小的心灵需要美的滋润，儿童的智慧活动需要美的激活，教学的高效需要美的推动。

一、显现美的教学内容

无论是语文还是数学，各个学科都蕴含着美。譬如，英国哲学家罗素就说过，数学是一种"冷而严肃的美"。说"蕴含"是意味着美藏在里面，如不有意识地在教学中体现，就可能遮蔽了美感、忽略了美感、远离了美感。教学是为了儿童，为了儿童的发展。因此，教学活动除了教给学生知识、完成认知的任务，还应包含着关于智力的、意志的、审美的、道德的内容，而这些内容又都是在完成认知任务的过程中协同进行、综合完成的。正所谓"语文不仅是语文"，"数学也不仅是数学"。教学的美感性就好像融合剂一般，不仅有利于学科中审美教育的进行，而且可以将促进儿童素质发展的诸要素非常紧密地联系在一起。

二、选择美的教学手段

教学手段的运用，我以为主要是决定于教师对教育境界的追求。只有追求美，才能努力再现教材之美。教学手段实际上是一种媒介，通过它再现、强化、传递教学内容，实现教学目标。要使教学手段给学生以美的感受，就得让学生能看得到、听得见、摸得着，进而产生一种愉悦之感。因为美感总是通过人的视觉、听觉、触觉具体感受的。没有儿童感知的兴奋，就谈不上美的感受。正如近代学者王国维先生提出的"真正之知识唯存于直观"、"一切真理唯存于具体的物中"，感受才是真切的。当然这"看到"，可以是真实地看到，或是仿佛看到的。这对凭借形象认识世界的儿童来说，该是何等的重要而合适！所以，情境课程便是通过图画、音乐、戏剧这些艺术的直观与老师的语言描绘相结合，创设情境。因为艺术是"直观"的，是"能观"的。我常常想，图画本身是空间中静的美，音乐是时间中动的美，而戏剧则是生活时空中，动静结合的美。在教学的过程中，教师通过情境再现教材所描写的、表现的、含蕴的美，不仅让儿童得到真切的感受，同时也体现出教学的美感。

三、运用美的教学语言

从某种意义上说，教学语言也是一种教学手段，但它在诸手段中处于首要位置，何况美的教学内容、美的教学手段都要凭借富有美感的教学语言去体现，所以这里把它单独列出来阐述。教学语言对儿童的感觉的活动、思维的活动、情感的活动都起着主导、调节与支配的作用。儿童心的琴弦，往往是靠美的教学语言去拨动的。教师语言表达得美与否，其效果是大不相同的。对教师的语言，学生可以是无动于衷，也可以是感动不已；可以是味同嚼蜡，也可以是如饮甘泉。如果老师的教学语言缺乏美感，那就很难让学生感受到教材之美，没有美的感受，又怎能产生感动？苏霍姆林斯基指出，教师要用"人类教育最微妙的工具——言语去触及人的心灵最敏感的角落"，"教师的言语成为强大的教育手段"。具有美感的教学语言往往再现了教材描写的美的情境；或是联系了儿童生活经验，激发了他们的美感；或是利用儿童联想、想象将他们带入其向往的境界；或是引导儿童对美的实质的理解、对教材语言美的鉴赏，以及对教材表现的"美"与"丑"的评判。总之，富有美感的教学语言，要么让学生感觉到美；要么让学生联想到美；要么引导学生去追求美；要么启发学生领悟美。正如德国教育家第斯多惠指出的那样，"教学的艺术不在于传授的本领，而在于激励、唤醒、鼓舞"，教学语言正是具有这样的作用。

以发展思维为核心，着眼创造性

儿童兴趣的培养、主动性的激起、观察活动的展开、主观感受的形成，以及儿童的情感活动和语言的表述，都离不开思维活动。情境教育提出的"发展"的内涵，包括知识、能力、智力以及情感意志等心理品质的整体和谐发展，其核心便是思维的发展，尤其是思维创造性的发展。儿童创造性的发展，并不是在教学中听其自然地"顺手拈来"，而是有意识、有目的进行着的。所以情境课程强调创造性，并将创造性视为教育教学的重要目的。

小学阶段是人的潜在智慧发展的最佳时期，儿童的潜在能力如果不在这个时期发展，不被唤醒，就难以再发展了，最后便像灿烂的火花得不到氧的供给而泯灭。因此，情境课程强调不失时机地在儿童学习的过程中，发展儿童的潜在智慧。在小学各科教学中，以发展思维为核心，着眼创造性，以促进儿童具体形象思维、抽象逻辑思维、创造性思维等的发展。

在课堂上，因为情境的优化，儿童热烈的情绪甚至能够到达沸腾状态，儿童的思维处于最佳状态。他们积极思考、主动思考，从而迸发出一个又一个令人欣喜的智慧的火花，这火花不断燃烧、升腾，从而产生逾越障碍的力，进而越过了障碍，获得了成功的快乐。儿童的情感活动参与了认知活动，这种最佳的心理驱动，正是儿童潜在能力变成现实力量的重要通道。

在特定的与教材相关的情境中，着眼培养儿童的创造力，需有意识地训练儿童的感觉，培养直觉，发展创造力。就教育的终极目标即提高学生的悟性，培养创造性人才来说，情境教学对儿童全脑的发展已显示了它的独特价值。

一、训练感觉

感觉是人类认识世界的第一通道。卢梭认为："进入人类理性的所有一切的东西，都是通过感觉实现的。"马克思也曾说："感性必须是一切科学的基础。"（马克思《1844年经济学哲学手稿》）儿童的感官，通过训练可以日益敏锐起来；不注意训练，则会迟钝。而感官的迟钝必然会成为儿童提高直觉、提高悟性的障碍。因此，我们应该抓紧儿童感官可塑性强的关键期，加以培养。这个任务，不只是交给音乐、体育、美术等学科，语文、数学、科学等相关学科也应该将其主动承担起来。情境教学的生动手段，都是可以作用于儿童感官的，儿童的感官就在不断的感觉中训练起来。在情境中，教师的语言描述从教学目的来说，是在引导儿童感知、体验情境。儿童的视觉、听觉、动觉就在不断地有指导的兴奋中变得敏锐、完善起来。事实也正是如此，我带过的实验班的孩子，确实眼睛特别亮，耳朵特别灵。观察日环食时，他们会发现地下的树影也变得异样；夜晚听到"吧嗒吧嗒"的"雨声"响得异乎寻常，他们会走到屋外看个究竟，原来是冰雹落地……无数事实证明，感觉的训练，使儿童对周围世界日渐留心、敏感，这就拓宽了他们进一步认识世界的通道，并且成为他们思维、想象、创造力发展的重要基础。

二、培养直觉

直觉是孩子先天就有的，然而又是后天容易泯灭的。直觉是儿童智慧

十分宝贵的素质。作为老师，我特别珍惜并不失时机地发展孩子的直觉。情境教学注重训练感觉。人为优化的情境，借助形象的感知、联想的展开以及美感的伴随，十分有利于直觉的培养。人类社会的大多数创造，可以说都是"直觉思维跳跃"的结果。我们要提高人的悟性，就必须从小培养儿童的直觉。直觉虽然不同于感觉，但直觉的培养离不开感觉。在儿童进入特定的富有美感的情境后，由于感官接受鲜明的形象刺激，大脑非言语思维积极活动，往往会促使儿童在瞬间产生一种很"自然的感觉"，或者是直觉的反馈。诸如儿童在科学教学中对现象迅速做出的判断（"蒲公英是吸土壤妈妈的乳汁长大的"、"小蝌蚪的尾巴断了，一定游不起来，那就找不到妈妈"），在数学教学中对数、量、长度的估量和预测等这些直观的、笼统的、带有猜测性的臆想，瞬间做出的认可或否定，就是儿童直觉水平的显露。当然这是极初步的、低级的直觉水平。对这种直觉的萌发，教师应十分珍爱，做到尊重直觉、利用直觉、培养直觉，及时予以热情的鼓励、肯定。同时还可引导儿童通过简单的演绎进行初步的逻辑推导，以验证自己的直觉正确与否，从而进一步认识事物、加深理解。通过天长日久的情境观察，训练感官，强化感知觉，积聚大量表象与经验，并凸显、强调情境的某一部分，启发儿童展开联想，语文科学修辞中有关比喻（明喻和隐喻）、拟人的运用，以及数学、科学学科的估量、猜想、预测、判断，都不妨让儿童大胆地尝试，这些都是发展儿童直觉的有效途径。这种培养虽然是初级阶段的启蒙，但对激活、发展潜在的智慧，提高儿童的悟性是十分有意义的。

三、发展创造

情境教学注重感觉的训练，直觉的培养，实际上都是为了发展儿童的创造力。情境中鲜明的形象、热烈的情绪，使眼前形象与儿童视觉记忆系列中的形象，连动地、跳跃式地产生着某种关联。联想、想象活动近乎无意识地展开，大脑的非语言思维会十分活跃。教师因势利导：以师生的情感交流和教学的民主，渲染鼓励创造的氛围。在此情此境中，儿童潜在的创造力易于突发、萌发出来。但对于这种萌芽状态的创造力，教师需要启发引导，促使其进行新形象的多种组合，并结合学科特点，变复现式的记忆为创造性的语言训练。当儿童的创造才能得以施展时，教师又要及时引导儿童体验创造的乐趣。创造的快乐，是一个人众多快乐中最大的、最高层次的快乐。教师在儿童进行创造性语言训练后及时赞扬，引导儿童体验到创造的愉悦感，从而逐渐产生创造意识，享受创造成功的快乐，体验成就感，进而就能激发进一步创造的热情。

创造是对表象的改造。要创造出新的形象，求异思维起着很大的作用。求异即不同于一般，在求异中往往闪动着儿童创造性的智慧火花。情境教育以观察为基础，着眼发展，为儿童学习拓宽了思维空间。在启发式的教学方法的运用中，进一步促使儿童求异思维的发展，从而培养了儿童思维品质的灵活性与广阔性。

以激发情感为动因，渗透教育性

教育的最终目的就是育人，让孩子获得道德和审美的熏陶是育人的重要方面。但是这种育人又绝非靠哪一学科、哪一堂课可以完成，而是需要各学科"全覆盖"。即进行人文启蒙必须从各科着手，日积月累地"渗透"。以情感为动因，渗透教育性，这正是依循对儿童进行情感教育的内在规律和特点。

所谓渗透，即如同滴水穿石般，一点一滴地渗透到儿童的心灵中去，天长日久，自然会影响儿童的精神世界。教育的渗透靠什么？靠情感的熏陶、感染。我们通过情境中那些有血有肉的形象、声情并茂的场景和震撼人心的氛围，去打开孩子们的心扉，去感染孩子们稚嫩的心灵。

一、以热爱祖国为"根"

热爱祖国是崇高而圣洁的情感。这种庄重的情感是任何一个国家在任何一个时期都需要有的。这种情感又是需要从小就开始培养的。

古往今来，有多少将士驰骋沙场，为国捐躯；又有多少仁人志士，用心血与智慧为祖国创造奇迹，摘取了世界科学文化领域中的明珠，展现无限风光。不言而喻，各族人民的精英首先都是爱国者。因此，在我们国家走向强盛的重要历史阶段，在全民中，尤其是在少年儿童中进行热爱祖国的教育，更显重要。

热爱祖国的教育是渗透在各科教学中，尤其是语文、思想品德等人文学科中进行的。祖国语言反映了我们民族的精神生活的全部历史，是民族智慧的结晶。祖国语言的美好、伟大和表现力，对儿童的影响似涓涓细流，隽永而深长。通过祖国语言的学习，儿童的情感、思想和境界也会变得丰富和高尚起来。

小学教育中，人文学科以及德育为先导的主题性大单元情境课程、野外教育中的综合实践活动，结合重大节日、重大事件和背景从不同的角度组织的活动，都能向儿童进行爱国主义的教育。我们可以引导他们欣赏祖国壮丽的山河、悠久的历史、灿烂的文化；让他们了解到不同历史时期中华民族英勇不屈，奋力反击外族的侵略；让他们知晓中华儿女英雄辈出的光辉业绩；让他们看到祖国今天的繁荣富强，并对祖国未来的光明美好满怀憧憬……

二、从感受形象出发

越是鲜明的形象，对于儿童的思想影响就越明显。从别林斯基说的"哲学家用三段论法，诗人则用形象和图画来说话"的名言里，我们得到了很好的启示，即小学老师也应该学习诗人的做法，致力于用形象和图画来说话。换句话说，我们应该是"显示形象"，而不是"阐述观点"。因此，情境课程选择生动的画面、音乐的渲染、角色的扮演、语言的描绘这些艺术的手段，再现课文描写的情境，为儿童理解教材内容提供丰富的背景形象，为其认识准备笼罩上情感的色彩，使学生如临其境，从中受到感染，幼小的心灵受到震撼。在人文学科中，教育性的渗透必须突出形象的感受，让学生（仿佛）看到、听到、触摸到，感受就真切了，儿童的情感就能被激起了。简言之，渗透教育性必须从感受形象出发，以"形"激

"情"，加深情感体验。

我们看到，传统的教学表现出过于注重理性而忽视情感的偏向，而缺乏情感的教育是无法完成素质教育的神圣任务的。苏霍姆林斯基深刻地指出："没有细腻的情感，缺乏同情心的人，就不可能有崇高的理想。而缺乏同情心就会对人漠不关心，并从漠不关心发展到自私自利，发展到残酷无情。"情感性是人的本质特征之一，任何美好的情感并不是与生俱来的，而是靠后天的熏陶与培养。面对世界，面对家庭，对儿童进行情感教育已日益显示出其重要性。我们应该强烈地意识到孩子的心随着他们阅历的丰富，正在不断地发生着变化，怎么让他们懂得关心他人，心地善良起来？从情感入手是必然的选择。

三、以教师示范为导引

教师的人品对学生的影响是极其深远的。

老师是如何对待工作的？从上课到批改作业，是一丝不苟，还是敷衍塞责？学生都看在眼里。老师上课前应认真准备，课上怎么讲怎么问，学生可能会有哪些疑问，自己又怎么回答，都要做到胸有成竹。上课一环一环、一步一步，既井然有序，又生动活泼。老师全身心地投入，学生全神贯注，直至进入"师善教，生乐学"的境界中。课后，当学生看到老师及时批改作业，字迹、符号也是毫不含糊，加之老师对学生热情而专心地释疑、解惑，学生是会为之所动的。老师对待教学工作的态度其实是其师德的重要表现。认真与马虎，执着与随意，在学生的心目中是何等的泾渭分明！同样，老师对学生的态度，往往能使学生更具体地认识老师，倘若老师对学生态度有偏差，学生会特别敏感。情境教育提出"爱生善教"为老师的座右铭，要求老师面向全体学生，不允许厚此薄彼。其实，对于小学生来说，特别希望得到老师的爱。而且他们常常会因为爱老师而爱他教的课，从爱老师变成爱学习。但是，如果学生发现老师特别爱的仅是几个学优生或是特别恭维老师的学生，上课也常请这些学生发言、表演，并予以表扬与嘉奖，那么，"圈外"的学生就会感到一种失望、一种冷落。情境教育十分警惕教师这种职业情感上的偏差，以防让学生朦胧地懂得了逢迎、势利，滋长虚假、狂妄，逐渐变得孤傲、自卑。在教学过程中，每堂课教师都应敞开自己的心扉，都应传导自己的真情实感，表白自己的思想观念。老师以情感示范为导引，是在有意无意间进行的，不管哪个学科的老师，其自身的人品都会对学生情感与行为发生久远的影响。

教育性的渗透在很大程度上就是为了学会做人，使儿童富有同情心，主动关心他人，乐于帮助他人，情感丰富而美好，熏陶孩子的纯净的心灵，净化孩子的情感世界。

以训练学科能力为手段，贯穿实践性

从情境教学到情境教育再到情境课程，我一直着力儿童实践能力的培养和提高，并且始终强调这种培养和提高应当贯穿于教学过程中。学习知识的目的就是为了运用；不通过学习者自己的实践，知识难以转化为能力。社会一直批判的"高分低能"的教育现象，正准确地切中了应试教育的时弊。"实践出真知"、"知行统一"、"学用结合"，这是人们一致认同的教育哲学的真谛。情境课程强调"贯穿实践性"，也正是基于这一根本的理念。这种实践性，其内容主要有三方面：一是社会的实践；二是课堂的模拟实践；三是以应用为目的学科能力训练，包括符号操作等。总之，情境课程竭力让儿童在动中学、趣中学、做中学，进而达到乐中学。

一、体现与丰富的生活相通

为了让儿童的校内学习生活与社会、大自然相通，获取知识的源泉、智慧的源泉，情境课程无论是核心领域的学科情境课程、综合领域的主题性大单元情境课程，还是衔接领域的幼小过渡性课程以及源泉领域的野外情境课程，都有意识地设计安排让儿童走出学校、走进社区、走进大自然，进行相关的实践活动，从多学科、多样性的要求体现实践活动的综合性。例如，在主题性大单元情境活动中，让儿童参加农田劳动、公益劳动、工艺品制作等，连同围绕主题展开的调查、采访、观察、采集标本、测量、收集数据等实地考察都综合进行，让儿童主动地进行各种实践活动。实践活动的综合必然促使儿童将知识融通，儿童的各项能力也在交汇操作中得到更好的提高。这也是受到儿童普遍欢迎的校外活动。

这种实践活动的综合性，使学生在实践中进一步理解知识，实际地运用知识，有效地培养和提高了儿童的能力，而这些又为学生将来要参与的社会实践做了早期的培养和历练，是真正的学以致用。

二、体现多样性的符号操作

儿童实践活动主要是在课堂进行的。学科情境课程的本质特征就是在优化的情境中，将学科课程与儿童活动结合起来。大教育家夸美纽斯在他的"泛智主义课程"中强调，"要使活动的训练跟认识活动结合起来"，"在认识事物的时候要进行实际活动"。杜威的"活动课程论"则更突出了活动在儿童获取经验中的重要地位。这就有效地克服了单纯学科课程"重讲轻练"、"重知识轻能力"，以及因缺乏应用操作而削弱了实践性的弊端。

强调特定的氛围，激起儿童热烈的情绪，在优化的情境中主动地活动起来，模拟操作等一系列活动，把儿童的实践活动贯穿在教学过程中。这些活动及操作是将符号的操作镶嵌在优化的情境中，知识要转化为能力，符号的训练是不可舍弃的。但它又绝非应试教育中单纯的习题练习，后者必然将知识肢解为一个个孤零零的知识点，无"整体"可言，那必然背离儿童的心灵。

学科情境课程强调贯穿实践性，所进行的训练是与儿童的生活相连，与思维发展相结合，并以感知为媒体，以应用为目的的整体训练。

就拿童话节来说，那是让儿童享受过新年般快乐的日子。低、中、高各个年级有层次地区分，各班级又有各自的特色，不仅有读童话、讲童话、画童话，还有写童话、演童话，即根据童话故事创作和表演童话剧都相机进行着。一系列的多样性符号操作，都是在轻松愉快的体验中进行的。

综上所述，情境课程五大原则集中体现了情境教育的课程思想，那就是以儿童为主体，以儿童当下的发展与未来的发展为目标，且从儿童的感

受与实践出发，为其极早构筑宽厚的基础，同时又通过日积月累，渗透审美教育，从而使其受到熏陶、感染。为了儿童"成人"与"成才"，课程要做到既有育人高度，又有儿童成长的宽阔空间。实践表明，情境课程既顺应了国际课程发展的趋势，又体现了东方文化的智慧。

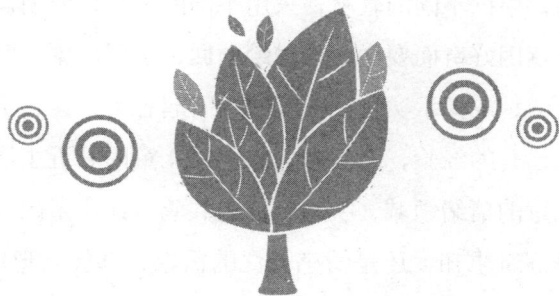

第二部分

怎样实践情境教育

1 情境语文

情感与认知结合的阅读学习

一、初读：在激发动机中入情

初读，是儿童第一次感知教材。在情境教学起始阶段，我根据教材特点，把儿童带入情境，在探究的乐趣中，激发他们的学习动机，又在连续的情境中，不断地强化他们的动机。一般说来，激发学习动机，应在导入新课时进行，这是学习新课的重要一步。情境教学十分讲究这一环节的掌握，根据不同的教材，采用不同的形式：或创设问题情境，制造悬念，让儿童因好奇而要学；或描绘画面，呈现形象，产生美感，让儿童因爱美而要学；或揭示实物，在观察中引起思考，让儿童因探究而要学；或联系儿童已有的经验，产生亲切感，让儿童因贴近生活形成关注而要学；或触及儿童的情绪领域，唤起心灵的共鸣，让儿童因情感的驱动而要学……无论是好奇求知，还是情感关注的需求，都促其形成一种努力去探究的心理。这种探究心理的形成，对具有好奇心、求知欲望的儿童来讲，本身就是一种满足、一种乐趣。这就保证儿童在接触新课时，带着热烈的情绪，主动地投入到教学活动中来。导入新课，激起儿童阅读全篇的兴趣，使儿童主动地去读全篇。写人写事的课文，通过情境的创设，唤起儿童对故事中主人公的关注。写景、抒情的课文通过情境的创设，把儿童带入丰富的美感中，使儿童乐于读全篇，主动地了解、欣赏课文所描写的景物，从而体验作者抒发的情感。状物的课文，在初读时通过情境的创设，使儿童对所摹状的事物获得具体的表象。

这里列举几种不同类型的课文，介绍怎么在初读阶段带入情境，激发儿童的学习动机。

对于童话、寓言、故事类的课文，我常常从课文中选取一个美好的场景、一个或几个角色的鲜明形象、一个引人入胜的结局来考虑和设计导语。

对于写人物的文章，我则会通过介绍人物或描述人物所处的环境，或联系儿童亲身的体验，来激起儿童对课文所描写的人物的亲近感，使其产生关注的情感而要读全篇。

◎教学片段◎

《卖火柴的小女孩》课文导入

上课开始，老师首先问孩子们："知道安徒生吗？""你们读过安徒生的哪些童话？"孩子们迫不及待地报告了他们读过的安徒生作品《皇帝的新装》《丑小鸭》《拇指姑娘》……如此导入，孩子们一下子进入了学习新课的情境中。接着，老师深情地描述："这个故事发生在大年夜的晚上。夜，雪花纷纷扬扬，路边的街灯昏暗，行人极少。我们看到一个金色卷发的可爱的小女孩，一个可怜的小女孩，光着脚，穿得极单薄，正在风雪中颤颤地向前走着……"孩子们仿佛看到了小女孩，小女孩的形象在他们心目中闪现出来。小女孩的凄苦开始牵动着他们的心，他们情不自禁地关注着小女孩的命运。

对于说明类课文，我往往通过联系儿童的生活经验，设法把儿童带入一种探究的情境中。

《太阳》课文导入

师：太阳，我们每天都能看到。早晨，它从东方升起，把光明带给大地；傍晚，它从西天落下，黑暗便来临。太阳对于我们好像是挺熟悉的，其实又是很陌生的。因为对太阳的真实情况我们人类知道得太少了，需要老老少少一代又一代的科学家去研究它，揭开它的奥秘。现在就请你们来做小小天文学家研究太阳。要研究一个事物，首先要会提出问题。

［创设问题情境，启发学生积极思考］

师：现在你们面对太阳，想知道它的什么？

［学生情绪热烈，相继提出问题］

生：老师，我想知道太阳有多大，距离我们地球有多远。

生：据说太阳是个大火球，一切生物都不能存在，那么太阳表面究竟有多高的温度？

生：老师，我想知道日环食是怎么形成的。

生：有人说月亮本身并不发光而是太阳照射的缘故，对吗？

生：我还想知道太阳上面的黑子是怎么回事。

［教师将学生问题分类概括］

师（鼓励）：这些问题提得很好，说明同学们很有科学精神、科学态度。你们提的这些问题要怎样去寻找答案呢？一是从课文《太阳》中去找答案；二是课外自己去阅读有关资料进一步求得解答；三是有的问题现在我们人类还没有得出结论，要靠你们去研究、去发现、去解答。

［这样处理学生的问题，不仅使学生怀着极大的兴趣主动学习课文，而且开拓了学生的思路］

师（引导）：关于太阳有多大、多远、多热，以及它与人的关系，课文中说得很清楚。现在你们就是小小天文学家，就把这篇课文当作一份资料阅读，看谁能通过自己的阅读找到答案，先弄清每一小节的意思。

［利用角色效应，促使学生主动地学习课文］

这样，无形之中就把学生带入了研究科学，查找、阅读资料的情境中。他们仿佛真的成了小小天文学家，读起课文来分外专注。也就是说，说明文主要是联系儿童生活中经历的现象，或介绍相关的科学知识，或提出问题，引导儿童进入探究的情境来激发学习动机。

我和实验班的老师上课前总是做好一切准备，包括情感的酝酿，早早地来到教室，从上课一开始，就注意渲染一种与教材相一致的氛围，小心地拨动儿童心灵的琴弦，有意识地让教材蕴含的情感与儿童的情感活动相连接、相沟通。可以说，情感的纽带是在上课之始就牵拉启动了。在小学语文课本中有各种题材、各种文体的课文，教师根据教材各自的特点，让学生在初读课文时就入情，所谓"披文以入情"。其实，学生此时的入情表明学习动机的形成。这激起的动机本身便是一种期待欲，急切地想知道课文中的人物、事物、现象如何发生，如何一步步发展。学生因为入情而进入积极的学习状态。

在激发儿童学习新课动机的同时，遵循一般的阅读程序，即从整体到局部，从轮廓到细节，而后再回到总体。因此，阅读的第一步就从整体着手，从了解梗概着手，弄清作者思路。所谓思路，即作者思想的线索，又可称为作者创作时思维活动的轨迹。只有弄清作者的思路，厘清文章的来龙去脉，才能读懂文章；也只有读懂文章，才能进一步进入作者描写的情境，从而掌握关键词句，体会语感，体验字里行间的情感。正如叶圣陶所说的那样，"作者思有路，遵路识斯真"。

儿童学习动机被激起后，若教学过程刻板、单一，儿童又会因失望而使已形成的动机弱化，以致消失。因此，在把儿童带入情境后，根据课文情节的发展、内容的需要，应使情境保持连续性。教师要有意识地把儿童一步步带入课文描写的相关情境，让儿童感到"情境即在眼前"、"我即在情境中"。儿童进入情境后的热烈情绪又反过来丰富了教学的情境。他们发自内心地微笑，忍不住哭泣，或发自心灵地义愤，争先恐后地表述自己的感受、见解……这些都使儿童的学习动机在这种"情"与"境"持续的相互作用中得以强化。教学终于成为"我"高兴参与的有趣而有意义的活动。

在此过程中，要防止为追求情节而对课文语言不求甚解的现象，并注意让学生克服等待老师讲解的依赖性，培养学生自己下功夫读通、读懂课文的独立性。同时，需注意培养学生良好的阅读习惯。每次读全篇，做到要求明确，激起思考。为此，我给学生一整套自学符号：

表示段落起讫的为"｜｜"；

表示层次划分的为"／"；

表示疑问的为"？"；

表示关键词语的为"．"；

表示好词佳句的为"△"；

表示关键字眼，又是妙笔所在的为"◎"；

加注符号为"注①"、"注②"等。

要逐步培养学生读书动笔墨、读书圈圈点点的良好习惯。显然，在阅读中加圈加点后，学生必然会积极动脑，加深对课文的理解。当然，以上符号并不是要求学生在读完一遍以后全部画出，而是逐步要求，让学生逐步掌握。

二、细读：在感受课文形象中动情

儿童的情感总是处于动态之中。在初读以后，他们了解了课文大意，往往学习的热情会减弱。但对语文教学来说，教学的目标却远远没有完成，必须引导学生进入深度阅读的阶段。

在学生初读课文入情后，教师应倍加珍视这一时机，把握学生情感活动的脉搏，使其随着教学过程的推进从"入情"到"动情"。儿童情感的产生是与儿童的认识紧密联系在一起的。具体说，在学习语文的过程中，儿童的情感是与他们对课文的认识相连的，而作者的情感则寄寓于所描绘的形象之中。因此，重要的一环，就是让学生去认识、去感受课文中寄寓情感的形象。没有形象的感受，就没有情感的产生。我主张"强化感受，淡化分析"或"以语言训练替代分析"，道理也在此。文学巨匠巴尔扎克就说过，"作家必须看见所要描写的对象"。儿童也是一样，要使儿童动情，关键的一条就是要让儿童看见课文中描写的形象。课文中描写的一个个人物形象栩栩如生地再现在儿童的眼前；课文中描写的一个个特定空间，儿童可涉足其间，仿佛进入了其人可见、其声可闻、其景可观、其物可赏的境地。然而，这又是建立在理解课文语言的基础上的。

在初读全篇、厘清作者思路的基础上，我着力引导学生细读重点段。教材的重点段是全文的主体部分，是核心所在。课文重点部分的关键词、句、段，是最能本质地、集中地表现全文内容的。因此，重点段的词句往往牵动全篇。教师要善于引导学生抓住课文关键词、句、段，抓住重点章节。一方面，从提高课堂的效率出发，花较少的时间，取得尽可能大的效果；另一方面，借此培养学生在今后的学习、工作中必须具备的阅读能力。

我在教学中，着力引导学生通过进一步进入情境，感受教材描绘的形象，并结合使用点拨、设疑、对比等方法，引导学生去理解关键词句。

阅读重点段，要求儿童对课文有深刻的了解，这种深细的阅读过程，是一种由多种心理因素组成的复杂的智力活动。这包括儿童的感知、认识、思维、语言的活动，同时，儿童的动机、情绪也投入到这一系列智力活动中。

1. 强化感知，充分展示形象，加深内心体验

阅读过程中要使儿童多种心理因素产生积极作用，必须讲究情境再现的强度。事物只有达到一定的强度，才会被儿童感知、感动。为此，教师需运用多种手段——音乐的渲染、图画的再现、角色的扮演与语言描绘综合进行。在运用过程中，又常常把这些艺术手段结合起来，使儿童多种感官兴奋，产生热烈的情绪，加深内心的体验。

例如，介绍科学常识的课文中，描写了海底世界里光怪陆离的奇异景象以及宇宙天体的运转、月食的形成、太阳的火热……结合课文语言，这些栩栩如生的形象，学生仿佛看到了，也听到了，心驰而神往。他们的关注和激情被极大地唤起，在初读阶段的情感随之加深。这种内心的情感发展，驱动着学生全身心地一步步投入到教学过程中来。围绕着教材，师生都沉浸在一个无形的充满情感交流的心理场中。这样，学生就会从教材的字里行间把握关键词句，读好重点段，加深对全文的理解和感悟。

◎ 教学片段

△导语：读屠格涅夫的《麻雀》这篇小说，我觉得就像在看一幅一幅图画，你们读读课文，是不是看到了课文描写的那些画面？（根据小说主

要以刻画形象展开情节的特点，通过想象画面，使小说中的形象成为儿童眼前的视像，抽象的语言文字就有了生命，儿童很感兴趣）

△结合学生回答出示四幅简易粉笔画："我带着猎狗去打猎"；"小麻雀被大风刮落在地"；"老麻雀从树上飞下与猎狗搏斗"；"猎狗后退"。（简易粉笔画画面为儿童认识理解课文形象提供依托）

△利用画面，让学生细读课文，找出课文描写小麻雀和猎狗的词语。分别让女同学、男同学轮读，形成鲜明对比，一弱一强，渲染感人的气氛。（学生开始同情小麻雀）眼前的画面和课文语言的形象又激活了生活中原来积累的表象，并融合在一起，从而使学生很具体地感受到课文中关键词语的形象及情感色彩。

△指点：老麻雀小小的身体，分明是轻轻地落，为什么说是"像一块石头似的落在猎狗面前"？句中的一个比喻"像一块石头"，一个动词"落"，是何等生动地写出了"一种强大的力量使它飞下来"的情态！既然是"强大的力量"，凝聚着"这么大的勇气"，当然是很有分量的，绝不是轻飘飘的，从而使学生更被老麻雀为了拯救小麻雀奋然不顾自己，敢于藐视猎狗这庞然大物的精神所感动，为之动情，甚至为与老麻雀一起对抗猎狗而使劲。于是，孩子们会更深一层关注，并会不知不觉地把自己的情感移到老麻雀身上。

△情感的驱动，使课堂教学效率大增。课文描写老麻雀"像一块石头似的落在猎狗面前"、"绝望地尖叫"、"呆立着不动，准备一场搏斗"等生动语言的形象及情感色彩学生理解了，进而感悟了。而教学活动一旦触及儿童的情感领域，必然会获得意想不到的效果。

2. 提供想象的契机，展开联想与想象，丰富课文内容

情境的创设，把学生带到课文描写的那个丰富的大自然或是社会生活的场景中去。情境的强化，则把作者蕴含在具体事物、生活空间中的情感，通过场景、氛围和画面渲染出来。在这"形"与"情"的交相作用

下，学生的情绪一下子被激起，形成了一种内驱力。在这种"力"的推动下，学生很易于从眼前的场景联想到相似的另一个场景，和已经获得的相关表象结合、重组，从而进入想象的情境之中。事实上，没有想象的展开，学生乃至教师是进不了课文描写的典型情境的；想象的展开，不仅使学生获得身临其境之感，而且丰富了作者笔下的情境。

当学生在感受课文形象，激起联想与想象，为之动情时，情感趋向高涨。教师要从他们的面部神情、朗读的声调、发言的语词中，敏锐地觉察到情感的浪花正在学生心头涌动。

◎ 教学片段 ◎

《荷　花》

《荷花》是叶圣陶先生的作品。课文是用第一人称"我"看荷花展开的，描写了荷花的美和"我"看荷花展开的美妙的想象，其中的第4小节是全文的重点段。

"我忽然觉得自己仿佛就是一朵荷花，穿着雪白的衣裳，站在阳光里。一阵风吹来，我就迎风舞蹈，雪白的衣裳随风飘动。不光是我一朵，一池的荷花都在舞蹈。风过了，我停止舞蹈，静静地站在那儿。蜻蜓飞过来，告诉我清早飞行的快乐。小鱼在脚下游过，告诉我昨夜做的好梦……"

课文写得很美。教学了课文的1、2、3节，并理出了全文以"看着"、"想着"、"看着"为顺序的脉络，学生一步步进入看荷花的情境之中。但重点段中怎么觉得自己就是一朵荷花，而且和满池的荷花一起随风舞蹈，对于小学三年级的学生来说，这种感受是很缺乏的，也不是靠字面解释可以获得的。在学生反复地朗读课文后，通过音乐的渲染，老师利用教学开始时已出示的一幅放大的插图——一池的荷花，启发学生："现在我们把它当作真的荷花，边看边想象，你好像看到什么，仿佛闻到什么？"把学生带到荷花池边看荷花的情境之中。在教师语言的支配下，强化情境，使学生获得真切的感受。

面对"荷花",引导学生也这么深情地看着"荷花","凝神地看着"。在眼前、耳边相似情境的交相作用下,视觉感受"形"的美,听觉同时感受"声"的美,感知强度增加。此情此境,促使儿童大脑中已经积累的相关情境沟通叠加,于是,课文中描写的那种想象中的原来似乎不可捉摸的情境(也可称为一种"虚境")变得可见可闻了。

学生生动地表达了自己的感觉:

"我觉得荷花变活了。"

"我仿佛觉得荷花突然长高了。"

"我自己也好像摇摆起来。"

"我觉得自己也变成了一朵荷花,心里美滋滋的。"

这表明学生进入了课文中"我"看荷花的情境。这种真切的感受必然产生与作者相似的体验。学生不仅获得了课文中词语的形象,而且感受到荷花霓裳飘忽的动态的柔美及荷花亭亭玉立的静态的庄重美。通过点拨,学生对课文中运用的比喻——自己仿佛就是一朵"荷花",对"蜻蜓告诉我飞行的快乐"、"小鱼告诉我昨夜做的好梦"这些拟人修辞手法的运用,也有了具体而深切的感悟,连同课文中"一阵风吹来"、"风过了"的叙述顺序上的结构特点也理解了。既有语言文字工具的学习,又有审美体验、想象展开的智力和非智力活动,儿童收获良多。

从学生的课堂反应不难看出,情境教学产生了效果,体现了其优越性。对一些想象空间比较广远的课文,在理解关键词句时,还可以根据凸显的情境,为学生提供想象的契机,想象展开,他们的心被打动了。学生往往会为此兴奋不已,学习情绪为之高涨,极大地丰富了课文,加深了对课文内容的理解。他们一个个乐在其中,也悟在其中。

3. 设计训练,语言与思维积极活动,在运用中加深理解

感知的强化,情境直接刺激大脑皮层,学生仿佛听到了,也仿佛看到了、触摸到了。这样的情境,有利于学生形象思维的积极活动,并在此基

础上进行分析、综合，促进了抽象思维的发展。学生在进行思维活动时，内部语言也随之跳跃式地迅速进行着。有了这样的基础，应及时引导学生把内部语言顺势过渡到外部语言。因此，在情境强化后，需有意识地把训练语言与发展思维结合起来，通过设计语言训练，促使学生的认识更加清晰、感受更加深刻，并提供运用刚学过的词语、句式的机会。

由于学生是先感受后表达，加上情绪的作用，他们往往会处于"情动而辞发"的跃跃欲试的状态。同时，语言训练也加深了学生的感受，促使他们思维、想象的发展。这就不同于那种抽象的词加一个概念化的注解，或用一个规定的词语，搜索枯肠去造一个句子。那样，学生的表达完全是言不由衷，它纯粹是孤立的、被动的、应付的习题式训练。

例如，教学《我是什么》，在学生回忆到平时看到白云、红霞、乌云的情景时，我随即剪贴出示了三幅图画，然后让学生用一两句话描述看到的云在天空中飘浮的情景。于是学生用晴天的"一朵又一朵白云在蓝天飘浮"到"天要下雨了，一团团乌云从天边涌向空中"这样的语言表述，使已经呈现的课文描写的情境更加清晰。在全文结束时，又抽象出常识性课文必须让学生掌握的有关科学知识，设计了让学生担当讲解员的情境，从童话形式中抽象出"水"是怎么变化的内容加以说明，以帮助学生掌握这一课的主要内容。

《我是什么》一课我用两课时教学，前后共设计了五个训练，贯串全过程。请看教学片段。

◎ 教学片段 ◎

《我是什么》

训练一

师：课文上说，"我"在池子里怎么样，"我"在小溪里怎么样，你们想这个"我"是谁呢？池子里有它，小溪里有它，江河里、海洋里都有它，这是谁？（生答：是水）

师：池子里的水怎么在睡觉，小溪里的水怎么在散步呢？江河里的水又怎么能跳舞唱歌？谁能说说？

［提示句式，通过语言训练，理解课文内容］

"池子里的水，就好像人在睡觉。"

"小溪里的水，就好像人在散步。"

"江河里的水，就好像人在奔跑。"

"海洋里的水，就好像人在跳舞唱歌。"

训练二

师：大家知道了，"我"就是"水"，现在读第三节，读时把"我"改成"水"读。（主语的改变让学生一下子理解了课文）

"（我）水会变。太阳一晒，水就变成汽。升到天空，水又变成无数极小极小的点儿，连成一片，在空中飘浮。有时候水……"

指导朗读：（我）水在睡觉，静静的，要轻点；水在散步，要比"睡觉"响一点，应该由弱到强（教师示范），但是还比较轻，比较慢；在江河里奔跑了，怎么读？在海洋里跳舞唱歌又该怎么读？

训练三

师：水变成云，在空中飘浮着。我们先说说，大家都看到过云，你们看到过哪些云？

［随着学生回答出示剪纸，用图画激起学生对生活经验的回忆，凭借学生进入课文描写的情境，进行语言训练］

师：看到这些情景，你会说一句话吗？随你说哪一种。

［结合进行句子训练］

① 天气晴朗，_____。

② 天要下雨了，_____。

③ 傍晚，晚霞_____。

④ 早晨，朝霞_____。

结合训练指导学生读好课文，突出"白"、"黑"、"红纱"，而且要读出恰当的语气。

训练四

师：云在空中飘浮着，有时候变成小硬球，有时候变成小珠子，有时候又变成小花朵，真会变。现在老师让小朋友来做游戏，帮助词语"找到自己人"。这儿有9个词语，谁能把它们排一排，谁和谁是一个东西，把它们摆在一条线上。

[出示"小水珠、小硬球、小花朵"；将"雨、雹子、雪、落、打、飘"六个词语卡片交给学生，让学生排列，通过学生自己的活动，让他们明确词语相互之间搭配的关系，进行语感的训练]

将卡片先后排列成下图。

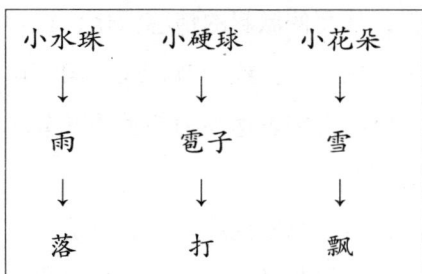

小水珠	小硬球	小花朵
↓	↓	↓
雨	雹子	雪
↓	↓	↓
落	打	飘

训练五

师：现在老师请小朋友做讲解员，说明水是怎么变的，不用"我"的口气。

指名口述。

[通过说明性口述，进一步掌握常识性课文的主要内容]

总结：学了这一课我们知道了，课文中的"我"原来就是水。水很会变，云、雨、雪、雹子都是水变成的，水可以在小河里，还可以在大江里、海洋里。水为人类做了很多好事，但也会做坏事，我们要研究水的脾气，让它为人类光做好事，不做坏事。

这些实例说明情境教学强调将语言训练贯串于阅读教学过程中，替代

了那种"发胖式"的分析，以及可有可无的"谈话"，提高了效率，而且在不知不觉中使学生用词造句的基本功逐步扎实起来。

三、精读：在欣赏课文精华中移情

阅读过程包括"初读—读通"、"细读—读懂"、"精读—读透"。其实从细读到精读并无明显的界限，常常是即时进行的。所谓"精读"，即是读课文的精彩片段、词句，读出其神韵。中国的语文教学，历来讲究领悟语言的神韵，这是由汉语言本身丰富的神采所决定的。学生在前阶段的细读中，往往只顾及情节的发展变化，顾及不到语言较深的内涵。到精读阶段，学生的注意开始转向课文本身的语言，在老师的引导和自身情感的驱动下，会全神贯注地注意那些深浸着作者情感的词句。因此，要引导学生在读出语感神韵时，更深地理解语言，从而使激起的情感深化；在学生动情之时，随即转向课文中的传神之笔，或一段，或一节，或一词一句。多读精华之处，是体会教材思想感情、提高文字表达能力的重要环节，也是提高学生阅读能力、鉴赏水平的有效步骤。

一个人的阅读鉴赏能力，表现为他对文章好词佳句、表现手法的理解程度，也表现为他能否从中获取关于"美"与"丑"、"是"与"非"的审美观念。培养学生的语文素养，将直接影响他运用语言的能力和技巧。因此，在阅读过程中，在通读全篇、弄清作者思路、抓住重点段、理解关键词句的基础上，应进一步引导学生多读课文精华之处，这对培养学生初步的鉴赏能力十分重要。

主要做法是引导学生体会语感。记得叶圣陶曾经说过："一字未宜忽，语语悟其神。"读画，要能悟出其中的神韵，领会"画中之情，画外之意"；同样，读书也要能悟出文章中传神的词句。一个读者对文章神韵的敏锐感受，便是语感。

"语感"即对语言的敏感程度，是对语言文字的最丰富的体悟。抓住语感便抓住了语言最本质的东西。应该说，对学生读写能力的培养，对学生思维的发展、想象的丰富以至情感的陶冶，主要是通过语感教学进行的。

在组织学生精读时，要十分重视对教材语言的形象、节奏、气势以及感情色彩的推敲、品味。为了让学生逐步学会体会语感，我给他们讲过"僧敲（推）月下门"的典故，讲过王安石的"春风又绿江南岸"中"绿"字先后改换五次的故事。这些很小的文字趣事，虽是大人们熟知的，但对于让学生懂得什么是"推敲"、什么是"一字未宜忽"，对于引导他们体会语感都很有帮助，他们可从中得到启发。

文章的语感，非读者在阅读过程中亲自体会不可，教师的讲解是不能代替学生对语言的感受的。情境教学的运用，使抽象概括的词语变成具体的形象，从而激起学生的情感和积极的学习情绪。所有这些，都为学生准确而丰富地体会语感创造了有利条件。

精读阶段，要凭借所创设的情境，抓住教材传神之笔，让学生体会语感。其具体操作：一是比较，二是诵读。有比较，才有鉴别。"比"的方法是最有效的。具体说来，有如下几种。

① "增"与原文相比；

② "删"与原文相比；

③ "替换"与原文相比；

④ "前后改动"与原文相比。

引导学生比比、读读、想想、讲讲，从而使其体会到啰唆与简洁、整齐与错乱、细腻与粗略、形象与干巴、具体与空洞、准确与牵强之间的差异，同时，要让学生在比较中强化对语言差别的敏感性，在比较中对词的形象和情感色彩加深理解。

◎ 教学片段 ◎

例① "增"与原文相比

《少年闰土》第 1 节，鲁迅先生用极其简练的笔墨，刻画了海边西瓜地里，一位刺猹的少年的形象。为了让学生初步体会语言的简洁精练，我在儿童进入情境后，进行了"增"与原文相比的练习。

师：现在谁来做闰土，用说话的口气说说"看瓜"这一节的内容？（用担当角色的方法，引导学生体会情境）你们大家做课文中的"我"，你听了闰土讲述的情景后，仿佛看到了什么？听到了什么？

出示一段在原文中增添词语的文字：

深蓝的天空中挂着一轮金黄的圆月，圆圆的、亮亮的。下面是海边的一片宽阔的沙地，都种着一望无际的碧绿的西瓜，就像春天郁郁葱葱的麦田。

师：这里增加了"圆圆的"、"亮亮的"、"一片宽阔的"、"就像春天郁郁葱葱的麦田"。这些词本身都是挺美的、很生动的，但是写文章是不是好词佳句越多越好呢？大家比比看。

生：第一句"深蓝的天空中挂着一轮金黄的圆月"，已经说了"圆月"，当然是圆圆的，再说"圆圆的"就重复了；第一句已经写了是"一轮金黄的圆月"，当然是亮亮的，所以加上"圆圆的"、"亮亮的"都是多余的。

生：课文中已经写了"下面是海边的沙地"、"都种着一望无际的西瓜"，"一望无际"已经说了沙地的宽阔，再说"一片宽阔的沙地"就重复了。

生：鲁迅先生不仅写了西瓜地的大，也写了它的色彩是碧绿的，再说"郁郁葱葱的"就重复了，而且"麦田"和"西瓜地"并不相同，用"麦田"和"西瓜地"比，很不恰当。

师：同学们讲得很好。

生：老师，这些加的词和句子有点画蛇添足。

师：你总结得很好。下面我们比比读读：一读增添词句的，二读原课文。

师：这样一读一比，我们体会到鲁迅先生的文章用词准确，语言简洁，确实值得我们细读。

例② "删"与原文相比

《燕子》一课将春天里的美景写得非常精彩。"阳春三月，下过几阵蒙蒙的细雨，微风吹拂着千万条才舒展开黄绿眉眼的柔柳。"作者运用丰富的词语细腻地描摹了春天的美。为了让学生体会其语感，教学时，我凭借已创设的春天的情境，突出被风吹拂着的杨柳，然后采取"删"与原文相比的做法。

出示"三月，下过雨，风吹拂着柳"。

师（引导比较）：这句话与课文上的有什么不同？你觉得怎么样？

生：我读了黑板上的，觉得没有什么味道。

生：读了课文上的，觉得很美。

师：两段话意思一样，为什么像黑板上这样写，干巴巴的，书上一写，就变美了？我们来比一比。

[学生独自思考，比较分析]

师："阳春三月"，"阳春"是指温暖的春天，是春天中最好的一段时间。"下过雨"，下过什么样的雨？

生：下过几阵蒙蒙的细雨。

师：加了"蒙蒙"、"细"，你有什么感觉？

生：我觉得加上"蒙蒙"、"细"，写出了春雨的特点，就像朱自清的《春》里所写的，像牛毛，像花针。

师：很好。

生：李老师，能不能说，下过"花针般的细雨"？

师：可以吗？

生：可以。

生："蒙蒙的细雨"可以改成"沾衣欲湿的细雨"吗？

生：啰唆。

师：你想到"沾衣欲湿杏花雨"（学生不约而同地背诵"吹面不寒杨柳风"）这诗句是好的，但我们一般不这样说。

生："蒙蒙的细雨"使我想到古诗里的一句"润物细无声"。

师：这就对了。

师："风吹拂着柳"，我们先在"风"和"柳"的前面加一个字。

生："微风吹拂着柔柳"。

师："风吹拂着柳"，"微风吹拂着柔柳"，有什么感觉？

生：我觉得柳枝好像摆动起来。

师：微风吹拂着什么样的柔柳？

生：微风吹拂着才舒展开的柔柳。

生：微风吹拂着才舒展开黄绿眉眼的柔柳。

师："才舒展开黄绿眉眼的"，好像柳树怎么样？

生：好像柳树刚刚从梦中醒来，睁开了眼睛。

生：这就把柳树写活了。

生：好像柳树也长了眼睛和眉毛。

师：不是一条两条，而是千万条才舒展开黄绿眉眼的柔柳。（加重语气，边说边画，用简易画，再现春天杨柳万千条的情境）

师：现在把这个句子读一读。

生：微风／吹拂着／千万条／才舒展开黄绿眉眼的／柔柳。

从这一课例可具体看出，老师在引导比较中，凭借情境，利用激发起的情绪，并渗透着分析、比较、判断等活动，使学生真正地读深。只有这样重视语感的教学，学生才能读出课文字里行间闪现的形象、色彩及蕴藏在字眼里的含义。不难看出，这时语言的锤炼激起了学生对杨柳的爱。

例③ "替换"与原文相比

《小音乐家扬科》最后一段写着"扬科躺在长凳上……树皮做的小提琴还躺在他的身边"。

1. 老师轻声描述：这时候，我们仿佛看见小扬科躺在长凳上，他的呼吸已经很微弱了，在生命的最后一刻，他还在听什么？他的身边还放着什

么?（通过想象的展开，仿佛看到了奄奄一息的扬科，在生命最后一刻还恋着音乐，更深地体会扬科对音乐的酷爱）

2.指点：这里"树皮做的小提琴还躺在他的身边"，这句中哪个字眼让你觉得小提琴仿佛特别懂事?（生答：躺）一个"躺"字，用得好在哪儿?（说明只有扬科自己用树皮做的小提琴永远伴随着他，舍不得离开它的小主人）倘若用"摆"呢? 用"放"呢? 比比读读，体会体会。

［一个提问，一个字眼，使学生的感情更加深沉，他们读着课文，声音也哽咽了。他们仿佛变成小提琴，变成乐师，让小扬科在生命的最后一刻听到美妙的乐声］

描述：生活里的音乐还是那样好听，小提琴还是那么可爱，可是我们的小音乐家却要和我们永别了，我们却不忍心说"小扬科死了"，作者是怎么说的?（小音乐家扬科，眼珠已经不动了）

启发：紧接着抓住儿童的情感脉络，扣住课文中写扬科的传神之笔，加以深化。全文先后四次写了扬科的眼睛。课文一开始，就写了小扬科的眼睛，那是怎样的眼睛? 当扬科被叫到管家面前时，他的眼睛又怎样了?

"闪闪发光的眼睛"——"惊恐的眼睛"——"瞪着眼睛"——"睁着眼睛，眼珠已经不再动了"。

即时引导表达感受：从小扬科眼睛的变化，更深地体会到一个富有音乐天才、酷爱音乐的孩子被折磨致死的悲惨。老师提出："小扬科睁着眼睛，如果他还能说话，他想说什么?"

学生义愤地说："他要责问这个世界：他们为什么要打死我?"

"我还小，我多么舍不得离开妈妈和我的小提琴!"

"妈妈，你一定要为你的儿子报仇啊!"

孩子的朗读，孩子的答语，明显地表明孩子在动情之中，情感已移入课文描写的对象身上，所谓"我他同一"，达到身临其境的境界，使情感弥散而趋于稳定。

一篇课文，这样培养学生的情感，这在他们整个内心世界中仅是一次积淀，如此反复、叠加，学生高尚的审美情趣、道德情感是不难培养起来的。在比较中欣赏，以想象为契机，以教师主导语言为媒介，从语言的神韵中加深体验，这与课文语言的理解几乎是同步进行的，学生的情感及语言能力都因此得到培养。

经过这样的推敲、比较，学生对语言的敏感程度必会逐步提高，在阅读中就会较为敏锐地抓住一些富有神韵的词句，在自己的书面表达中，也逐渐懂得锤炼词语。

文章的语感除了内含的神韵，还可以通过声音和语调显示出它的气势和节奏。因此，在实验班的语感教学中，常常把比较词语与比较朗读结合进行。这样一比一读，学生通过自己的动觉发出声响，又传到听觉，多种感官活动，对文章语感的体会就更深了一层。

要想掌握文章的精华所在，诵读吟味总是不可缺少的。这往往需要凭借情境。当儿童情绪被激起，利用儿童的联想与想象，指导他们轻声地、有感情地朗读，形成视像，课文描写的情境仿佛就在他们眼前。这种通过朗读、品味体会语感的做法，在阅读教学中是常用的，甚至几乎是普遍适用的。实践证明，这种做法也是易于奏效的。

如上所述，在情境教学的探索中，我概括出"带入情境读全篇"、"强化情境抓重点"、"凭借情境品语感"等情境教学的阅读程序，达到"初读—读通—弄清作者思路"，"细读—读懂—理解关键词句段"，"精读—读深—学会欣赏课文精华"。这是顺应学习生活以至将来工作实践的阅读程序。

当然，初读、细读、精读的程序在具体的教学过程中不是截然分开的。尤其是"细读"和"精读"，往往是紧密联系在一起进行的，不是待细读完毕了再来精读，而是在重点段中，通过细读，理解关键词语后，紧接着进行语感的品赏、表情朗读的指导。但根据阅读的不同需要、不同目的，也可打破这种程序。

实践表明，这种讲究实效的阅读程序，有效地提高了学生的阅读能力、朗读能力及运用语言的能力，并影响到学生的思维品质和情感培养，促进了学生的发展。

四、应用：在语言表达中抒情

学生的感受加深了，情感被激发起来了，他们会情不自禁地想读，想通过有感情地朗读及语言表达抒发自己的情感。及时引导儿童抒发内心的情感，不仅是满足儿童心理的需要，而且也是教学的需要。情感的抒发，可以使儿童之间的内心感受得到交流，他们可以相互启发、相互感染；情感的抒发，可以使儿童加深情感体验，可以使儿童的认识更加明晰，从而受到审美情感及道德情感的陶冶。

有感情地朗读，虽然读的是课文的语言，但是其中也渗透着表达，这种表达是孩子主观感受到的。他们往往用恰当的语调、语速、语气来表达，抒发他们对作品中人物、角色、事物热爱或者是憎恨的、喜悦或是悲伤的、同情或者是厌恶的、留恋或者是放弃的感情。所以，孩子都特别喜欢有感情地朗读，而且由于朗读是出声的，他们一边读着，一边又能听到自己及同伴共同表达的情意，相互的感染使孩子的情感在抒发中走向高潮。所以，我们应该重视有感情地朗读，让"我"带着情感去朗读课文，从某种意义上讲，也是一种"言为心声"。恰当的语言训练，也是孩子抒发情感的极好形式。当然，我们必须摒弃那些无病呻吟、"假大空"的语言训练，那会损伤儿童情感的纯真。好的语言训练应该有感而发，恰到好处。

如教学《小音乐家扬科》，我指导学生看插图，进行语言训练，具体内容如下。

◎ 教学片段 ◎

《小音乐家扬科》

1. 默读课文 3、4 节。

2. 扬科在小提琴面前跪下了。（注意他的动作，想象他的眼神）

[凭借课文插图再现的情境，启发学生的想象，进行一系列的语言训

练，让学生表达内心感受，把学生的情绪推向高潮。几种语言表达形式，可以让学生自己选择]

语言训练（1）：用第一人称描述小扬科的内心活动。（板书："我"）

①扬科终于看到了日夜思念的小提琴，他心里会怎么想，或者会自言自语地说什么？引导学生复习朗读前一段中写小扬科爱小提琴的句子。现在你就是扬科。

[板书："心想"、"自言自语地说"]

用第一人称口述。扬科想："我……"

语言训练（2）：用第二人称，呼告的句式，表达人物的内心活动。

小扬科多么想把心里的话告诉小提琴，他情不自禁地伸出双手（看图），这儿最好用第几人称说？谁能把刚才说的换成"你……"的口气说说？

[提供导语"小提琴啊，小提琴……"，以引导学生选用呼告的句式，更真切地以一种对话表白。板书："小提琴呀，你……"]

表情朗读本段第 3 节。（"扬科已经进了食具间……"）

语言训练（3）：连贯描述图意。

在叙述过程中，要交代清楚什么时候、什么地方、什么人、什么事。在交代时间地点时，也可适当地描述环境。（板书：时、地、人、事）（看图：月光透过窗户）

课后追忆学生当堂表述：

夜静得可怕。月光偏偏照在扬科身上，扬科跪在小提琴前，抬起头，望着心爱的小提琴。这时，他的恐惧全部消散了，嘴角露出一丝微笑。他望着小提琴出神，不禁伸出颤抖的双手，小声地说："小提琴啊，小提琴，我是多么想念你。今天我终于看到了你，我多么想把你拿在手里，抚摸着你，哪怕一次，我也够满意了，至少可以把你瞧个清楚。"

指点：通过刚才的练习，我们进一步感到小扬科对小提琴的爱已经形成了一股力量，而这股力量是"无法抗拒的"，也就是"没有办法阻挡的"。

通过语言训练抒发情感时，不仅要考虑内容符合儿童的心理，还要考虑语言训练的时间，即欲言未语之时。

总的来说，情境阅读教学包括：初读，在激发动机中入情；细读，在感受课文描写的形象中动情；精读，在欣赏课文精华中移情，在语言表达中抒情。

在初读、细读、精读的过程中，情境的再现让学生仿佛看到了课文中描写的形象和场景，仿佛听到了课文中人物的对话，甚至听到了课文描写的鸟叫、阵阵树叶的飒飒声。只有"看到了"、"听到了"，才谈得上感受到，也才能激起情感。这就把课文的语言文字符号与形象结合起来了，加上教师情感的传递，教学语言的调节、支配和唤醒、激励，从而引起学生的共鸣。在情感涌动的流程中，学生的情感被激起，他们的主体性得到充分的确立，从而情不自禁地投入到教学活动中，也有力地推进了教学过程的展开。情境教学的"以情感为纽带"是贯串在整个教学过程中的，师生的情感随着课文情感的起伏而推进、延续。课堂教学因为有了情感纽带的牵动、维系，变得更富有诱惑力，学生的学习动机也得到进一步的强化。

不同体裁的情境阅读指导

小学语文教材入选的作品，文体多样，各具特色。因此，不同的文体运用情境教学也各有讲究。下面分别就怎样运用情境教学教好童话、寓言、诗歌、散文，介绍设计的思路。

一、怎么运用情境教学教好童话？

童话是为儿童创作的故事，它是儿童喜闻乐见的一种文学样式，具有教育性、趣味性、幻想性、科学性这几个特点。小学课本中编入了不少童话，从低年级的《小猫钓鱼》《小猴子下山》，一直到高年级的《卖火柴的小女孩》。这一篇篇童话里充满了幻想。儿童就是爱幻想的，儿童的思维特征就带有童话的特点；而童话正可以把儿童带进一个超越时空的神奇的境界，使其强烈的好奇心和求知欲得到满足。可以说，爱听童话、爱读童话是儿童的天性。

那么，如何教好童话呢？我觉得富有美、趣、智的情境教学是教好童话的理想途径和重要手段。

下面就怎样运用情境教学教好童话做具体的说明和介绍。

1. 运用情境教学来显示童话的形象

童话的读者主要是儿童，所以，作家们在创作童话时总是带着浓厚的儿童情趣，运用拟人和夸张的手法，塑造一个个活泼可爱的童话形象，通过形象来展开故事。让儿童学习童话，就应从显示形象入手，切忌分析，切忌干巴巴地说教。

（1）用艺术的直观再现童话形象。创设情境常用的图画、剪贴画、音乐、表演都是很好的再现童话形象的艺术手段。在再现童话形象时，并不是把生活中的、自然界中的人和动物的本来面目重现，而是运用作家创作童话时夸张的手法、拟人的手法，使童话形象活起来，又美又有情态，特别逗人喜爱。例如《小白兔和小灰兔》里是把小兔和老山羊拟人化了，可以让它们穿上衣服，那小白兔就变得非常有趣；老山羊的胡子可以长一些，神态要特别温和，不妨给它穿上一件长袍，就像我们生活中慈祥的老伯伯一样。另外，有些童话运用了夸张的手法，我们再现童话形象时也不妨夸张一下，这样更能传神。例如《美丽的公鸡》中的公鸡挺骄傲，觉得自己特别美，一心要和别人比美。但后来它也努力为人们做好事，催大家早早起床，所以公鸡就不是按一般的比例画，而是把鸡冠、眼睛画得大大的，胸脯挺得高高的，尾巴翘起来，画得又大又长，把公鸡的美、公鸡的骄傲充分体现出来。总之，出示的童话形象也应该像童话创作一样运用拟人，运用夸张，富有幻想。

出示这些童话形象时，色彩是不容忽视的，要特别鲜艳、明快，孩子一看就喜欢。像刚才讲到的公鸡，鸡冠要画得特别鲜红，颈上的羽毛是金黄色的，尾巴则是色彩斑斓的。正如公鸡自己描述的那样"大红冠子"、"花外衣"、"油亮脖子"、"金黄脚"。为了提高感知强度，这些鲜活的童话形象不宜用一幅一幅静止的画面，而是要把主要角色进行大特写，用剪贴画的形式，随着故事情节的变化不断进行新的组合，给画面增添动态的新异感。这样，课前作画的功夫也可大大减少。

还有就是扮演角色再现童话形象时，所戴的头饰也应该是生动活泼、鲜艳夺目的。角色的语言、语调和动作都应根据童话的内容适当加以夸张，让学生充分感受童话形象的"美"和"趣"。

（2）用语言描绘童话形象。童话角色一般都用图画再现，而当图画出现在孩子面前时，结合进行语言描绘是十分必要的。这样才能使童话形象更为鲜明，学生才能更充分地进入童话情境。从童话的内容上来讲，它的基调大多数是欢快、有趣的，但也有少量童话写得很凄凉，如《卖火柴的小女孩》就是很典型的一篇。安徒生饱含同情与爱怜，塑造了卖火柴的小女孩这个美丽动人的形象，深刻揭露了当时社会的冷酷，并通过划亮火柴闪现出的幻景给予小女孩温暖和幻想。这样凄凉的氛围，强烈对比的场景，令人动情的美丽小女孩的形象和悲惨的结局，加之老师的语言描绘、童话形象的再现，学生便可从中感受童话角色的"美"。

记得我在教这一课时，描述贯穿始终，或单纯描述，或描述性提示，或描述性指导朗读。以我引导学生自学全文弄清故事发生的特定时间和处所后学习课文时的三段描述为例。

◎教学片段◎

［出示图画"在大年三十的晚上，一个卖火柴的小女孩，赤着脚在寒风中行走"并描述］

△这幅图画把我们带到了遥远而古老的丹麦——安徒生的故乡。这是大年三十的晚上，远处的高楼灯火通明。此刻人们都聚集在自己的家里，迎接新年的到来。外面下着雪，一个卖火柴的小女孩却赤着脚、迎着寒风孤零零地在大街上漫无目的地走着。

［在学习了第一段后，继续轻轻地饱含着怜爱描述］

△天冷极了，小女孩又冷，又饿，又累，她迎着寒风在雪地里走着，最后就坐在了墙角里。（停顿一下，让学生在脑海里进行空间的转换）这样冷的天，坐在雪地里，那该多冷啊！于是，她擦着火柴想得到一丝温暖，借着微弱的火柴光亮，她展开了美妙的幻想。

［在教学课文的重点段时，做最后的描述］

△现在夜已经深了，天还在下着雪，寒风是这样的刺骨。小女孩还坐在角落里，她冷得更厉害了，她在墙上又擦着了一根火柴，这一回，火柴把周围全照亮了，她仿佛看到了她唯一的亲人——她的奶奶……

听着这样的描述，看着画面，孩子们确实会情不自禁地走进安徒生所描写的那个特定的情境中。

（3）从语感中体会形象。童话形象是作家用语言塑造的，我们在教学中运用艺术的直观再现童话形象并不是教学的终极目的，归根结底，还是要落实到作品的语言，理解了童话语言才能加深儿童对童话美和趣的感受，尤其是通过语感的教学，可以帮助儿童进一步体会童话形象，培养语言素养。例如《小蝌蚪找妈妈》，青蛙作为有益于人类的小生灵，作者用精彩的语言把它写得很美，教学时可抓住关键字眼，进行语感教学，让学生进一步体会青蛙的美。

请看下面一个教学设计——

1. 青蛙的样子，课文上是怎么描写的？

课文上描写的："荷叶上蹲着一只大青蛙，披着碧绿的衣裳，露着雪白的肚皮，鼓着一对大眼睛。"

2. 课文上描写的和"荷叶上有一只青蛙，背上的颜色是绿的，肚皮上的颜色是白的，眼睛是凸出来的"这两段话意思几乎是一样的，但是给我们的感受却相差很多。你们比一比，哪一段写得好？

3. 齐读第一段。

4.那么课文上是怎样把青蛙写得这样可爱的呢？我们看，写青蛙的动作用了哪些词？

[突出：蹲、披、露、鼓]

5.指点：这些表示青蛙动作的词，都用得很准确。

比较：

"青蛙披着绿的衣裳，露着白的肚皮。"

"青蛙披着碧绿的衣裳，露着雪白的肚皮。"

6.指导朗读。突出四个动词和两个形容词。

小朋友，想一想，为什么要把青蛙写得这么美呢？

7.根据学生回答小结：因为青蛙是益虫，一只青蛙一年能捉 15000 多条害虫，我们小朋友要好好保护青蛙。

从这个教学设计看得出，这种语感的教学不仅突出了童话角色的鲜明形象，渗透了童话的教育性，而且学生语言的鉴赏能力会在这样经常进行的训练中得到有效的提高。

2.通过想象，进入童话世界

童话世界是令孩子们想入非非的天地。只有让孩子们进入童话世界，他们才能感受童话的童心童趣，才能领略童话的美妙和神秘。其实，我们的孩子是处在最富有想象力的年龄段，他们自己的语言、自己的思维方式往往充满着童话的色彩。

怎么通过想象进入童话世界？需要考虑以下三个方面。

（1）想象童话场景。要进入童话世界，首先要感受童话故事发生的场景，也就是童话角色活动的舞台，那些场景有些是孩子很熟悉的，也有些比较陌生。它们虽然距离孩子的生活空间比较远，但是因为比较模糊粗略，便于孩子想象。这主要是借助教师的语言，有时也依靠一些艺术的直观手段和设计。教师的语言和直观呈现的图景，会唤起孩子已经储存的表象，并激起组合成新形象的需要。

◎ 教学片段 ◎

教学《小猴子下山》，老师边讲故事边问："一只小猴子想找些好吃的，一天，它就告别妈妈，下山去了。下山后，小猴子到了哪些地方？先到了哪儿？后来呢？"结合孩子的回答，老师依次画出了四个场景。

继续描述：让我们的小朋友跟着小猴子一起下山吧！它先到了一块玉米地里，玉米你们都吃过吧？这些地里净长着玉米。

"你看，它掰下了玉米扛在肩上，猴子喜欢极了。"孩子们满脸欢喜。

这样说着画着，学生不仅看见了"玉米地"，而且似乎也跟着小猴子来到玉米地里，孩子们都乐了。这些情境的显现，帮助孩子通过想象和情感活动，情不自禁地进入了童话世界。

（2）想象童话语言。要孩子真正进入童话世界，一切直观的手段都是辅助性的，也都是为了帮助孩子理解童话语言，这是语文教学本身的任务。事实上，也只有突出童话语言中那些传神之笔，让学生细细品味，他们才能真正地进入童话世界，学好童话。就拿《小猴子下山》这一篇编入一年级的童话来说，有一组动词"扛"、"捧"、"抱"、"扔"，它们是这篇童话的传神之笔，老师又怎么结合情境进行语感教学呢？

这四个动词虽然都是表示手的动作，但所显示的形象和色彩是不一样的。教学时，老师突出了这一组动词的教学。

请看这个教学片段——

◎ 教学片段 ◎

师（引导学生去体会）：小猴子看了这又大又多的玉米，肯定是挑了最大的，掰下来以后，小猴子怎么办？

生：把玉米扛在肩上。

师：小朋友，你们看见什么人把什么扛在肩上？

生：我看见解放军把枪扛在肩上。

生：我看见我爸爸把钓鱼竿扛在肩上去钓鱼。

生：小时候我爸爸把我扛在肩上，还照了张相。

师：现在小猴子把玉米扛在肩上，谁来做做小猴子的动作？要挺神气的模样。

［一学生表演生动极了，孩子们一个个乐得合不上嘴］

师：一个"扛"字告诉我们，小猴子得到玉米多么开心。

这样，在生动的情境中，学生充分感受到了猴子的丢三落四，"只好空着手"回家的原因，在觉得猴子的可笑中理解了猴子的毛病。这说明想象童话语言的形象，才能使儿童的感知更为细微，才能真正地进入童话世界。

（3）想象童话角色。童话角色带有浓厚的幻想色彩，引导儿童想象童话角色，也是顺乎自然的事，伴随儿童的想象和情感活动，童话角色就会活在孩子的心灵里。

先说想象童话角色的形象。例如《森林爷爷》是一篇科普童话，生动地刻画了森林爷爷与风魔王、雨魔王、旱魔王四个主要角色。既是魔王必定凶残、狂暴，而故事并没有对三个魔王的形象进行具体描写，教学时可引导孩子结合生活经验，想象三个魔王袭击森林爷爷时气势汹汹的架势和张牙舞爪的模样。

想象童话角色，也应该想象童话角色的语言。根据故事情节的展开，启发孩子想象童话角色的语言、语调以及说话时的动作神态，这样，想象活动本身就促使儿童更深地进入童话世界，使童话角色的语言更加丰富、更加真切。

例如，教学《卖火柴的小女孩》时，可几次让学生想象小女孩的语言。当小女孩划着了第一根火柴，仿佛坐在温暖的火炉边时，为了让孩子们体验幻想中刹那间的温暖，教学时教师启发学生想象："读到这里，我仿佛听见了小女孩的声音，你们听到了吗？那么轻，那么细，你们好像听到她在说什么？"学生们也是那样轻轻地回答着："我们仿佛听到卖火柴的小女孩在说：'好温暖呀！''多好的火炉呀！''我的手和脚已经冻僵了，让我多烤一会儿吧！'"这样的补白使已经创设的情境更真切、更感人。

3. 通过训练，提高语言能力

要充分发挥童话的育人功能，在教学童话的过程中，还必须通过系列训练，全面提高儿童的语言能力、判断能力和创造能力。一般来讲，教师可以考虑从三个方面入手进行训练。

（1）评判角色，分辨是非、美丑。要引导学生搞清楚什么是对、什么是错，即"美"与"丑"、"是"与"非"不能靠注入、靠说教，一般可以通过评判童话角色来进行，通过评判引导学生分辨。我们可以采取这两种方式：一是让学生当"裁判"，评童话角色；二是让学生与童话角色"交朋友"，帮助童话角色。这两种方式都是很受孩子们欢迎的。

例如《小蝌蚪找妈妈》，当小蝌蚪找妈妈时，鲤鱼妈妈和乌龟的说法不一样，老师可以引导学生：鲤鱼和乌龟讲得不一样，现在，你们评一评，小蝌蚪照谁的话去找能找到妈妈，照谁的话去找就找不到妈妈，为什么？通过评判角色，帮助学生分清究竟谁是小蝌蚪的妈妈，做出正确的判断。

在孩子读童话时，还可以让孩子做童话角色的好朋友，通过帮助童话角色来弄清是非。例如《小马过河》，当小马听到老牛和松鼠讲的话完全不一样时，小马为难了，是过河，还是不过河呢？这时孩子是很愿意帮助一下小马的。

老师提出："小马这时候应该怎么想才对？你可以让小马先想想同一条河，老牛为什么说'浅'，松鼠为什么说'深'。"随即在原先已经创设的"小马来到小河边"的情境中再增添上高大的老牛和矮小的松鼠，以借助直观形象引导学生进入推理情境。这种帮助童话角色的形式，使思维推理活动变得有情有趣。归纳起来就是，在引导儿童评判童话角色、帮助童话角色时，引导儿童辨别是非，理解童话的中心含义。在此过程中，也可以结合进行语言训练，把评判得出的结论概括成一两句话。而所有这些都是通过儿童自己的语言与思维活动获得的。

（2）进入角色，读童话演童话。童话中常常有许多生动的角色，且有对白，是进行分角色朗读的好材料。教学时可以让学生进入角色，在各小组里进行练习。学生进入角色以后，往往会产生一种表现欲，教师便可因势利导，索性让学生扮演童话中的角色，角色效应可以使学生全身心地进入童话情境。

这看上去是一种角色表演，实际上不仅让学生进一步理解了童话，而且巩固了所学内容，训练了学生的口头表达能力。值得注意的是，演童话剧也应在全班分组练习的基础上进行，让全体学生进入角色，大家都是童话世界的主人。表演可以用原来已创设的童话场景作为背景，童话角色最好都带上头饰，也可以添加一些小道具。

（3）创造性复述，讲童话。讲童话便是复述童话。谈到复述，有接近原文的详细复述（一般童话都可以进行详细复述），也有简要复述，还有创造性复述。

创造性复述童话分为三种方式。一是改变人称的复述。童话一般是用第三人称写的，出于学生对童话角色的喜爱，可以让学生自己担任童话角色，"我"就是"要比美的公鸡"，"我"就是"下山的小猴子"，"我"就是"要过河的小马"，这样可以加深孩子的情感体验，增添学习童话、讲童话的趣味。二是增添角色。在童话故事中启发学生增加与童话情节相关的一两个角色，可以有效地激发学生的想象力和组织材料的能力。《小猴子下山》就可以增加一个老猴子的角色。下山时，老猴子怎么吩咐小猴子；当它空着手回到家时，老猴子又怎么教育小猴子，小猴子又怎么说。这样就使这个童话学起来很有趣，教育效果积极正面，又可有效培养学生的思维能力和语言表达能力。三是续编。例如，学习了《小白兔和小灰兔》，就可以接着讲《小灰兔种白菜》的新编童话故事；学习了《小猴子

下山》，可以续述《小猴子又下山》；学习了《卖火柴的小女孩》，就可以进行《假如小女孩来到我们中间》的童话创作……

通过一系列的综合训练，可以促使学生爱学童话、学好童话，有效地提高学生的语言能力，最终发展学生的创造能力和初步的分析判断能力。

二、怎么运用情境教学教好寓言？

通俗地说，寓言是借助一个短小生动的故事告诉人们一个深刻的道理。寓言在表现手法上常常采用拟人、比喻的方法，有比较强烈的夸张性和讽刺性，而且讽刺和夸张的对象往往就在生活中，因此，寓言有很强的社会性。儿童很喜欢阅读寓言，但要理解寓意，有一定难度。

这些寓言无论是选自伊索寓言、克雷洛夫寓言，还是选自中国古代寓言，都有共同的特点，概括起来，大致有如下四个方面：一是寓体形象生动；二是寓意抽象概括；三是手法讽刺夸张；四是语言简明准确。教学寓言必须针对寓言的特点进行。在运用情境教学时，教师同样必须从寓言的特点出发，如此才能帮助学生更好地学习寓言。

1. 利用寓言手法上的讽刺夸张，再现寓体所处的生动情境

首先，要让学生看到寓言中的角色。这可以运用图画再现的手段，可以是简易粉笔画，也可以是剪贴画，同时与教师绘声绘色的语言描述相结合，引导学生进入寓体描写的情境。在学生进入情境后，还可通过让学生扮演角色来强化情境。这里很重要的一点，就是由于寓言运用了夸张讽刺的手法，所以寓言形象不必着意精描细画，可以用粗大的笔触勾勒，最好是能适当地变形，如此才有夸张的效果，体现讽喻的情调。如《狐狸和乌鸦》中，在学生初读课文后，即可描述：

这则寓言故事，把我们带到一棵大树下（出示大树，树可以画得很怪，形成一种发生寓言故事的氛围），乌鸦在大树上做了一个窝（添上一只窝），大树底下有个洞，狐狸就在这洞里（在洞旁贴上一只嘴很尖，尾巴长而大的狐狸）。

接着交代一句："故事就发生在这儿，故事的主要角色就是狐狸和乌鸦。"然后继续描述，激起学生学习这则寓言的动机，学生思维随之进入积极状态："这一天，乌鸦叼回来一片肉，准备给它的孩子吃（贴上一只乌鸦，乌鸦画得黑白分明，眼睛傻愣愣地瞪着，样子并不可爱，再贴上一片肉），可是结果却被狐狸吃掉了，这是怎么回事呢？"形象展开了，一下子把故事的结果推出来，学生势必要思考："乌鸦站在高高的树上，嘴里的肉怎么会被地上的狐狸吃掉呢？"

这就把学生的注意力引到关注狐狸设下的一个又一个的圈套，思考乌鸦的防线又是怎样在狐狸的花言巧语下被攻破的，又促使学生带着关注乌鸦、同情乌鸦，又不得不批评乌鸦的情绪阅读故事。这就促使学生进入情境，在情境中阅读寓言，在情境中伴随着形象思考问题。

为了进一步引导学生在生动的寓体中领悟寓意，趁着学生热烈的情绪，可以让同座对话，再让学生分别扮演狐狸和乌鸦，然后全班男女学生分别表演，让全班学生动起来，大家都得到训练。抓住"狐狸想了想"，让学生从寓言故事的发展和结果推想出狐狸想了些什么，进而理解狐狸的"阿谀奉承"都是有目的的"虚情假意"。在分角色朗读中，语气同样应夸张，这样才能让儿童体会到寓言的讽刺幽默。

这一教学片段说明，运用情境教学寓言，其途径主要是用图画和表演，有时也可用上音乐。无论是画面上的寓言角色，还是角色的表演，都宜夸张，从而再现寓体的生动情境，为理解寓意做好铺垫。

2. 凭借寓体的可笑形象，带入揭示寓意的推理情境

让儿童了解寓体并不是教学寓言的最终目的。法国寓言作家拉·封丹曾说过："一个寓言可以分为身体和灵魂两部分，所述的故事好比是身体，所给予人们的教训好比是灵魂。"只有了解了寓言的灵魂，才能从中吸取教训，而揭示寓意是对寓言的具体形象和故事情节最高的抽象和概括。这对于小学生的思维能力来说有一个跨度，必须来一个飞跃。前面所讲的利用寓言手法上的讽刺夸张，来再现寓体的生动情境，最终目的便是为了让学生能在具体而深切的感受中体会到寓言的道理所在。

这样的过程引导学生从具体的形象思维向抽象的逻辑思维过渡。没有形象的铺垫，没有两种思维类型间的过渡，学生一般抽象概括不起来。

正因为如此，在引导学生概括寓意时，必须凭借已经再现的寓体的具体形象，一步步引导，帮助学生进行分析推理，从而做出判断。如《刻舟求剑》这样的古代寓言，它的寓意是让学生理解事物是不断变化的，不能用静止的观点来看待问题。

因此，需凭借已出现的寓体的生动形象进行具体操作。可以用厚纸剪一只船，船上贴一个坐着的人的剪影，然后在船上别上两根回形针，上课前在教室黑板上拉一根铅丝，教学时将铅丝穿进船上的回形针的空隙里，这样船就可以在铅丝上移动了。（如下图所示）

在学生充分感受寓体形象，用夸张的语言分角色朗读后，老师一边演示一边启发学生思考："这个人在宝剑掉下去的船舷位置刻上记号，他以为这样做一定能捞到宝剑，事实上怎么样呢？你们看，船继续前进（演示，让学生尝试进行推理），现在船已经到了码头，这个人从刻着记号的地方跳下去，能捞到宝剑吗？"也可以让学生做这柄宝剑的主人，让学生"坐"在船上，通过演示整个过程引起全班学生的关注和思考。

动态的寓体形象，促使学生进入了推理的情境。学生很快推理得出结论："这样是捞不到宝剑的。"当然，我们也可以初步演示寓言故事的发生，顺着学生的思路引导，提出触及寓言灵魂的问题："现在请你帮助一下这个人，让他明白这样做为什么捞不到宝剑。"也像童话运用情境那样，可以增添角色，帮助寓言中的角色，这本身就可以使学生很自然地进入情境，加深对寓意的理解。这样的推理情境帮助学生一方面推导出事情的结果，另一方面分析出事情错误的原因。生动的形象，真切的感受，促使学生思维活动产生飞跃，从而得出了比较深刻的道理。

3. 针对寓言语言简洁的特点，进行综合实践活动

寓言篇幅短小，语言十分简练。教学寓言不仅是感受寓体形象，领悟蕴含在其中的道理，而且应引导学生鉴赏寓言语言的独特之处，结合进行多种形式的语言训练，全面提高学生的语言能力。

（1）推敲关键词语。在一则寓言中，常常有一两个词语是全篇的传神之笔，教学时必须抓住。例如，《小虫和大船》中最后一句"小小的蛀虫，竟毁了一艘大船"，这里的"竟"字，便是很关键的词语，表示人们意想不到。因小失大后果的严重，从语气语意上被强化了。教学时要让学生进行如下比较：

小小的蛀虫，毁了一条大船。

小小的蛀虫，竟毁了一条大船。（原文）

（"删"与"留"的比较）

小小的蛀虫，果真毁了一条大船。

小小的蛀虫，竟毁了一条大船。（原文）

（这是换词后与原文的比较）

这样比比读读，学生从"竟"字感受到船主所受教训的沉痛，体会到"竟"字意想不到的语感。接下来，通过已经创设的学生扮演船主和工人的情境，让学生想象当大船下沉时，船主懊丧的神情。

生：真没想到一只小虫竟是这样的厉害。

生：真是小洞不补，大洞吃苦啊！

生：我真是因小而失大呀！

师（顺便教给学生一个与此相反的褒义的成语）：防微杜渐。

这样顺水推舟，学生又学了一个成语，从寓言的教训中理解其积极意义。

（2）句式训练。学习寓言必须理解寓意，而寓意又是以抽象概括的语言揭示的，对于小学生有一定的难度，因此，教学寓言时可以结合寓言故事的情节来设计句式，对学生进行语言训练，其间包含着推理与判断。让学生通过语言训练，也就是通过自己的语言理解寓意。

下面举几个例子来说。

《南辕北辙》一课，为了帮助学生自己揭示寓意，我设计了两种句式训练。第一种句式训练：

启发：这个坐车人以为马跑得快，车夫是个好把式，带的盘缠多，就可以到达楚国，你们认为像他那样能到楚国吗？出示句式，"不但……而且……"，"因为……"。

这样的语言训练，促使学生根据坐车人与目的地背道而驰的错误行为做出到达不了楚国的判断，推导出"不但到不了楚国，而且离楚国越来越远"，并用"因为"句式揭示到达不了的根本原因。这实际上是运用演绎推理的思维顺序推出寓意的。为了使学生深入理解寓意，做出积极判断，又引导学生进行第二种句式训练：

现在我们来帮助这个坐车人，让他明白怎样才可以到达楚国。请用上"只要……就……"，"越……越……"。

学生为了完成这样的语言训练，思维活动势必从已知的否定判断推出一个新的肯定判断。这样又从正面补充了寓意。学生对行动与目的必须一致的哲学观念有了一定的理性认识，而且逻辑推理能力也在其中得到了训练。

（3）试学原文。入选小学语文课本的寓言中，有一部分是中国古代寓言，都源自古文原著。如《狐假虎威》《刻舟求剑》《画蛇添足》《买椟还珠》《亡羊补牢》等，这些寓言是一个故事，也是一个成语，改写成白话文后常在人们口中流传。故事情节简单，篇幅也短小，在学生理解了寓言的内容、寓意和关键性词语后，也可让学生再读古文原著。

这样做的好处不仅可以加深学生对课文语言的理解，而且可以让他们学得一点儿文言文字眼，有效地引起学生学习古典文学作品的兴趣，为他们今后到中学学习古文及自己接触古文，从认识上、情感上做好了铺垫。

（4）创造性复述。由于寓言语言简练、角色少，而故事总能给读者以启示，所以给学生留下很大的想象余地：一可添加情节，进行铺叙；二可增添角色，进行多角度叙述；三可续写故事，在寓言角色接受教训后，进行正面叙述。这些办法就抓住了寓言的特点，使寓言教学既活又有深度。

先说增加情节，进行铺叙。如《刻舟求剑》就可增加丢剑人从船上刻记号处下水去打捞，结果白费气力的结尾；《滥竽充数》可以增添南郭先

生知道齐滑王要一个接一个听吹竽时，吓得偷偷溜走，被一管家发现的情节。南郭先生支支吾吾与管家的一场对白，充分暴露了南郭先生弄虚作假的狼狈相。这种增加情节的创造性复述，大大丰富了寓言的内容，增强了学生学习寓言的兴趣，使寓意更加凸显。

再说增添角色。寓言中如果角色少可增添合适的角色，促使学生重新组合内容，想象角色间的对白。一般地说，一些寓言往往可在角色相持不下的场面中增添一个裁判的角色。如《井底之蛙》就可以增加一只蝴蝶或蜜蜂，使寓意得到进一步的证实。《狐假虎威》可增加大象的角色，在小动物看着老虎来了纷纷逃走时，一只大象来了，它建议老虎站在旁边观看，让狐狸独自向前走，结果谁也不畏惧狐狸，这情景使老虎恍然大悟。

此外，还可引导学生续写故事。寓言的特点就是给人以教训，既是教训，必是反面的，因此可针对学生易于接受正面教育的情况进行续写故事，正面叙述。《井底青蛙》就可以让青蛙跳出井口，让它亲眼看到无边无际的蓝天，进而发出慨叹：原来自己只看到天的一部分，看问题应该全面才是。

以上这些形式的创造性复述，会极大地调动学生的学习积极性，把寓言学活，并且也有效地发展了学生的创造能力和语言组织能力。

（5）改写成寓言剧。寓言往往都有角色和某种戏剧冲突，因此可改写成寓言剧。由于寓言过于短小，我们可以在创造性复述的基础上，把寓言改写成剧本，然后排练。到中高年级，老师可以指导学生改写，然后放手让学生自己排演，老师适当指导即可。

要改写成寓言剧，老师应提示改写成剧本的注意点，例如要交代清楚时间、地点、人物（角色）以及幕启时场上的背景。这些虽然不是必需，但让学生对剧本的格式有个初步的了解，是很有益的。

先以《我要的是葫芦》为例。

时间：从前。

地点：某院子里。

人物：种葫芦的人、邻居。

幕启：一模拟的葫芦藤，种葫芦的人欣赏着已经开出白花的葫芦。

写角色对话时，应把角色提前，然后点上冒号，不加引号，将角色的对白分别写在后面，角色的神情动作可以插注在括号里。举例如下。

种葫芦的人（自言自语）：啊，多漂亮的葫芦花呀！小小的、白白的，过几天就可以结葫芦了。

邻居：花开得多，不等于结的葫芦多，你还要好好管理。

（数天后）

种葫芦的人（大声叫喊）：呀，小葫芦长出来了！小葫芦长出来了！

改写成了寓言剧就该让学生演。表演之前，在课堂上应充分指导学生进行分角色朗读，这样剧中角色对白才有基础。表演时可根据角色的需要加上头饰和其他小道具，以增添趣味性和真实感。一组演完，全班评价，然后再演。如此，学生学习寓言的兴趣会十分浓厚，从中获益颇多。

三、怎么运用情境教学教好诗歌？

诗歌是各民族最初的和最基本的文学样式，它集中地反映社会生活。诗歌最明显的特点有两个：一是常常以直接抒情的方式进行，因此诗是蕴含着丰富的想象和情感的；二是语言高度凝练和谐，节奏也特别鲜明。

那么，我们如何根据诗歌的这些特点进行教学呢？

1. 利用经验，带入诗境

情感是诗歌的生命，要激起孩子学习诗歌的兴趣，就要把诗歌描写的意境先推到孩子的眼前，进而让他们走进去。这中间就需要创设情境，把孩子带入诗的意境中。

诗歌注重情感的抒发，表达了诗人对生活中人物、景物、事件的爱憎和感叹。也就是说，诗歌也是植根于社会生活之中的。教材中所选的诗歌，描写的场景和儿童的生活经验往往是相通的或是相关的。在教学时，我们需将诗的意境与儿童的生活经验沟通。像《瀑布》这首诗离孩子比较远，

但是从孩子熟知的"小河"、"大江"导入，一下子就亲近多了，缩短了心理距离；然后通过问题情境的创设，造成悬念，孩子就很快进入了诗境。

要唤起孩子的亲切感，就要顺应他们的思路。例如，我教二年级学生读补充教材《故乡的小园》，导入新课，就分三步走。

第一步是让孩子们背一背他们一年级时学过的李白的《静夜思》，孩子们的轻声背诵无形中渲染了这种思乡的氛围。

第二步通过讲解故乡，唤起孩子们对故乡的情感。我说："南通就是我们的家乡，当我们长大后离开了它，在外地生活、工作，就说南通是我们的'故乡'。故乡是一个人的出生地，我们离开了故乡，就常常会想起故乡的一草一木、一山一水。"

第三步揭示课题，根据课文内容描绘画面："今天我们学习的《故乡的小园》就是写诗人'我'对故乡的思念。李老师读了这首诗，仿佛看见诗人，可能在一个有月光的晚上，望着月亮，想起自己的故乡；也可能是在一个秋天的早晨，望着南飞的大雁，想起故乡的小园，我们好像还听到诗人在轻轻地呼唤着故乡。"紧接着便范读全文，由此唤起孩子们情感的共鸣。

这样的设计完全是从孩子的认识出发，从"家乡"到"诗人"，到"有月光的晚上"，一直到"南飞的大雁"，这些都是孩子们熟悉的，都是孩子们已经有的生活积累，而且都是很美的。这些形象化的语言，孩子们听着就仿佛看见了一样，这样他们就容易入境了。

2. 适当铺垫，弄清诗意

诗是通过高度凝练的语言反映生活的，所以诗的语言常常是跳跃的，容量特别大。儿童学习诗歌有一定的难度，要让他们体验诗的情感，首要的一条是把诗读通、读懂，为此，教学时就需要适当铺垫。下面以我教学著名诗人艾青的诗歌《太阳的话》为例。因为这首诗写得美而情深，且运用隐喻，诗中人称与标题人称变化难度较大，所以我在教学设计时，多处有意做铺垫，引导孩子们在有情有境的状态中体会诗意，让他们喜欢上这首诗。

请看教学过程。

一、导语[为突破难点做铺垫]

1.课文第一句说"打开你们的窗子吧",说明窗子有没有打开?"打开你们的板门",板门就是木板做的门,说明板门有没有打开?太阳要进去,说明屋子里有没有阳光?

现在,同学们可以想象一下,小屋子的门和窗都关着,又没有太阳,这小屋里一定怎么样?你们看(出示挂图——黑暗的小屋)谁能说说这是( )的小屋?

(1)描述:艾青爷爷写这首诗是在新中国成立前。新中国成立前,旧中国到处一片黑暗,就像这黑洞洞的小屋一样。你看,天是黑沉沉的天,地是黑沉沉的地,没有太阳,也没有温暖,有的是饥饿、贫穷和寒冷。

(2)启发:同学们想一想,生活在这黑暗的小屋里的人心里怎么样?那么,生活在这小屋里的人,生活在旧世界的人,希望看到什么、得到什么?

(3)讲解:艾青爷爷知道许多受苦受难的人是多么希望看到太阳、得到光明啊!好像太阳在跟受苦的人说话了。于是他写了《太阳的话》这首诗。

二、范读课文

三、自由轻读

现在你们自己来读读,看看是不是有点儿懂了。首先要搞清楚诗当中的"你们"是谁,"我"是谁,太阳在跟谁说话。

四、改变人称轻读全诗(帮助理解诗意)

题目是"太阳的话",那"我"就是太阳。现在我们就把诗中的"我"念作"太阳",读读看,这样一读,诗的意思就会明白了。

如开头一、二两节就变成:

打开你们的窗子吧,

打开你们的板门吧，

让我（太阳）进去，让我（太阳）进去，

进到你们的小屋里。

我（太阳）带着金黄的花束，

我（太阳）带着林间的香气，

我（太阳）带着亮光和温暖，

我（太阳）带着满身的露水。

五、学习全诗

（略）

课本中，有现代诗，也有古体诗。古体诗有的语言容量大，有时还涉及一些史实，这往往就成了儿童学习的难点，那就得突破，而不能回避。

3. 凭借情境，咀嚼诗句

诗人在诗中抒发的情感，是通过诗句表达的，为了体验诗的情感，需要理解诗句；为了理解诗句，又需要凭借情境，咀嚼诗句。对诗的语言的品味，是诗歌教学中的着力处。然而品味诗句并不是孤立进行的，需与体会诗的意境糅合在一起进行。所以，教学时要凭借诗歌描写的情境，也就是人为再现诗人胸中的诗境，只有在这真切的诗的境界中来咀嚼诗句，儿童才能品尝出诗的语言的准确、鲜明、生动。

下面是《长征》教学片段的设计。

◎教学片段◎

1. 播放歌曲《长征》。

2. 描述：听着这激动人心的歌，我们好像看到了红军大队人马越过万水千山的场景。那五岭山谷、乌蒙峰峦，仿佛还飘动着红军的军旗；金沙江畔，仿佛回荡着红军胜利的欢笑；大渡河上，好像还闪动着红军战士攀着铁索桥奋勇前进的身影；千里岷山好像还映照着红军战士的张张笑脸……

啊，这万水千山，千山万水，诗人怎能——写下！在这里，诗人选取了两座山、两条水为代表。

3. 诗人一直追溯到长征开始，那逶迤的五岭仿佛又在眼前，你们看。（粉笔示意画）

"五岭"是五座山岭的合称，它绵延江西、湖南、广东、广西、贵州五省，山势起伏，蜿蜒长达数千里，现在你能说吗？五岭_____。

例句：五岭逶迤，五岭连绵不断。

释"逶迤"，山势像这样弯弯曲曲、连绵不断就叫"逶迤"。"逶迤"也可用来形容河流、道路连绵不断。

读"五岭逶迤"。

4. 红军大队人马翻过五岭，又来到乌蒙山下。乌蒙山海拔二千三百多公尺，有我们南通的二十几个狼山那么高。（粉笔示意画）那你能说——

乌蒙_____磅礴____。

5. 指点：这一对句子都是写山。

五岭，写山岭之长；乌蒙，写山巅之高。

这里用"逶迤"、"磅礴"写出红军要翻过这样的高山峻岭怎么样？（难）

6. 但是，我们红军战士不怕难，跟随着红旗，翻过了五岭，又越过了乌蒙，征服了一座座大山。在红军的眼里，这山是大还是小？从哪里可以看出？

7. "腾"是什么意思？这里的"走"又是什么意思呢？

8. 学到这儿，这两句的意思懂了吗？谁能说说？老师给你们一个词——"像"。

（逶迤的五岭在红军的眼里像跳跃的细浪）

（磅礴的乌蒙在红军的脚下像滚动的泥丸）

指点：在这里，诗人生动地运用了夸张的手法，进一步写出了"红军不怕远征难，万水千山只等闲"，突出了红军形象的高大、气魄的豪迈。

9. 指导朗读。

五岭逶迤腾细浪，乌蒙磅礴走泥丸。

这个课例中运用音乐与语言描绘相结合的方法，充分利用儿童进入情境所看到的形象，即眼前形象，与诗句连接，让儿童体会诗中传神的关键字眼，其对诗句的理解就比较入微，对诗的语言形态和情感色彩也就体验得比较细腻。

4. 想象画面，体验诗情

儿童学习诗歌，进入了诗境，弄清了诗意，品味了诗句，进一步还要体验诗情。这些不是孤立地、一项一项地进行的，而是儿童通过进入情境，激发情感，咀嚼诗句，体验诗情，想象出如在眼前的画面来体味、领悟的。在这中间首先要做的就是"读"。一般的读还不够，还要反复吟诵。古人说："熟读唐诗三百首，不会作诗也会吟。"通过朗读，通过吟诵，诗的语言成为有声的图画，直接诉诸儿童的听觉，那诗的韵律、节奏，激荡其间的情感，与情境所展示的形象结合在一起，促使儿童带着情感和视像（即画面），又通过自己的动觉吟诵出来，那感受必然是深入一层的。

指导朗读并非单纯地调节速度的快慢、音调的高低，更重要的是对诗的含义和情感有更深的理解和体会，用朗读去表达。为此，教学过程中需有意识地引导学生想象，更深地进入诗歌描写的意境。

下面以艾青的《春姑娘》教学片段为例，说明我是怎么通过启发学生想象进一步体验诗意的。

◎教学片段◎

［学生轻读一、二两部分］

（1）"现在小朋友想象一下，春姑娘长得什么样儿？"

（2）"这么一个美丽的小姑娘好像就出现在我们的眼前，好，我们就这么想着她美丽的形象来读读这两部分课文，要把春姑娘的美读出来。"

生：刚才读了课文，我仿佛看到在一片碧绿的小河边，有一位漂亮的姑娘，她扎着两条长长的辫子，走起路来一晃一晃的，手腕上挎着大柳筐，里面放着金色的种子。她正在轻轻地唱歌，歌声像小河水一样流畅。

（3）"春姑娘到哪些地方去忙？她还去了许多地方，诗中没有写，你能想到吗？"

[提供句式，通过语言训练让学生把想象的画面清晰地表达出来]

生：走过田垄上　　来到村子里

生：走进园子里　　来到水池边

生：越过山冈　　来到森林

生：越过江河　　来到草地

师：她到过这么多地方，可以用哪些关联词语把它们联系起来，告诉人们，春姑娘走的地方可多着呢！

来到——走过——

越过——来到——

翻过——走进——

[指名读这六节]

师（读后指导）：朗读时，突出诗中写春姑娘动作的词：挂、铺、撒、长、蹦跳着等。

师（描述）：在春姑娘走过的这些地方，你看到了哪些美丽的图画？最好能说出色彩，说出声音，好像使人看到了、听到了一样。

师（指导）：春姑娘在田垄上走过……

春姑娘来到村子里……

春姑娘走进园子里……

[学生读书]

四、怎么运用情境教学教好散文？

小学语文教材中，散文是常见的文体。散文是一种自由的、随意的、短小的文学样式。它通过作者对所见所闻，包括对接触的人物、事件连同联想的描写，来表现作者在其间的感受、得到的启发、产生的情感和认识。

小学语文教材中，入选了不少优秀的散文，如冰心的《寄小读者》、许地山的《落花生》、老舍的《养花》、夏衍的《种子的力》、郑振铎的《燕子》以及陈淼的《桂林山水》等，都是很有代表性的作品。教学时，从散文的创作特点出发，抓住"美"、"情"、"神"、"境"，运用情境教学教散文，具有独特的效果。教学时怎么具体把握呢？

1. 从"美"入境

"美"蕴含于每一篇散文中，是散文的共同特点。因此，教小学生学散文首先应从作品的"美"入手，学生往往因对美的人和事的渴求而进入课文描写的情境。在初读课文时，老师应充分利用学生的生活经验，从他们的经历中，选取与教材内容相关的具有丰富美感的情境导入。

这可以使学生已经储存在大脑中的相关映像在老师语言的主导下，一下子鲜明、清晰起来。例如教学《燕子》，上课开始，老师亲切地问学生："春天来了，有一种美丽的小鸟从南方飞来了。你们知道那是什么鸟吗？"学生高兴地回答后，老师便美美地描述燕子的形象："你们看见过燕子吗？燕子是一种非常可爱的小鸟。它在春天里飞翔的情景，可美啦！《燕子》这篇课文，就把这种美写出来了。"这样，让学生刚开始接触课文时就能萌生一种美感。学生会带着对美的向往的情绪高兴地学习课文。

对课文有了初步了解后，仍然从美入手，老师带着学生一步步进入课文描写的美的情境里。

首先是出示特写的燕子剪纸——深蓝色的底色，黑色的燕子，犹如燕子在蓝天飞翔。老师用描述性的语言指导学生看图："小燕子在空中飞着，一会儿飞到东，一会儿飞到西，我们不大容易看清楚，现在请小朋友先看一看燕子的模样。"结合学生的回答，老师很顺利地教学了"双翼"、"两翼"、"翼尖"、"剪尾"一组词，让学生从燕子具体的美的形象中，理解了"光滑漂亮"、"俊俏"、"剪刀似的"这些富有美感的生动词语所显示的形象和色彩。

接着，通过放大的插图及老师的描述，引导学生担任角色，用小燕子的新奇的眼光看着眼前的美景，带着热烈情绪进一步进入情境。这样，学生的认知活动就笼罩上了情感色彩。学生在不知不觉中进入了燕子在春天里飞翔的情境。这就为学生学习课文、理解课文语言提供了丰富的感性认识，从而激起了学生学习散文的兴趣。

2. 以"情"相连

情感是散文的生命。郑振铎的散文《别了，我爱的中国》描写了作者为求得更好的战斗武器以驱逐帝国主义而离别祖国时的场景，抒发了作者痛惜祖国山河破碎、对祖国无限眷恋的深情。许地山的《落花生》赞美了落花生的朴实无华，从而表现了作家自己做人的态度和爱憎。

因此，在教学散文时，老师必须先一步从作品中感受作者的情感，简单地说，即以"文"之情激起"师"之情，再以"师"之情激起"生"之情，从而学好"文"。这种情感脉络的延伸并没有终结，因为情感是可以互相传递的。学生被老师、被作品激起了情感，继而学生流露出的神情、语言连同整个氛围传递给老师，作用于老师的心理，使老师的情感更为饱满，并得以持续。这样，老师、学生、作品三者之间就形成了以情感为纽带，相互联通、相互推进的关系。

在这样相互推进的情感关系中，我们知道老师的情感是至关重要的。就拿刚才提到的《桂林山水》来说，上课时学习课文前半部分，让学生了解漓江之美，突破"漓江的水静得让你感觉不到它在流动"一句的难点时，老师承接前面已经谈到的"让我们做一次假想旅行，到桂林去"的情境，仿佛真的和学生来到桂林，来到漓江畔，并深情地描述着："漓江畔，有好些小船正等着我们，老师和你们一起坐上小船。现在我们乘着小船，轻轻地摇荡在漓江上，让我们荡舟漓江。我们眯上眼，美美地看着眼前这幅美丽的图画想象一下，漓江的水怎么静？体会一下'静得让你感觉不到它在流动'是什么情景？"学生一起轻轻地哼唱《让我们荡起双桨》的曲子，那特有的旋律和鼻腔的哼唱，如同许多小提琴齐奏出的音响效果，给

人一种宁静悠扬的感觉。眯上眼所获得的朦胧的视像，加上老师富有感染力的语言描绘，学生想象的翅膀扇动起来。他们如同身临其境，充分体验到漓江的宁静，表达了他们的真切感受。

生：偌大的漓江上好像只有我一个人。

生：漓江的水好静啊，我只听见船桨哗啦哗啦的响声。

生：漓江的水平静得就像一面镜子，要不是看到两岸的青山向后退去，我误以为我们的小船就停在江上呢！

老师抓住情感的脉络继续引导，深化情境："坐在小船上你们往下看，仿佛看到了什么？"（"看"到江底的沙石）"现在你们抬起头，放眼望去，漓江的水该多绿啊！书上打了个什么比方？""翡翠就是绿色的玉石，这块巨大的玉石上有斑点吗？从哪个词可以看出？"让学生结合课文理解了"无瑕的翡翠"。

经过这样的引导，学生对漓江的美有了具体的感受，课文中用来描写漓江水的一组排比句，学生理解了它的含义，看到了它的形象，情不自禁地进入作者所描画的漓江那特定的情境中。前面谈到从"美"入境，"美"之所以能激发学生的学习动机，就是因为"美"能唤情。

老师的情感是学生与教材间的桥梁。它会传导，会点燃。这样一个个连续的情境，激发学生的情感，并且让学生把词与形象结合，很好地理解课文，加上老师的启发，加深了对情境本质的认识和情感的体验，使学生的认知活动由于情感活动的伴随，而达到很高的水平。

3. 以"神"贯穿

散文从结构特点上看，是十分灵活、自由的，可以时而抒情、时而状物，但都有一个鲜明的主题贯穿其中。其主题即散文的神韵。因此，"形散而神不散"成为散文的重要特点。教学散文必须充分体现散文创作上的这一特点，通过"形"把握"神"，以"神"贯穿全过程，这才不失为散文的教学特色。

例如，《伏尔加河上的纤夫》这篇散文描写的是 19 世纪俄罗斯著名画家列宾的一幅名画的画面。文章写出了纤夫生活的悲惨，背纤的活儿不堪忍受。他们"眼睛漠然地望着前方"、"没精打采地衔着烟斗"、"已经厌倦了"、"目光充满了诅咒和抗议"、"要摆脱这种与他的年龄很不相称的重荷"、"又虚弱又疲惫"、"愤怒地朝货船上望"、"神态沮丧"、"无可奈何地拖着沉重的步子"这些神态和细节的刻画，都鲜明地显示了文章的"神"，也就是在文章结尾点出的"俄国劳动人民处在沙皇的黑暗统治和残酷剥削之下，过着非常贫穷、非常痛苦的生活"这一主题。

教学时必须紧紧把握好主题，以"神"贯穿，从人物的眼睛里反映出当时俄国劳动人民对黑暗现实的怨恨、诅咒和抗议，如同电视镜头，由远及近，然后将人物一个个地以"特写"或"大特写"推到学生的面前，让他们在如见其人的情境中来体会纤夫内心的情感。

听着《伏尔加船夫曲》，看着放大的课文插图，加上老师的语言描绘，学生被带到了遥远而古老的俄罗斯的伏尔加河畔，缓慢而激昂的曲调和纤夫群体的画面，使学生感受到纤夫脚步的沉重、劳动的繁重，学生的心也随之而绷紧。在师生情绪的共同作用下，课堂气氛也显得凝重，学生的情感随着情境的强化而深沉起来。

课上我引申开去：我们还可以从哪些描写里知道纤夫们都是无可奈何和怨恨的？"漠然地望着前方"的老头，"没精打采"的高个子，"又虚弱又疲惫"的老头儿，以及最后"神态沮丧"、"无可奈何地拖着沉重的步子"的老头儿，均以"神"贯穿于对一个个人物形象、神情的刻画中，让学生从个别到一般，加深理解所有纤夫被迫贱价出卖自己劳动的残酷现实，由此从语言文字就更深地理解世界著名画家列宾描绘的一群纤夫的整体形象和社会意义。

这样组织安排教学过程，情境以"神"贯穿，对语言文字的理解就不是字面的、肤浅的，而是有血有肉的；对课文主题的理解也不是那样"本文记叙了什么，反映了什么"的公式化、概念化的生吞活剥的注入，而是有形象、有情感伴随的理念渗透。

4. 以"境"拓宽

在散文创作中，作家要表达思想、抒发感情，必然有一个空间，或自然景物，或生活图景，以此作为凭借去表达、去抒发。作家所选取的自然的、生活的图景，经过思想的渗透、情感的倾注，在情与思的作用下，就不再是原先个别的生活图像的复现，而形成有情有境、能启发读者思索和想象的一种典型的生活空间，一种艺术的美的境界。

举例来说，在教学《落花生》时，当学生已经进入和爸爸一起"吃花生"、"赞花生"、"谈做人"的情境中，学生的思维活动也表现得相当活跃时，老师便引导学生联系生活经验拓展开去。

请看教学片段——

◎教学片段

师：在我们的日常生活中，有哪些事物或人物也像落花生一样，不喜欢外露而喜欢内藏，样子不好看，但却对人有用？

［由于前面一层层地铺垫，到总结时，学生很自然地由"落花生"联想到生活中诸多事物的特质，他们纷纷要求发表感受］

生：藕。它虽然埋在乌黑的淤泥中，但可以供人们食用。

生：煤。它虽然埋在深深的地里，却可以燃烧，带给人们热量和温暖。

生：石灰石。它虽生在山里，但对人的用处很大，经过烈火的燃烧，把清白留给人间。

生：骆驼。它虽然样子丑陋，但是能长途跋涉，行走在干旱的沙漠上，为人们服务。

生：蚕。它吃的是桑叶，样子并不好看，但是把胸中所有洁白的丝全部献给人类，所谓"春蚕到死丝方尽"。

生：陪练员。他们虽然不能参加正式比赛，但是为了培训冠军，自己默默地工作，一个想外露的人就不肯做这样的牺牲。

生：清洁工。他们整天和垃圾打交道，但是却给人们带来清洁的环境。

生：小石子。它虽然不美，但却能铺路，让人们踏在它的身上走向远方。

……

师（归纳）：这些事物外表不美，也不张扬，但是像落花生一样，对他人是有用的。

从学生表达的内容可以看出，以"境"拓宽学生的思路，是很有成效的。实际上，之所以要通过"境"来开拓学生的思路，是因为散文本身具有"形散而神不散"的特点，也就是说以"神"贯穿，并不抹杀散文"形散"的特点，不仅如此，还要充分体现、利用"形散"的特点，只是要在抓住神韵的前提下，结合语言训练进行。

运用情境教学教散文，如能做到从"美"入手，以"情"相连，以"神"贯穿，以"境"拓宽，就可以充分体现散文的特点，教好散文；并且，不只是从"美"入手，在教学散文的整个过程中，都应该很好地体现美，因为散文本身从题材到语言都是很美的。入选教材的散文，语言之美更具典范。所以教学散文，老师的语言应该是极富美感的。老师设计的导语以及启发、指点的话语，都应力求语言的美感，更要通过语感的教学推敲、咀嚼和反复地吟诵、体会、欣赏，学生由此获益会更多，其语文素养就会在一课一课的点滴中积累起来。

情感驱动表达的情境写作

写作是运用语言文字进行表达和交流的重要方式，是认识世界、认识自我、创造性表述的过程。写作能力是语文素养的综合体现。儿童言语的表达，是以他们对世界的认识为基础，并与思维、观察、情感的活动紧密联系在一起的。如果儿童对周围世界缺乏认识，而要他们去表达、去反映，是不可能的。所以情境写作首先从生活中优选典型场景，引导儿童去认识周围世界——这是知识和思想的最初发源地。经过多年的实践与研究，情境写作独特的优越性越发凸显，写作成了儿童的乐事。因为情境的观察使他们的内心世界里萌发了真情实感，充分显示了"物"激"情"、"情"启"思"、"思"发"辞"的语言表达活动的内在规律。

那情境写作具体怎么进行呢？概括起来有如下几个步骤。

一、观察情境，获取丰富题材

儿童言语的表达，是以他们对世界的认识为基础的。有所认识，才能有所表达。儿童认识世界的主要途径是观察。苏霍姆林斯基说过，观察是智慧最重要的能源。世界对于儿童来说，是一个新奇的、富有魅力的天地。通过观察，世界会带着鲜明的形象和画面，有声有色地进入儿童的意识。智慧可以从这儿启迪，写作的题材也可以从这个永不枯竭的源泉中获得。因此，观察情境学习成为提高儿童作文水平的有效方式。

1. 在观察中指导观察

情境写作十分强调儿童对大自然的观察。尤其在低年级，大自然是低年级儿童观察的主要对象，那是艺术语言的温床。我常常把孩子们带到大自然，带到美的世界中去。开放的课堂让孩子们亲眼看见、亲身体验到大自然中绚丽多彩的画面，感受到生机勃勃的花草树木、光亮明净的日月星辰、烂漫多变的春夏秋冬的景象，这一幅幅连续不断、无与伦比的精彩画卷在孩子的眼前铺开……儿童来到大自然中观察时，仿佛置身于巨幅的图画中。在大自然的怀抱里，儿童身心愉悦，爱美之情不禁升腾起来，儿童的语言也伴随着情感而迅速组合排列。

让孩子认识周围世界是教育永恒的课题，必须持久地拓宽儿童的学习空间。我鼓励孩子们去仰望星空，甚至像中国古代天文学家张衡小时候那样痴痴地数数星星。秋夜我带孩子们坐在河边等待月亮从东边的树丛中爬上来；明月中天时，再看水中一轮圆月；晚风吹来，孩子们望着月亮唱着童谣，美美地想着"月亮上有什么呢？月光为什么这么皎洁？""月亮上有吴刚伯伯、嫦娥姐姐，还有小玉兔吗？""月亮上是环形山，没有空气，也没有水"……看到陌生世界的一景一物，伴随着情感的观察体验，儿童想象的翅膀展开了，教育的空间延伸开去……回到课堂写《秋夜看月亮》，孩子们喊着："李老师，你不需要指导，我们会写！"他们感动其中、激动其中，他们的笔下也随之生花，享受创造的快乐。倘若离开了生活，孩子的写作只能模仿，只能说假话，只能向壁虚造。

概括起来说，对于低年级的儿童，首先要学会观察大自然的静态。静态的画面是稳定的，儿童可以清晰地观察到其中的线条、色彩。比方说，绿色的田野，远处的群山，清澈的小河，老师应该提醒孩子们注意一下，它们是什么颜色、什么样子、有多大、有多少、有点像什么，并要求他们按照一定的顺序去观察。

这是对大自然静态的观察。在观察静态的基础上，渐渐地再引导孩子们观察大自然的动态，尤其是大自然中那些处于发展变化中的事物和现象。比方说，日出、月食、风云雨雪、冰雾雷电都是最富感知强度的大自然的动态。在观察大自然动态时，应该引导孩子们注意一下它们变化的过程。例如观察雷雨的景象，就应该留心一下雷雨到来之前、雷雨时以及雷雨后的变化过程。

认识世界，除了用眼睛看，还可以用耳朵细细地听一听大自然的声响，视觉与听觉的同时兴奋特别能引起儿童美好的联想。春雨落地是怎样的细微？寒风呼号又是怎样的尖厉？夏日的蝉鸣、青蛙的歌唱是怎样的热烈？秋夜的蟋蟀、纺织娘、金铃子们演奏的乐曲又是怎样的动听？……当孩子们听到秋夜蟋蟀的叫声，他们会别有情趣地猜想："小蟋蟀唱的什么歌？""是在说今晚月亮特别好，还是为谁召开音乐会？"当他们听到田野上奔跑的手扶拖拉机的马达声，他们会猛然醒悟："农村变化太大了，难怪老黄牛很少看到。""有铁牛在田野上欢快地跑着，老黄牛怎么好意思还那么慢悠悠地走着，不如躲起来吧。"生活中种种充满活力的音响，简直就像美妙的音乐一样诱惑着孩子们。

在实验班，儿童观察大自然是持续进行的。概括起来，大致有六个方面，即春夏秋冬、日月星辰、山川田野、风云雨雪、花草树木、鸟兽虫鱼。这六个方面，从天上到地下的景物都包容其中。只是有的是大自然相对永恒的状态，有的是大自然发生急剧变化的景象，以及动植物种种生机和形态。在指导儿童具体观察时，往往可以结合进行。

除了观察大自然外，还应该引导孩子去观察社会生活。每个孩子都是社会的人，都生活在社会之中。认识周围世界，必然包括周围人们的生活空间。我主张带孩子们去观察社会生活中美好的事物，从而激发他们对生活的热爱。有一回，我带孩子们到船闸看着一艘艘满载货物的船舶从南通驶向祖国各地，驶向世界的诸多码头。这一生活中的景象一下子让孩子们认识到小小南通城连接着天下。观察让孩子们的视野宽了，思维空间更宽了。通过观察社会生活中的典型场景，孩子们获取了真实的题材，对周围生活空间中的人和事能表述清楚。其间，还逐步形成了分辨美丑、是非的正确的社会道德观念。

观察生活的画面，从景物到人物，从看到的形象到听到的音响。而写生活的画面主要就是写人，因为人是生活的主人公。在写作教学中，大量写人、记事的习作，其题材的源泉就是社会生活。那就必须观察人，可以先观察人群，再到观察一个或几个主要人物。例如，放暑假了，要反映青少年有趣的假期生活，就可以写游泳活动。当然先要观察整个游泳池的热闹场面，从岸上的人到水池中正在游泳的人，写会游的和初学的，他们在怎么游。游蛙泳的，怎么蹬着双腿，身体前行；游自由泳的，怎么侧着身体轻快前进。然后重点观察要写的主要人物，可以是自己或运动员，也可以是老人、小孩。再如写春节，可以选择几个场景，从大街上到小区里，乃至自己的小院里听到的欢声笑语、锣鼓齐鸣、爆竹声响这些富有春节典型特征的场景。从写场景到写人物活动的画面和情绪，从老人到小孩，人们的形态，人们的衣着，都得留心观察。要指导学生特别注意观察人物的细节，以此去表现人物的特点。一个眼神，一个动作，一句感人的话语，都应看在眼里，记在心上，观察得细才能写得真。

社会生活并不是纯客观的。儿童自己的生活中充满着纯真的情感、跃动的智慧，连同内心的所思、所想，老师需常常启发他们注意体验。

有一次，我在批阅孩子的观察日记时，发现班上的倪伟同学做了件好事。班上一个名叫缪普的小朋友，到小河边洗砚台，一不小心，砚台掉进河里了。他想到晚上不能写字而急得哭了。倪伟小朋友正巧从这儿路过，知道后连忙用妈妈给的零钱，跑到小店去买了一瓶墨汁，热情地送给缪普。这是发生在实验班的一件真人真事，孩子们倍感亲切，因而乐于表达。这件事本身突出地反映了同学之间友爱互助的精神，也值得赞扬一番，会引起小伙伴仿效。到作文课上，我便请故事中的两个主人公倪伟和缪普上场，把当时小普"洗砚台"、"砚台掉进水中"和"小伟送墨汁"三个场景演示一番。下面是当时的部分实录。

◎ 教学片段 ◎

一 瓶 墨 汁

（观察情境说话）

师：前几天，倪伟小朋友做了一件好事，帮助缪普小朋友解决了困难。这是我们小朋友学习雷锋叔叔的实际行动。这节口头作文课就让大家说说这件事。

师：这件事的具体情况大家还不知道，让倪伟和缪普小朋友表演给我们看看，大家要一边看一边想，用什么词、什么句子把你看到的情景表达出来。现在李老师提两个要求：一是看仔细，二是说清楚。在这里把时间、地点向小朋友交代一下。（边说边板书，并用简易粉笔画勾勒了晚霞、远山、落日、柳树、小河，表现故事发生的时间、地点和背景）

要求：看仔细，说清楚。

时间：一天放学后。

地点：小河边。

人物：小普和小伟。

（小普蹦蹦跳跳上）

师（对小普）：你到河边去做什么？

小普：到河边洗砚台去。

师（对全班）：这个动作怎么说呢？

（小普蹲下，做洗砚台状）

生（描述）：一天放学后，小普蹦蹦跳跳来到河边洗砚台。

生（描述）：一天放学后，小普连蹦带跳地来到河边洗砚台。

师（对小普）：现在接着用动作演示。

（小普做洗砚台动作。不小心手一松，砚台掉进河里。小普愣了一下，哭了。）

孩子们专心致志地观察，并纷纷要求表述。下面摘引学生的发言：

生：小普在河边洗砚台，洗呀、洗呀，一不小心，砚台掉到水里了。（说出了小普动作的连续和故事的发生）

生：小普洗着，洗着，一不小心，把砚台掉到河里去了，接着他呜呜地哭了。（形象描述哭的声音）

生：小普把砚台掉进河里，他想："我该怎么办呢？"他想着想着就哭起来了。（猜想到人物内心的活动）

生：小普不小心把砚台掉到河里去了，小普默默地望着水中的砚台。（又描述了主人公的神情）

生：小普不小心把砚台掉到河里了，他呆呆地望着河面，抽了两下鼻子，呜呜地哭了。（表述得更细微了）

面对情境，孩子们从他们的词语小仓库里检索出最形象、最准确的词语来表现人物的形态和情绪。最后是小伟买了墨汁送给小普的情节。老师引导学生在这具体生动的情境中练习对话，进一步描述情境：

生：小普嘟着嘴，小伟兴冲冲地拿着一瓶墨汁来到河边，对小普说："这瓶墨汁给你，下次不要一个人在河边洗。"小普低着头，收下小伟的墨汁。

师：小普怎么拿，怎么说？

生：我再给他加一句：小普双手接过墨汁瓶，抬起头望着小伟，激动得说不出话来。

生：小伟还说："你以后一个人不要到河边来，做事不要这样粗心。"小普低下头，心里多害羞啊。

生：小普低下头，脸唰地一下红了。

生：小普想，小伟说得对，下次我一定不再一个人到河边去洗砚台了。

生：加上这句就更好了：小普抬起头，久久地望着小伟。

全班学生觉得非常新鲜有趣。他们观察一段，描述一段。他们猛然觉得小伙伴都那么可爱，能帮助别人的友爱行动是多么有意思，又是多么快乐，进而懂得原来他们童年的生活也可以是这样的。同时，他们又看到发生在眼前的小伙伴的事情，自己能够表达出来是多么新鲜有趣。他们懂得了人和事物、场景该怎么用恰当的词语去描绘。他们能够把学到的字、词、句、篇的知识和生活的图画结合起来，这对他们的表达能力是一次飞跃性的提高。

不难看出，这些对情境的现场描述实际上是引导学生口头表达书面的语言，让儿童在情境中学会遣词造句。

用书面语言表达，首先要有言可表，而情境的形象性以及丰富的美感，不仅使记忆中储存的词顿时复苏再现，而且美感的愉悦又萌生了表达的欲望。在"一瓶墨汁"这个发生在班级上的故事情境中，孩子们一个个兴致勃勃，要描述人物的神情、动作、语言，还能推想人物的心理活动并加以生动地刻画。在下一课的书面习作课上，孩子的作业就是最好的说明。

一 瓶 墨 汁

故事发生在小河边。晚霞染红了西天，柳树随着微风轻轻地摆动，一阵风吹来，水面泛起鱼鳞似的波纹。

二年级一班的小普正在小河边洗砚台。洗着，洗着，"扑通"一声，手一滑砚台掉进河里。他呆呆地望着水面，自言自语地说："今天不好写

毛笔字了。"想着呜呜地哭了。

正在这时候，小伟连蹦带跳地向家跑去。他听见哭声，连忙跑近一看，原来是同班同学小普。他跑到小普跟前关心地问："你怎么了？"小普一边哭一边说："我的砚台掉进了河里！"

小伟摸摸口袋，想起妈妈给他的两角钱说："别着急，你等一下。"

一会儿，小伟兴冲冲地跑来了，他一边喘着气一边说："这瓶墨汁给你。"小普不好意思地低下头，双手接过墨汁，激动得说不出话来。

小河水哗哗地流着，好像在称赞小伟呢……

（佟　飞）

就这一篇很典型的写事的习作，二年级的孩子能写得如此通畅，且有生动细致的描绘，正是因为儿童对自己生活的体验加深了。倘若缺乏生活的真实感受，二年级的孩子是写不出这样的习作的。因为观察情境促进孩子把形象与词汇结合起来，并且情境使孩子的语言有了思维的内核，思维的活动又有了语言的凭借，由此产生了良性的互补，所以，在情感的笼罩下，孩子的语言表达能力得到超水平的发展。

情境使儿童的语言有了充实的材料，使抽象的语言有了生命和血肉。这种"观察情境说话"，即凭借情境的语言训练，符合儿童语言与思维的特点；而且情境呈现的现象、内容和蕴含的思想，笼罩上美的、情与智交融的色彩，易于激起儿童的情感，触发其语言表达的动机，顺其自然地提高语言的表达能力。

2. 在观察中引导感受美

无论是大自然的画面，还是社会生活的场景，都是富有美感的。通过观察不仅让儿童认识世界，获取作文题材，而且相机进行审美教育，那是顺其自然的。关键是教师要追求这种境界，去发现、去优选周围世界的美，让学生在观察中感受其美。

学校里养了鸽子，我组织学生观察鸽子的生活场景，先观察给鸽子喂食。撒下一把秕谷，小鸽子怎么咕咕地叫着，怎么迈着轻盈的脚步寻找地上的谷子。我还让孩子观察鸽子的飞翔，看成群的鸽子怎么飞上蓝天。那真是太美了，孩子看着鼓起掌来。接着落在后面的鸽子起飞，我又赶紧让学生观察这只迟飞的鸽子怎么奋力赶上鸽群，让学生感悟到鸽子是喜欢群居的。白玉般的鸽子蛋是那么光滑可爱，我又让孩子们用一双双小手去摸一摸。孩子们爱不释手，摸着蛋又想到里面什么时候会生出小鸽子。如此摸着，猜想着，其趣无穷……

天冷了，少先队中队委员提议大家为边防战士缝手套，为老师缝坐垫，这都是心灵美的表现。孩子们积极行动，细细体察，就会有话可说，而且因为心情愉悦，会产生一种表达的欲望。在《小鸽子》《叔叔收下吧》《缝坐垫》的习作中，孩子们就写得情真意切。类似的题材是很多的，《灯会》《节日的焰火》《菜场新貌》《营火烧起来了》《让我们荡起双桨》等，都是可供儿童观察的美的对象、可以记叙的生动的题材。

春天，我带孩子去寻找春姑娘的笑脸，去观察春雨后的新绿。秋天，我又带孩子去捡落叶，去编写《秋叶讲的故事》；寻着桂花的芳香找桂花，站在桂花树下，与桂花问来答去，坐在草坪上创作《桂花姑娘》的童话……大自然浓郁的芳香、庞大的形体、鲜艳夺目的色彩和沁人心田的美感，使我和孩子们不止一次地陶醉其中，美得、乐得流连忘返。

观察季节，也同样得优选具有季节最美的典型特征的时间和背景。春天，当然应该让孩子看到百花盛开、万象更新的景色，而不是春寒料峭。于是，当春姑娘的脚步走近了时，我总是那么热切地等候着阳春三月的到来，选择风和日丽的日子。当孩子们来到郊外，就会具体感受到春风拂面，感受到阳光和煦的明媚春光，仿佛看到春姑娘正在向他们微笑。

美是灵动的，在带孩子们去认识四季时，我还常常选取一些表明季节特征的小生灵，让孩子们进一步领略大自然充满生趣的美，培养孩子们美好的情趣。春天，我总是有意识地让孩子们看到春天的使者——燕子，在柳枝间、在田野上疾飞的矫健身影，以及小蜜蜂、花蝴蝶在花间飞舞的充满美感

的画面。生命总是呈现出一种永恒的美。其实热爱生命，就是因为生命本身是美的。让孩子们连续观察某种动物就很有必要。如养蚕，观察蚕的全部生长过程；观察小蝌蚪到青蛙的发展变化。夏天，引导孩子们倾听蛙叫蝉鸣，从整体到部分观察分析蝉、蛙的生活习性、身体构造，培养探究的兴趣。春去秋来，让孩子们去看一看南飞的大雁，引导孩子们去想象大雁南飞的艰苦历程，孤雁的忧愁，同时认识候鸟的特征。冬天，虽是万物萧索，但那冬眠的乌龟、雪后的小麻雀等都可以诱发孩子用新奇的目光去不倦地看着这色彩斑斓的世界。观察中美的感受会久远地留在孩子的意识里。

在这种愉悦的情绪笼罩下，孩子们也会讲究用生动的词语去表达事物的美和心中美的感受。有的孩子在观察星星时，就问："老师，你看，那颗星星被云遮起来了，是说'星星藏到云里了'、'星星躲到云里了'，还是说'星星钻到云里去了'？"在情境中，他们会为了一个动词而仔细推敲。在观察后，我让他们去写《星空》《月亮升起来了》《家乡的青山绿水》，他们写得很动情，文笔很清新。正如叶圣陶先生指出的那样："有了优美的原料可以制成美好的器物。"

3. 在观察中情动而辞发

儿童的情感是在认识事物的过程中产生的。观察情境的新异感、美感能十分有效地激起儿童热烈的情绪，情感的作用又直接影响儿童思维和语言的表达。正所谓情既动，辞必发。

观察让儿童一步步去认识世界，观察中获取的感受会影响着幼小的心灵。他们的精神世界、智慧及情感世界也随之丰富和发展起来。

记得那一次让孩子们在校园里观察花。通过引导，孩子们像蝴蝶和蜜蜂似的飞到花圃里去了。有一个孩子久久地站在蝶恋花旁，我问他观察到什么，他说："我知道蝴蝶恋蝶恋花，那么蜜蜂恋不恋它呢？我正想着，看见蜜蜂也在上面飞来飞去，原来蜜蜂也爱蝶恋花。"孩子看到校园里花儿色彩各异，姿态万千，兴奋地说，"我来做一只小蜜蜂"，"我来做一只花蝴蝶"，"我们像花蝴蝶、小蜜蜂一样都喜欢花儿"。学生沉浸在鲜花盛开的美的情境中，自然达到"情动而辞发"的境界。

孩子们投入大自然的怀抱，又打开了社会生活的画卷，真切地感受到自然的美、社会的美——那是小小的课堂看不到、学不到的。情境中的音响、形象、色彩这些浸染着情感的表象，刹那间与词汇碰撞在一起。一个个词汇、句式，连同修辞手法在那真实的情境中，似乎都有了生命，都活起来了。孩子们置身于此情此境中，按捺不住内心的激动，常常即兴描述他们的所见所闻。

在观察情境中，老师相机指导，启发学生觉察自己的心情，观察人物的神情、动作，并凭借情境启发学生展开想象。虽是画龙点睛的几句，但却加深了学生的感受。习作课上，一个个学生高兴地写出所见所闻，表达了自己的真情实感。

学生一篇篇的习作都表明：观察情境使学生获取了真实的材料，让他们说真话、说实话，因此他们特别自在、舒坦。观察成为儿童认识世界的重要通道，也成为他们获取作文题材的重要途径。观察直接影响到儿童语言表达能力的提高、思维能力的发展、情感的陶冶以及思想观点的形成。

二、体验情境，在审美愉悦中强化表达欲望

儿童的语言活动，无论是"说话"还是"作文"，都需要综合地运用字、词、句以及篇章知识和基本技能去表情达意。不少孩子视运用口头语言或书面语言去"说话"、"习作"为苦差事的畏难情绪是可以理解的。这种具有一定难度的创造性作业，必须引导儿童主动参与，主动投入。情境教育针对儿童爱美的天性，选取的儿童作前观察的感知目标、创设的情境，不仅是鲜明的，而且是美的。或外表呈现美，或内在蕴含美，从而使情境作为审美客体展示在儿童眼前。儿童作为审美主体观察情境，通过感官与心智去感受美，获得审美体验。在审美愉悦的推动下，儿童便会高高兴兴地、情不自禁地去说。因为美能唤情，表达美的景、美的人、美的事，美好的情绪本身便是一种极大的快乐——美与创造融为一体的快乐。

1. 在情境中把观察与审美感受结合起来

针对儿童的心理，情境教学优选周围世界中美好的事物作为儿童感知的目标，这种对现实生活场景的感受，正符合儿童的兴趣和需要。初升的太阳、绚丽的晚霞、雨后的彩虹、雾中的塔影、轻轻流淌的小河、路边默默开放的野花，以及社会生活中的画面，那静立的路灯、黎明即起的清洁工、灯下孜孜不倦的老师……对这些生活中熟知的景物和人物，由于认识及鉴赏能力所限，孩子们并不一定都心生惊叹、赞美。也就是说，儿童的审美能力、对美的感受是需要精心培养的，需要老师的诱导和富有情感的提示、唤醒。因为儿童的美感是在对客体的认识过程中产生的，是通过感官获得的。所以，在把儿童带入情境后，我常常引导他们去看、去倾听，用整个心灵去感受那些情境中最富美感的，或静态、或动态的美，使儿童对观察对象的感知变得敏锐起来、丰富起来。

比如，带二年级学生去找春天时，我就提示："我们常常称春天为春姑娘，在观察中你们在哪儿看到春姑娘的笑脸？""你想和春姑娘悄悄地说什么？""你想让春风给春姑娘捎个信吗？""如果你是春风，准备给她捎个什么信儿？""树上的小鸟快乐地唱着歌，你觉得它好像在唱什么？还有花蕾、树叶、嫩芽……"

我深感，要孩子把观察与审美感受结合起来，很关键的一点是老师要先行一步，在选取观察客体时，加深自己的审美感受。有一次，为了带孩子去观察日出，我赶在黎明前出发。大地还在沉睡，四周是如此静寂，间或可以听到蛐蛐的叫声。我这不习惯走夜路的人，在这黎明前的黑夜里，却单身骑着车，飞奔在乡间小路上，向着太阳升起的东方驶去。我必须赶在日出之前，达到预先选定的开阔地，观察日出前后的全部景象。

几缕微薄的晨曦刚透过天边，我早已站在大桥上，等待着太阳升起。此刻，我似乎第一次觉得世界这么大，空旷的田野只有我一人。职业的热情使我表现了从未有过的大胆。开始有寥寥的行人了，他们用惊异的，或是关注的目光，望着我这独立桥头的女同志。我全然不顾，依然静静地等待着，全身心地等待着太阳从地平线上跳出来！

渐渐地，东方亮起来了，偌大的一片红霞不知什么时候从天边飞来，是那样火红，那样绚烂。

我猜想着，假如孩子们看到了会怎么想？他们可能会说：

——"东方都红了，太阳怎么还不出来？"性急的孩子会迫不及待地说。

——"我知道太阳公公快起床了，这红霞就是太阳公公揭掉的大红绸被！"善于想象的孩子会俏皮地说。

——而文静的小姑娘很可能会偎依在我身边，细声细气地告诉我，"老师，红霞姐姐好像在微笑着对我说：'太阳公公马上就出来，他让我给你们先捎个信儿。'"

……

老师课前的实地观察体验，为上好指导课做了内容与情感的重要铺垫。

孩子的眼睛是通往童话世界的门扉，我常常"倚在"这神奇的门扉旁，用孩子的眼睛去看呀，揣摩着孩子的心理去想呀！正想着，那红霞已经铺得无边无际，层层叠叠，金色的光亮为她镶上了炫目的边框。火红火红的太阳，便在刹那间纵出地平线。啊，河水、田野、树丛，全都笼罩在无限的光明中……

太阳出来了！孩子们看到这样的壮观景象，一定会欢跳起来。我又该怎么依顺着孩子的思路和情感渲染、点拨一下呢？他们将怎样感受这大自然之美；面对这满天的云锦又将怎样地浮想联翩呢？想着、想着，一个个红扑扑的圆脸又浮现在我的眼前。

2. 在情境中把观察与想象结合起来

想象是发展儿童创造力、陶冶儿童高尚情操的重要智力因素。通过想象活动的展开，观察的客体便会在儿童眼前呈现出鲜活、多彩的画面，显得分外丰富。想象伴随观察，就会强化主观感受性。早在实验班孩子还在低年级时，我就引导他们看看、想想："眼前的景物，那色彩、那姿态，像什么？"观察风筝时，我让孩子以猜想的方式展开想象："你们猜想，蝴蝶风筝飞得这么高，蜜蜂风筝跟在它身后，它们到哪儿去？""小金鱼风筝也甩着尾巴飘来飘去，好像在找什么？"我有意运用拟人的手法，意在激起孩子表达的情趣。于是，孩子们就美美地想开了："蝴蝶和蜜蜂一起去采花蜜，因为天上有个大极了的花园，里面有许多地上没有的奇花。""那小金鱼大概在找池塘、找小河，可是，天上怎么留得住水呢？小金鱼还是游到地上来吧？"拟人手法的运用，很有效地将儿童的情感迁移到风筝上，仿佛那蓝天上的风筝有了生命，有了情感，儿童的想象随着风筝情不自禁地展开了，儿童的语言便随着情感活动、思维活动，一下子丰富起来，表达欲望油然而生。

春天，随着春姑娘轻盈的脚步，小桥下的流水哗啦啦地唱个不停，山野的花仰着圆脸笑弯了眼。我和孩子们一起奔到郊外，开展有趣的"想象性摄影"活动。"孩子们，你们爱什么，就和什么留个影，看谁选的背景最美？"我的话音刚落，孩子们跳着嚷开了："我和小杉树拍个照，那是我亲手栽的，我要和小杉树一起快快长大！""我要在濠河畔留个影，我们都是喝濠河水长大的，濠河是我们的好妈妈！"……田埂上，充溢着孩子们的欢声笑语。

"你们怎么站在树下不去选景？"我走到几个正在神秘地谈论着什么的孩子面前。

"老师，我在海边长大，所以从小就取名叫'海青'。我最爱大海，我愿和想象中的大海留个影，最好再穿上一身潜水衣，捧着我自制的潜望镜。我渴望着，有一天我能投入大海的怀抱，开发它无尽的宝藏，那该多带劲儿！"

我赞许地鼓励她说："想得很好，大海是人类的秘密大仓库。它正等待着你们明天去开发！"

小球迷峰峰奔过来："你们猜，我想和什么拍个照？""足球场？""双杠？""世界奖杯？"峰峰得意地摇着头，然后出其不意地大声说："我要和荒地留个影！""荒地？！"大伙儿惊异了。此刻，小球迷好像突然长大了似的，一本正经地说："我愿在僻静的荒原上种下花，植上树，洒下汗水，让祖国的山山水水比'齐天大圣'的花果山还要美……"

小晶晶讲得更豪迈了："我准备和想象中的'宇宙车'留个影。坐上这种宇宙车可以在星际自由往来，到那时我们可以在太空相遇，和宇宙人交谈。我还给这种车取了个名，叫'大——鹏——车'！"

小瑾迫不及待地说："小晶晶想得太妙了！我连做梦都梦见宇宙人，鼻孔特别大，耳朵紧紧地贴在脑袋上。"大家忍不住听着他继续讲，"到那时候，我们就在别的星球上给李老师打个传真电话，让老师在地球上看到太空的奇妙景象，分享学生登天的快乐！"

这还是早在1983年的一幕，孩子们超越现实的想象不得不让我敬服。

田野上迸发出一阵热烈的掌声……

随着小摄影师一声声热情的叫唤，"咔嚓……"，一张张孩子的笑脸，连同他们童话般的心愿和审美感受，留在儿时记忆的影集里……

正是这种高涨的情绪、强烈的表达愿望，才促使学生说出、写出一篇篇富有情趣的作文。

3. 在情境中把观察与即兴描述结合起来

当孩子们在情境中感受到美时，往往会情不自禁地惊呼其美、津津乐道，或同伴之间窃窃私语，交谈美的感受。应该说，这是表达的自然流露。教师必须不失时机地加以强化，以形成明确的、较为稳定的表达欲望。因此，教师应善于利用儿童的情绪，在获得美的感受时，引导儿童进行片段即兴描述。当我带孩子们观察校园里的花的时候，孩子们看了朵朵鲜花，都兴致勃勃地赞美起来。我便引导他们做即兴描述："小朋友们，校园里的花美丽极了，你们爱哪些花？"

孩子们踊跃地把自己的感受告诉我："我喜欢翠菊、爆竹红、蝶恋花和美人蕉。""我喜欢鸡冠花，还喜欢万寿菊，更喜欢千日花。""我爱万寿菊，我爱美人蕉，我爱鸡冠花。在这许多花儿里，我最喜欢美人蕉。"我接着问："你为什么喜欢美人蕉呢？你觉得美人蕉的什么好看？"孩子们面

对花红叶绿的美人蕉，争先恐后地说："美人蕉的名字好听。""美人蕉的形状漂亮。""美人蕉的色彩鲜艳。""我站在美人蕉前，美人蕉像小姑娘头上的蝴蝶结。一阵微风吹来，美人蕉摇摆几下，好像对我们微笑哩！"

起雾了，我让孩子们去看大雾笼罩的朦胧景象；太阳出来了，雾消退了，地面上的景物又恢复了先前的明亮。教《初冬》前，我让孩子们特地观察了雾景，这样，他们对课文中描写的"白茫茫的一片大雾"，"田野、树林像隔着一层纱，模模糊糊看不清"，"太阳发出淡淡的光，一点儿也不耀眼"等这些雾中的景象就感觉特别亲切，就像看到了课文语言描述的形象和画面。

由于儿童从周围世界中获得了真切的美的感受，他们的语言逐渐地变得生动形象了。高年级的孩子，甚至写得很动情，文笔也很清新。周围世界的新奇、美感，激起儿童"内心的感兴"，在感兴之际，老师顺势启发，展开想象，引导他们把所见所闻所感即时表达出来，就会形成表达的欲望。让他们写"内心的感兴"，符合儿童需求的状态，由此开始了情感驱动的情境习作。

三、描述情境，在多样化的语言训练中练好基本功

作文对于儿童来说，是件难事。因为作文一要题材，二要感受，三要综合运用字词句篇的能力。然而儿童对生活、对人的情感缺乏理解，感受不深；用语言表情达意，功夫不够，语言工具又未掌握好。作文的客观要求高和儿童主观能力的不足，都导致儿童很难写好习作。因此习作训练的形式应该多样化，切忌以刻板的"命题作文"为唯一的训练方式，致使儿童被动应付。应针对儿童的特点、儿童的情趣、语言的实际能力、应用的需要，辅以多种形式的训练。

从目前的说话、习作的形式来讲，过于单一的统一命题，学生习作千篇一律就难免了。这对于引导儿童语言发展，无形之中设置了障碍。情境教学则充分利用情境的美感以及宽阔的思维空间，使学生乐在其中。

为了不失时机地促进儿童的发展，儿童的语言训练需提早起步，提高

起点。从一年级起，在识字、阅读的同时，我们以词句训练为主，进行了大量的语言训练，并同时开设口头作文课，包含简单的字词句篇的综合训练。从二年级写观察日记到三年级写情境作文，不仅有词句段的训练，也有布局谋篇的训练。这就克服了过去"字—词—句—篇"单一训练的弊病；从整体出发，各年级有所侧重，形成螺旋上升的序列，有效地促进儿童语言的发展。

1. 训练从写"一句话"开始

从一年级开始，在经常地"学说一句话"的基础上，我又引导孩子们从生活的情境中取材，引导他们学写自己一天里最高兴表达的一句话。于是孩子们就把他们看的、听的、想的、最有趣的，用一句话进行最初的书面表达语言训练。他们从写人的、写事的到写景的、写物的，自由选择内容自由地写。渐渐地，孩子们从他们写的许许多多的"一句话"语言实践中，逐渐领悟到一个句子可以回答："什么，怎么样？""什么人，做什么？""什么东西怎么样？""什么地方怎么样？"等等。句子的概念也就在这个过程中形成了。每天我把他们写得好的句子读给大家听，他们已能用口头与书面的一句话，完整、通顺地写出自己的所见所闻。而且在一个月之后，许多孩子很自然地由写一句话发展到主动写三五句，以至七八句。一学期下来，这样的训练每人至少进行了 90 次，这对从小打好词句基本功影响很大。

2. 以观察日记打下认识与表达的基础

在"每日写一句"的基础上，我进一步提高要求。从二年级开始，隔日写一篇短小的观察日记，不要求篇幅，但每天或看或写，孩子们就得每天去观察。这可以培养他们从小留心周围世界的好习惯。长此以往，孩子们的大脑贮存了不少表象。这是他们今后思维与想象的材料。与此同时，他们综合运用字词句及至篇的能力，也得到了很好的锻炼。

在实验班，观察日记二、三年级持续写了近两年，在儿童口头语言向书面语言过渡的重要时期，每个孩子四学期写了 360 篇观察日记。有了这样的基础，孩子们作文就有话可写，也会写。有了表达的乐趣，才有主动性；而有了主动性，才会激起创造性。作为他们的老师，我自己也学会用孩子的眼睛关注地看着这个世界：天上的星星少了，孩子们会看到吗？他们会用怎样的语言去描述？市场上出卖的刚出壳的毛茸茸的小鸡是那样可爱，我也会伫立在那儿，看小鸡们挤来挤去，嘴里"叽叽叽"地叫个不停，用孩子的思路猜想着：它们肚子饿了？还是在找它们的鸡妈妈？或者在为自己从黑乎乎的蛋壳里来到这个新奇的世界而兴奋不已呢？夜晚刮风了，风摇曳着树影，门窗一下被吹开，这阵阵风声是那样牵着我的心。我会情不自禁地想起我的学生，此时此刻会不会有孩子站在院子里看着、想着？他们会不会看一看朦胧的月影下树木婆娑的画面呢？记得有一回，一阵狂风后，忽然"叮咚叮咚"地下起冰雹来。那一个个圆溜溜的雹子，从天而降。那响声简直是一曲神奇的交响乐。我弯下腰，捡起一个，放在手心上，看着冰雹在我暖和的手上，渐渐化小……我呆立在院子里，我多么希望我的学生此时此刻也和我一样在好奇地观察这透明的冰球。第二天，我一到校便问孩子，昨晚××景象，今天早晨××景象，谁观察了？观察的孩子是那样乐陶陶地举起手来，迫不及待地要向我报告观察所得。此后，当大自然发生急剧变化的时候，尽管老师不在他们的身边，但是他们都会习惯性地而且是怀着探究的心理去观察，千方百计地想去了解大自然的奥秘。事实上，孩子们持续的观察，需要老师的引导，也需要老师的鼓励，更需要老师像他们一样，对周围世界，对大自然，怀着极大的热情去关注着、思考着。

所以我和实验班的老师经常和孩子们一起到周围世界的某一角，去呼吸野外的新鲜空气，感受大自然的绚丽色彩；和他们一起坐在小河边、田埂旁、山坡下谈论着自己看到的、听到的、联想到的；再一起将观察的表象按照自己的意愿去编写那一篇篇色彩斑斓的童话……

看着孩子们的观察日记，我总觉得似一滴一滴晶莹的露珠，在早晨的阳光下，是那样透明，那样晶亮，映着红花绿草的身影……于是，我常常给他们念他们自己的作品，每每我和孩子们都感到其乐无穷。

3. 观察说话、情境作文是提早起步的极好形式

无论是观察情境说话，还是观察情境作文，都是在学生观察的基础上进行的。学生通过观察获得了题材，到课堂上老师通过语言描绘、直观手段相结合，再现观察的典型情境，唤起学生对观察客体的回忆和急于表述的动机，然后根据年级的不同要求进行不同层次的语言训练，在低年级主要是观察情境说话的训练。

例如，在二年级孩子观察了冬天后，老师快活而神秘地告诉孩子："我的名字叫'冬天'，许多小朋友都亲热地叫我冬爷爷。孩子们，你们好！"孩子们又惊又喜，异口同声地说："冬爷爷好！""看你们能不能用完整的句子回答冬爷爷的问题？"冬爷爷给孩子的亲切感、新异感，使孩子们乐意回答冬爷爷的问题。让他们做《冬爷爷的礼物》情境说话，那些冬天里观察的储存在他们大脑里的映像，也顿觉鲜明起来，语言训练无形中罩上了情感色彩。在这里不妨引几个片段。

◎ 教学片段 ◎

● 训练之一

冬（师）：孩子们，你们猜，冬爷爷给你们带来了什么？

出示句式：冬爷爷给我们带来了＿＿＿＿＿＿。

生：冬爷爷给我们带来了雪花。

生：冬爷爷给我们带来了蜡梅。

生：冬爷爷给我们带来了天竺。

生：冬爷爷给我们带来了新年。

结合学生回答，出示句式：冬爷给我们带来了＿＿＿＿、＿＿＿＿、和＿＿＿＿。

生：冬爷爷给我们带来了雪花、蜡梅、天竺。

生：冬爷爷给我们带来了寒风、雪花和冰凌。

●训练之二

冬（师）：小朋友们都很喜欢冬爷爷给你们带来的雪花姑娘，前几天我们这儿下了一场小雪，我们都观察过了，你看见是怎么飘下来的？雪花落在哪儿？

出示句式：雪花＿＿＿＿＿＿＿。

生：雪花很美。

生：雪花雪白雪白的。

生：雪花一片一片从天上轻轻地飘下来，落在树上，树上就白了。

生：雪花落在地上，地上就白了。

然后通过扮演角色进行对白语言的训练。一名学生戴上雪花姑娘的头饰，小朋友个个儿美滋滋的。

雪：我的名字叫雪花，大家都叫我雪花姑娘，小朋友，你们喜欢吗？

生：我们喜欢你，雪花姑娘。

雪：我这么冷，你们为什么喜欢我呢？

出示句式：有了你，＿＿＿＿＿＿＿。

生：有了你，我们可以堆雪人。

生：有了你，我们可以打雪仗。

生：有了你，世界变得美丽了。

生：有了你，麦苗儿不怕冷。

生：有了你，可以杀死地下的害虫。

这样的情境说话，使学生借助老师提供的句式，把观察情境较具体地表述出来，帮助学生做到"有话可说"、"有话会说"，同时使学生在学习书面语言的最初阶段受到规范化的语言训练。这样的训练进行得多了，学生的书面表达就能打下比较扎实的基础。在中高年级主要是进行段篇的训练以及重点段落中某一细节的描述训练。例如，做《稻草人冬游小园》的情境作文，主要是帮助学生理出叙述的脉络，然后选择孩子们易忽略而又需多费笔墨的细节，让学生在情境中进行描述，如："天竺的红果子怎么吸引了稻草人？""那含苞未放的蜡梅花朵，一点也不引人注目，但是稻草人却收住了脚步，这是什么？"这样经过引导，学生就进行了相应的语言训练，就能对观察客体做生动细致的描绘，使情境作文写得有情有境。

不同文体情境作文指导

一、童话写作怎么指导？

引导儿童写童话，是一种普遍受到孩子欢迎的习作类型。通过童话的创作，可以培养起儿童对作文的兴趣。具体指导过程可以分三步进行。

1. 展开童话场景，激发创作欲望

写童话虽然也像故事一样，需要有时间、地点，然而童话的时间是模糊的，跨度可以很大，常见的有"以前"、"有一天"，当然也可以有"多少年以后"，等等。童话的地点，也是一个宽广的空间，可以是"在森林里"，"在一条小河旁"，"在大海的深处"，"在一座古老的屋子里"，等等。从"模糊的时间"到"宽广的空间"，都表明童话的时间和地点是任意的、假设的。

尽管如此，在指导学生创作童话前，老师应该心中有数。因此，在指导开始时，老师可以饶有兴味地告诉学生：这一课老师带你们一起到"一片古老的森林里去"，当然也可以是"我们来到一条小河边"，"我们一起到大海去"，"我们来到一棵大树下"，等等。随即使用直观手段（可以是幻灯，可以是放大的挂图，也可以是简易粉笔画）展现童话故事发生的背景。比较简便的办法是用简易粉笔画，例如森林、小河或是大树，可以随手画几笔展示。（如右图）

这样确定童话的

背景后，接着便和孩子们讨论："你们希望是什么时候去的？假设是'以前'，是'很久很久以前'，是'有一天'，是'一阵秋风以后'都可以。"这样便确定了时间。时空是童话角色的活动空间，都是很模糊的。但它可以直接影响童话角色的经历，所以童话的时间和地点应首先向儿童展示。接着老师就着已出现的童话场景，通过语言描绘激起儿童创作的动机：

在这片森林里，有一片空地，空地上小草绿茵茵的，小花四季不败，林中小鸟的歌声动听极了。在这片美丽的森林后面，住着我们喜欢的童话角色，它们用自己的语言和行动，编织许多有趣的童话故事，这一课就让我们去和生活在这童话世界的角色见面，然后把它们中最有趣的故事写下来。

同样的，如果是其他处所，也可以根据童话发生的时空特点和其中的角色，做引人入胜的富有童话气息的描绘，从而把学生带入童话世界，激起他们创作童话的欲望。

2. 选择童话角色，创造童话题材

童话的场景，是童话角色活动的天地，没有童话角色的出现，童话的场景就如同虚设。童话角色是童话的主体，童话场景展示后，在教师的启发下，学生便会联想到生活在这特定天地里的童话角色：在大森林里，是狐狸、狗熊，还是小兔、长颈鹿……在小河旁，是柳树公公、野花妹妹，还是鸭子大嫂、青蛙王子、乌龟卫士……在海底世界里，是大鲨鱼、海豚，还是美人鱼、海龙王……在天地间，是春姑娘、冬爷爷，还是风伯伯、雷公公……都可由孩子根据自己的兴趣去选定。任何没有生命的物体都可以赋予它生命；任何没有情感的物体在童话世界里都有了情感。也就是说，我们老师首先要赋予童话角色生命和情感，让没有嘴巴的会讲话，没有腿的会走路，不会飞的插上翅膀，不会游泳的能在大海里自由来往。

其实，春、夏、秋、冬，日、月、山、水，风、云、雨、雪，冰、雾、雷、电，甚至泥土、石块、桌椅、墙壁，都可以通过拟人，成为童话角色。这些角色便是童话的主人公，它们的出现，使童话场景顿时活起来，有了童话角色、童话场景，便有了生命。有形体，有动态，有语言，有声响，所有这些都成为孩子展开想象的契机。童话的题材也就在孩子的幻想中模模糊糊地产生了。这个模糊的题材，是最便于加工，最易于塑造，也最可以延伸扩展的，它简直成了孩子手上的橡皮泥，可以捏出孩子们自己喜欢的对象，可以边捏边讲，捏好了放在眼前看看，无拘无束地讲他们自己幻想的美妙的童话故事。在此过程中，教师要善于捕捉孩子们的情绪，引导他们围绕童话角色展开想象。

在这个过程中，还要注意写童话要从角色的特点想象开去。因为没有幻想就没有童话，而幻想也必然是有依托的，例如鸟儿有翅膀，会飞也会唱，飞累了还有窝，这也是它生儿育女的地方。孩子就会从地上想到天上，然后又回到地上，会从鸟妈妈想到鸟爸爸和它们的孩子。而青蛙却是陆地上一个家，水中一个家，眼睛看四方，嘴巴宽又大，会唱歌，会跳远。鱼儿的家只能在水里、在小河、在江湖、在大海，鱼儿会游，尾巴甩来甩去，它们有许多的兄弟，有许多的朋友，也有不少凶恶的敌人……教师结合孩子选定的童话角色，这样有意识地引导、提示，让孩子们编织美丽的童话，不仅是愉快的，而且顺应了儿童情感的驱动。

创作童话要让孩子知道这些童话角色的特点，他们的想象活动才有依据，才是合情合理的。这样，有了童话的场景，有了他们自己选定的童话角色，他们就可以津津乐道他们心中的童话，甚至是滔滔不绝的。

3. 确定童话中心，想象童话情节

有了童话角色，孩子们可以饶有兴趣地讲述他们的童话。但是为了使孩子们编的童话也可以用来教育自己、教育伙伴，教师更应引导孩子赋予童话以思想和智慧。我们应防止为了有中心，而限制了孩子的思维活动的做法，这样往往会挫伤孩子的幻想，也就无童话可言。所以中心的确定，应顺着孩子的思路及情绪，经老师提示，仍然由孩子自己自由选择。

我们可以举一个例子来说明，比方前面向孩子展示的是以森林为童话背景，孩子又选定小白兔为主人公。在帮助他们掌握了小白兔红眼睛、长耳朵、短尾巴，跑起来飞快的外形特征及小白兔爱吃小白菜和萝卜的生活习性后，可以请孩子们想一想，你觉得好玩的小白兔在你的想象中是一只什么样的小白兔，你是想说她爱劳动，还是懒惰？是想说她帮助小伙伴，还是说她骄傲自满，看不起人？你是想说小白兔胆小，还是勇敢？你是想说她听妈妈的话，是乖孩子，还是任性、爱和别人吵架、捣乱的调皮蛋？或者是有什么特别的别人意想不到的表现和遭遇……都可以。这样既不至于因确定中心而束缚孩子思维，又使孩子的思路清晰，想象合理。其他的任何童话角色，也都可以引导孩子想象：作为这一个童话的主人公，你希望自己选择的童话角色是一个什么样的角色，有什么样的表现，什么样的经历，什么样的结果，都由孩子自己拿主意。

顺着孩子的思路和情感的驱动，明确童话角色的主要表现和经历，童话的中心也就清楚了；而帮助孩子确定童话的中心对孩子编好童话是很有必要的。这样，孩子想象的翅膀就会朝着明确的方向扇动。在中心确定后，务必继续激发孩子大胆想象，鼓励他们和别人想的不一样，要想出独特的、奇异的、小伙伴从没听过的新童话。

有了童话背景，有了角色，又有了明确的中心和童话的情节，孩子完全可以凭着自己的幻想，编织出奇妙的童话故事。关于童话习作的指导，我们不妨来看一个典型案例设计。

小兔上市场

（童话作文指导课）

一、导入、揭示童话主要人物

小朋友，你们都喜爱小兔子，是吗？你们看，在这座森林里有一所小房子，住着兔妈妈和她的两个孩子，一个是姐姐小白兔，一个是弟弟小灰兔。（简易粉笔画：森林、小房子。贴上兔妈妈和小兔的剪纸）

一天，正是森林集市的日子，兔妈妈拿出 50 元钱，对小白兔和小灰兔说："孩子们，这些钱是妈妈平时卖蘑菇攒下的，今天是森林集市，你们俩到市场上帮妈妈买辆小推车，好吗？""好，好的！"小白兔和小灰兔接过钱，跳着、蹦着向森林集市跑去。

二、揭示童话题目

小白兔和小灰兔走进市场后，发生了很有趣的童话故事。这一课，我们就来编《小兔上市场》的童话故事。高兴吗？（板书课题）

三、展示童话背景

小兔欢天喜地上了集市，学到这儿，这个童话故事发生的时间、地点、角色和事情，大家清楚了吗？（板书）童话故事就和其他写事作文一样，开头也要把这几点交代清楚。下面，请一位小朋友看着黑板，把这个故事的开头讲一讲。（指名讲）

△在一座美丽的森林里，有一所房子。里面住着兔妈妈和她的两个孩子，白兔姐姐和灰兔弟弟。有一天，兔妈妈对她的孩子们说："这里有50元钱，你们帮我到森林集市上买辆小推车，好吗？""好的！"白兔姐姐和灰兔弟弟手拉着手向森林集市跑去。

四、展示童话场景

小兔来到集市上，（出示简易的市场画面）"今天的森林集市真热闹！"怎么热闹？你们看谁在卖什么？（出示各种动物卖菜的头饰）

导语：请大家先用一句话说说市场上都有谁，他们在卖什么。

生：熊大妈在卖白菜。

生：猴大哥在卖桃子。

生：鸭大婶在卖鸭蛋。

生：大象爷爷开了一个车铺。

生：狐狸大嫂卖的东西可多了，有冷饮、玩具。

指导：说得再具体些。熊大妈在卖白菜，白菜有多少？长得怎么样？

生：熊大妈卖又鲜又嫩的白菜。

生：鸭大婶从家里拿出自己生的鸭蛋，鸭蛋又大又多。

生：猴大哥卖水灵灵的桃子，一边卖，一边喊着："桃子，新鲜的桃子，汁水又多又甜。"

小结：刚才小朋友先用一句话概括了市场热闹，接着又具体地说了市场怎么热闹，请小朋友连起来讲一讲。

△今天的森林集市真热闹。熊大妈卖新鲜的白菜；猴大哥卖的桃子水灵灵的；鸭大婶拿来了一篮子鸭蛋，绿壳的、白壳的，真新鲜！

五、确定中心

小白兔和小灰兔走进了热闹的市场，他们来做什么？在你们的幻想中，白兔姐姐可能是一只怎样的小兔？灰兔弟弟又可能是一只怎样的小兔？（△白兔勤劳、节俭、爱劳动。灰兔爱用零花钱、贪吃、爱玩）

我们就按自己的意愿来构想我们的童话故事。看哪些小朋友想象的翅膀已经展开了。

六、展开童话情节

小兔走进了这琳琅满目的市场，看到这么多好吃的、好玩的东西，听到此起彼伏的叫卖声，灰兔弟弟想买什么？

（句式：想买 _____，又想买 _____，还想买 _____。）

他们来到猴子的桃子摊前，灰兔弟弟对姐姐说什么？白兔姐姐怎么回答？灰兔弟弟又怎样撒娇？（指名说。同座练习，上台表演）

△灰兔（撒娇）：噘着嘴，拽了拽姐姐的衣服，盯着桃子，咽了咽口水，甩着胳膊，索性一屁股坐在地上不肯走了。

启发：白兔姐姐先是一本正经地说，或者严肃地说了些什么？后来又犹豫了，"怎么办呢？"只好叹了一口气说，"好吧。"

△小灰兔和小白兔手拉着手来到市场。他们走过桃子摊边，小灰兔停了下来，眼睛紧紧盯着桃子，拽了拽姐姐的衣角说："_____。"小白兔一本正经地说："_____。"小灰兔见姐姐还是不肯，索性一屁股坐在地上，叫嚷着："_____。"小白兔只好答应了。

小灰兔和小白兔又往前走，来到了狐狸的冷饮、玩具店前，狐狸大嫂看到生意来了，会怎么招揽顾客？请小朋友上台表演。

生：狐狸满脸堆笑，说："天热呀，吃根冷狗吧，我这冷狗可是又凉又甜，还有葡萄干！"

生：狐狸一边说，一边拿出玩具手枪，不停地引诱小灰兔。

生（补充）：一会儿拿出酸奶，一会儿拿出变形金刚。尝一口，保证你吃一口就忘不了。这辆电动汽车可是最新式的，只要一通电，灯全亮了，可以一直往前跑，还能拐弯，遇到东西还会发出警报。

师（概括展开情节）：就这样，小灰兔经不起引诱，看看这也好，那也不错，没有想能不能买，该不该买，不一会儿，用去了8元钱。

生（续编）：最后，他们来到大象公公的车铺，一问，一辆小推车需48元钱，可他们只剩下42元了，钱不够，小推车买不成了。

师（启发）：小朋友想一想，小白兔和小灰兔怎么样回家了？（学生先后"垂头丧气"、"伤心"、"后悔"、"哭着"、"低着头"）回到家后，那妈妈又会怎么说？

刚才，我们一起讨论了这个童话故事发生的时间、地点、角色、情节，小兔拿着钱上市场去，接着小灰兔乱花钱，最后他们没买成车，只好空手回家了。（板书）下面，大家就按这样的经过，讲一讲小兔上市场的故事。（自己先在下面讲）

请小朋友上来扮演角色，表演。

七、评判角色

小朋友说说，在集市上谁做得对，谁做得不对？为什么？

△小灰兔乱花钱，经不起引诱，看中什么都想买。所以，去市场买东西，要想想这件东西要不要买，该不该买，不能看到什么就买什么，这样就是过度消费了。

八、转换角色

启发：现在让我们来帮助小兔子，如果你是小白兔或者小灰兔，你怎么办？

△如果我是小白兔，我就坚决不让小灰兔买零食，告诉他过度消费是错的。

△如果我是小灰兔，我会说以后听姐姐的话，不受狐狸的诱惑。

九、续编故事

师（启发）：可是，现在钱已经用掉了，买不成车了，该怎么办？怎样弥补错误？

生：用自己的劳动挣钱买车。

师：用什么方法挣钱？

生：采蘑菇，种白菜，帮鸭大婶卖鸭蛋。

师：对，小白兔和小灰兔就上山采蘑菇，他们采到一大篮，又上市场去了。小兔第一回上市场乱花钱，老师已经详细指导过了。这一回，他们又上市场是怎样挣钱的，老师不再一一指导，请小朋友们自己讲一讲。小兔挑了满满一篮蘑菇又来到市场，怎样推销自己的商品？他们还自己编了一段广告词，看到山羊爸爸、老牛伯伯怎么招呼的？请小朋友们讲一讲。

生（发言综合）：蘑菇，味道鲜美，营养丰富，可以炒着吃，烧汤吃。刚采的蘑菇，最新鲜，别错过机会了。

小白兔和小灰兔用辛勤的劳动挣到了钱，终于买了车，有了车，还可以再用推车挣钱，做些什么？渐渐地，他们的日子越过越好了。

生：这叫勤劳致富。

师（启发）：小兔第二次上市场，是第一个故事的续编。小朋友还可以为自己续编的故事内容加上小题目。

十、总结

这一课，我们编了童话故事《小兔上市场》。知道童话故事开始要交代清楚时间、地点、人物、事情。接着，要设想你的童话角色是怎样的人，这就确定了中心，然后围绕这个中心展开想象，一步步地编童话，讲清事情的发生、发展、结果，通过你的童话还要告诉人们一个道理。

（教者：唐颖颖；设计：李吉林）

李吉林老师评课

——《小兔上市场》（童话作文指导）

唐颖颖老师是我当年进行情境教学实验班的学生，今天看到她上的《小兔上市场》这一节情境作文指导课，我非常兴奋。一个青年教师上课，这样地忘我，情感与孩子这样地融洽，我作为她的小学老师感到特别欣慰。

《小兔上市场》的主角虽是小兔，但其内容却与儿童的现实生活紧紧相连。老师针对生活富裕以后，独生子女过度消费的普遍现象，设置了小兔上市场的情境，从小兔子拿着钱上市场买推车却空着手回来的结果，以及通过学生对角色的评判"如果你是小白兔，你对弟弟讲什么？""如果你是小兔弟弟，听了小白兔的话，你会怎么做？"等方面的引导，非常自然地对学生进行了勤劳、节俭的教育，意在扼制学生的过度消费的现象。由此看来，作文要能引导孩子表达真情实感，必须与儿童的生活实际相结合。

这一篇童话的创作，由于运用了拟人的手法，使作文内容笼罩了童话色彩，也就为孩子的想象开拓了较为宽阔的空间。想象是创造的结果，但并不是漫无目的。老师很有必要为学生理出思绪，提示想象的方向性。为了做到这一点，唐老师在上课开始，用描述的语气，展示了故事发生的空间，大森林、小木屋、森林市场，介绍了木屋的主人：兔妈妈和她的两个孩子，小白兔和小灰兔，交代了故事发生的缘由，兔妈妈拿出积攒的50元钱要两个孩子上市场去买一辆小推车。老师边说边画，孩子们看着、听着，不知不觉进入了这个富有童话色彩的生活情境中，故事也就从这里开始了。这样，儿童的创作活动也就从这儿开始，往下一步步地推想，想象的翅膀展开了，朝着一个可以依循的方向飞去。这说明，这类的情境作文要向儿童展示必要的场景、时间、空间、人物、事件，使其作文也同样做到"思有路"、"想有序"。

儿童根据故事的发展，构思故事的情节，讲述故事的梗概并不是件

难事，难的是故事中几个重要情节怎么说具体，这样儿童需从横向里想象开去。唐老师把握孩子作文的薄弱环节，让学生分别扮演狐狸大嫂叫卖冷饮，招揽小兔子的生动情境，以及由两名同学分别扮演小白兔和小灰兔，小灰兔胡搅蛮缠、乱花钱的精彩表演，那鲜明的形象、生动的独白和对白，使孩子们不知不觉地进入了小兔上市场的情境之中，他们受到深深地感染，从而处于一种充分感受、急于表达的状态之中。这就是因为场景生动，材料充实，如同亲眼所见、亲耳所闻，这就便于孩子表述，所以他们乐于表述，课堂上孩子们一个个地即兴表述就是很好的证明。从这里我们也清楚地看到老师所创设的情境，是手段、是途径，但并不是目的。它是忠实地为发展孩子的语言、发展孩子的思维和情感服务的。

这一节课上，孩子们进行了大量的口述训练，唐老师看到三年级的孩子必须很好地由口头语言向书面语言过渡，也就是说，在发展口头语言的同时，必须迅速地着力发展学习书面语言。唐老师不仅引导孩子遣词造句，大段大段地描述，最后还引导学生把几段话连贯起来，做成篇的口述。在这个过程中还设计了在人物对话的板书中加标点的训练，虽然只是一道训练，但对从口述训练过渡到书面语言训练起了很好的指导作用。

总的说来，唐老师在这一节课上，教学与生活相沟通；视觉形象与语言描述相结合；口头语言训练与书面语言训练发展相结合。这是一堂非常成功的课。

总之，童话的创作让孩子的思想一下子活跃起来，孩子们边玩边想，边想边说，童话就在游戏中编出来了，这真是太奇妙了！

记得有一回，我特意创设了一个广阔的情境，从蓝天的飞禽、地上的走兽，到海底游戏的生物，让儿童择其二三，作为童话的主要角色，自编童话，孩子们高兴了，一个个兴致勃勃。有的写森林里发生的故事，如《森林气象员招聘记》《百兽之王的失败》《森林里的一次音乐会》《小白兔溜达记》《猫先生的叹息》；有的写大海里的有趣童话，如《海洋动物比武》

《智斗鲨鱼》；有的想到在蓝天飞翔的天使，写了《两只天鹅的故事》《小天鹅离队记》；还有的从海上写到陆上，如《陆海之战》《邻里之间》；等等。值得一提的是，许多孩子把学得的语文知识、科学知识灵活地运用到童话中去，巧妙地组合成新的形象，写出了新意。

实践表明，创设情境，让孩子们学着编写童话，大大提高了孩子对作文的兴趣，让他们具体地感受到创造的快乐，并有效地发展了儿童的想象能力和语言表达能力。

二、想象性作文怎么指导？

想象力是一种富有创造性的认识功能。真正的创造是想象活动的结果。有计划地设计安排想象性作文训练，对进一步发展儿童的创造能力十分有益。在阅读教学中可进行改变人称、改变处所、改变结构、改变体裁、补充情节等创造性复述活动外，作文教学中要很好地设计，让儿童写想象性习作。新课标在各个年段提出了关于写"想象"的要求：第一学段提出"写想象中的事物"；第二学段提出写"见闻、感受的想象"；第三学段则提出写"想象性作文"。

小学五年里，我在实验班曾先后引导儿童进行了一系列有趣的想象性作文：二年级在指导儿童观察小鸭后，想象小鸭子离开学校后可能发生的种种遭遇，试写《小鸭子的奇遇》；三年级在教学《海底世界》《海龟》《珊瑚》后，结合课外阅读所得，写幻想性小故事《海底世界漫游记》；中高年级先后写了《我是一棵蒲公英》《我在想象性摄影活动中》以及《理想的中队长》《假如卖火柴的小女孩来到我们中间》《我坐上微型小汽车》《我见到了冰心奶奶》等想象性作文。孩子们对这些题目很感兴趣，总是带着愉悦的心情，兴致勃勃地写出一篇篇打破格局的、想象丰富的故事。这些新奇有趣的想象性语言训练，不仅陶冶了儿童的情操，而且让他们感受到创造的愉悦。

指导想象性作文，需要注意三个方面的问题。

1. 拓宽儿童可以自由驰骋的广阔思想空间

想象是人的创造性活动的一个关键因素。进行想象性作文实质上是将积累的表象加以改造、重新组合的过程。它是创造性的形象思维的结果，其目的就是发展儿童的创造性。既然如此，想象性作文首先必须为儿童开拓可以自由驰骋的广阔思维空间。古话说，"海阔凭鱼跃，天高任鸟飞"，儿童的思想若是"鸟"，我们要为他们"开天"；儿童的思想若似"鱼"，我们应为他们"造海"。只有思想自由自在、无拘无束，儿童才能将记忆中的表象奇特地加以组合，走进新的天地、美的境界，想象出曲折的情节，创造出新的形象。这种训练形式，促使儿童运用文字把自己幻想中的画面、角色形象、情感意向表达出来，从而引导儿童怀着美好的意愿向往广远、精彩的天地。在这样的天地里，儿童可以到达忘我的美妙境界，使潜在的创造性得到充分的发展。

总的说来，可以从三个方面来拓宽儿童的想象空间：一是从已有的生活体验创设情境想象开去；二是借助童话夸张拟人的手法想象开去；三是选取适当的阅读教材改写、续写想象开去。例如前面所提到的想象性作文《海底世界漫游记》《凡卡续写》等，就是为儿童想象开拓的广阔空间。那无边无际的大海，人类的秘密仓库，就是让儿童的智慧在其间遨游。凡卡给爷爷发出信后是怎样的遭遇，可以是爷爷来接他了，又把他带回乡下；可以是爷爷根本没收到信，凡卡仍在鞋店里受到种种折磨，最后可能被迫逃走；也可能是受尽折磨而死……

简单地说，就是利用儿童的经验，借助童话手法，选取合适的阅读材料。从这三方面拓宽儿童思想可以自由驰骋的广阔空间。

2. 提供引起儿童创造欲望的题材

想象是一种积极重新组合表象的心理过程，它最终要产生出新的形象。想象性作文关键是"想象"。儿童的想象怎么产生？这是个心理学问题，它有其复杂的心理过程。简单地说，激起儿童想象主要是两方面的因素：一是"需要的推动"；二是"直接的印象"引起。也就是说，儿童的想象是在热烈情绪的导引下，带有一定感情色彩的心理活动。在儿童进入与主题相关的特意创设的想象情境后，获得直接的印象，产生一种需要的推动。这种情绪势必在大脑皮层上产生相当强烈的兴奋中心，这种兴奋就会引起儿童的想象活动。

很重要的一点就是想象性作文的题材要能引起儿童的创作欲望。教学《种子的力》时，儿童知道"种子"是世界上力气最大的大力士，紧接着让他们写想象性作文《大力士比武》。这种"比武"的题材，充满了争斗，特别能激起儿童好奇、求异的心理。于是他们一下子想到了大象，想到了河马，想到了神话中的巨人，而且还让它们进行了比武，比赛过程写得相当紧张有趣，比赛结果 ×× 当了冠军……这一系列的情境，都能激起儿童好奇、求异的心理，他们就会乐意去想，愉快地去写。

儿童之所以富于想象，这与儿童感情易于冲动是分不开的。当感知的客体激起他们的情感时，他们对这一客体便会关注，会因此而想得很有兴致。学了《卖火柴的小女孩》后，他们对小女孩在富人团聚欢宴的大年夜冻死在雪地里的悲惨遭遇，深表同情，他们是多么希望小女孩在那生命的最后一刻所希望的、追求的梦幻——温暖的火炉、喷香的烤鹅、美丽的圣诞树、慈祥的奶奶能成为生活的真实，让小女孩尽情地享受作为一个小生命应该享受的最低生活的需求——温饱、快乐与怜爱。针对儿童希望卖火柴的小女孩没有死，更幻想假如有一天她来到我们国家，来到我们中间，我们该怎么办？写《假如卖火柴的小女孩来到我们中间》的想象性作文，孩子们想象的翅膀，饱含着真切的情感展开了，字里行间就流露出他们对小女孩的真挚情意。

总之，进行想象性作文，我一般选取美好的事物作为想象的客体，让儿童怀着饱满的情绪展开想象的翅膀。因为美的事物最容易激起儿童美好的情感。

3. 为儿童创作中所需的内容做好必要的铺垫

想象性作文，创造性很强，做好内容上的铺垫是十分必要的。儿童的知识面不够宽，老师在指导想象性作文时，适当介绍材料，掌握有关对象的知识，很有必要。这样，儿童"跳一跳"就能"摘到果子"，而不至于

茫无头绪，不知所措。

以植物、动物，或自然物体为角色，引导儿童编写故事，是想象性作文常选择的题材。要使儿童创作成功，必须在课前对故事中出现的角色——某一植物、动物或自然物体进行展示，让儿童感知它们的形象，并结合它们的习性，引起儿童对它们的关注。写《海底世界漫游记》必须事先教好《海龟》《珊瑚》《海底世界》这一篇篇课文，让孩子懂得有关海底的一些知识。

在内容上做了这些铺垫，孩子们动笔时，才有可能根据这些知识，进行新的形象的结合、创造，编写生动的故事情节，写出优美的或富有科学性的习作，让儿童享受创造的乐趣。

但做必要的铺垫，并不意味着提供的题材要齐全，情境也不必精细，相反地，创设的情境要粗略。因为想象是在情境不太明确的认识阶段上发生作用的。一切都是清晰的、精细的，反而不大容易激起想象。比如写《我在想象性摄影活动中》，没有真的取景框，而是用一个方框替代取景框，更没有真的照相机，只是对准留影者说声"咔嚓"就表示摄影好了。从孩子们选择背景来说，有的也完全是象征性的，"我和大海留个影"，"我和家乡的青山留个影"，身后并不是大海和青山。这样，在似是而非、朦朦胧胧之间，儿童对眼前的情境可以附着许多细节。打破套路，鼓励求异，就有利于儿童想象活动的展开。

概括起来，指导儿童写想象性作文要注意三点：一是想象空间要拓宽；二是题材要有儿童情趣；三是内容上要做适当铺垫。想象性作文、童话都需要凭借儿童的想象展开，但是童话作为一种故事题材需要有完整的情节，而想象性作文虽然凭借想象展开，但不求完整的情节，某一个场景、某一个细节，都可以写成想象性作文，也就是说它是带着想象写出的记叙文。

想象性作文创造性很强，进行想象性作文：一是结合儿童已有的生活体验，选取美好的事物作为想象的客体，儿童怀着饱满的情绪展开想象的翅膀；二是创设富有美感、充满幻想的情境，运用夸张、拟人的手法激起学生想象开去；三是选取适当的阅读教材改写、续写，如改变人称、改变处所、改变结构、改变体裁、补充情节等创造性复述活动，从而进行多种题材的想象性作文。

总之，想象性作文必须在丰富生动、宽松的情境中伴随热烈的情绪进行。此外，想象性作文虽不是以写实为主，但所想象的事物又往往以生活的真实为基础。儿童的知识面不够宽，老师在指导想象性作文时，适当介绍材料，做好内容上的铺垫是十分必要的，尤其是写有关科幻方面的知识内容是不可或缺的。

三、应用文写作怎么指导？

应用性文体的写作指导在当前小学语文教学中显得很重要。随着信息社会的到来，无论是作者还是读者，往往都需要用最简洁的语言传递信息、接受信息。同时，由于商品社会的需要，条据等应用文的使用将更为普遍。现在有些学校的小学作文往往着力于写作技巧的培养，而在一定程度上忽略了应用性文体的教学及有关训练，这是不恰当的。

应用文一方面由于它的应用性强，在交往中显得很重要，另一方面因为应用文无须用过多的笔墨来描摹对象，更无须抒发情感，相对来讲，比较简洁、抽象、概括，因而小学生对应用性文体的写作缺乏兴趣。从目前的教学现状来看，作文教学与实际应用脱节的现象较为严重。这都与长期以来没把语言的应用性摆到一定位置上来有关。促进儿童的发展，最终是为了使儿童日后能适应工作和生活的需要，因此从促进儿童发展的最终目的着眼，必须极早考虑到学生将来应用的需要。尤其随着电脑的广泛应用，未来社会对人们的语言要求更高，语言更讲究简明、准确。所以，在进行情境作文的教学时，必须辅以应用性语言训练，何况应用性语言的简明扼要，也将促进儿童的思维活动更加明确、清晰。因此，实验班有计划地训练学生写说明文、实验小报告、读后感、小报道、黑板报稿及其他常用的书信、便条等应用文。

在学生学写应用文前，我会做些必要的铺垫工作，注意顺应儿童认识事物及思维的规律，根据从具体形象到抽象概括有步骤地进行。让学生写说明文，一般是在具体记述、描写的基础上进行说明的训练。例如写了《我是一棵蒲公英》后，让学生写《蒲公英》说明文，简要说明《蒲公英》的形状、特点、功用；写实验小报告，一般在《记一次有趣的科学小实验》的基础上进行；写小报道也是在记事的基础上进行的。例如写了《与表演艺术家白杨奶奶在一起》这篇记叙文之后，再让学生写《著名表演艺术家白杨奶奶与少年儿童欢度"六一"》的小报道。这样从同一题材的不同体裁的习作实践中，学生会具体领悟到应用性语言的要求。同时又促进形象思维向逻辑思维的过渡。

下面便是和白杨奶奶联欢后，根据同一题材进行的记叙与应用的两篇习作。

和白杨奶奶见面

（记叙文）

"小鸟在前面带路，风儿吹向我们……"我嘴里哼着歌，蹦跳着向学校走去。今天是我们的节日——"六一"国际儿童节，我们能不高兴、不激动吗？再说，我们今天还要和著名艺术家、电影演员白杨奶奶见面呢！

我来到学校，拿着彩带和同学们一起迎接白杨奶奶。白杨奶奶是个什么样的人呢？"嘟——"一辆银灰色的汽车停在学校门口，从汽车里走出一群人，由李老师陪同走向我们。

"欢迎欢迎！热烈欢迎！"顿时，校园里一片欢呼声。五颜六色的彩带在飞舞，红红绿绿的彩纸在飘洒。白杨奶奶一行缓步走着。我高喊着，但还觉得不能表达出我的心意，我定睛一瞧，那不是艺术家白杨奶奶吗？白杨奶奶是60开外的人了，她头发花白，大大的眼睛，慈祥的面孔上总带着和蔼的笑容。我们把彩纸撒在白杨奶奶的头发上，成了花头发。白杨奶奶曾经演过《为了和平》，我们把鸽子放上蓝天。鸽子是和平的象征，也是我们儿童幸福的象征，白杨奶奶看着鸽子笑了。

我们随着白杨奶奶走进了大礼堂。

联欢会开始了，首先是白杨奶奶讲话。白杨奶奶亲切地说："小朋友们，今天我能和你们联欢，感到非常高兴！可是，关心你们的慈祥的宋庆龄奶奶逝世了，我们非常悲痛。你们要化悲痛为力量，好好学习，天天向上。你们是祖国的花朵，未来是属于你们的！"白杨奶奶的每一句话，都打动了我的心弦。说得多好啊！这不仅是白杨奶奶说的，而且是革命老一辈对少年儿童寄托的希望。对，未来是属于我们新中国千万个少年儿童的。

我望着白杨奶奶，仿佛看到了电影《祝福》中的祥林嫂，又仿佛看到了《一江春水向东流》中的素芬。啊，白杨奶奶是著名的电影表演艺术家，可她还在百忙中到我们学校来联欢，说明了老艺术家们对少年儿童的关怀。

献红领巾了。我们班的丁雷、周苂代表我们献上了红领巾。白杨奶奶弯下腰，代表们踮着脚给白杨奶奶戴红领巾。"哗——"在一片掌声中，白杨奶奶戴上了红领巾。白杨奶奶戴上了红领巾，不像祥林嫂那样愁眉苦脸，也不像素芬那样打扮。今天，她年轻多了，成了当年的少先队员，又像今天我们的老辅导员。"哗——"又是一阵鼓掌声，我们沉浸在欢乐之中。

（三年级　吴　雷）

著名电影表演艺术家和少先队员欢度"六一"

（报道）

6月1日早晨，南通师范第二附属小学校园里彩旗飞舞，少先队员们手拿绸带、花束，等候著名电影表演艺术家白杨同志的到来。

7时许，白杨同志乘坐着一辆银灰色的小轿车来到南通师范第二附属小学。顿时，校园彩带飞舞，彩纸飘洒。欢呼声、掌声、锣鼓声连成一片。白杨同志今天身穿一件白色的绒线衣，显得特别年轻，她向少先队员们挥手致意。白杨同志在小朋友的簇拥下走向礼堂，与此同时，信鸽小组的同学们把一只只鸽子放上蓝天。礼堂里，白杨同志亲切地对小朋友说："同学们，今天我和你们联欢，感到非常高兴。我希望你们好好学习，天天向上。你们是祖国的花朵，未来是属于你们的……"接着，钱曼华等艺术家演唱了歌曲，少先队员代表献上了红领巾。

白杨同志是世界著名的电影表演艺术家，她来到小学和小朋友联欢，说明了老艺术家们对少年儿童的关怀。

（三年级 吴 雷）

学生的这篇报道写得很不错，这说明，应用性的语言训练，在小学不仅是必要的，而且在具体感受、具体记述的基础上进行是完全可行的。

情境教学的运用，使实验班的作文教学出现了生气勃勃的景象，观察情境极大地丰富了学生的表象，他们写作时不再为无话可说而苦恼。相反，情境的生动、形象、有趣，激起了他们的表达欲望。作文指导课上着重思路的开拓，学生思路不再受程式化作文指导的条条框框的束缚，变得相当活跃，思维活动积极主动地开展。因此，实验班学生的思维与语言通过作文这项创造性的练习，得到较快的发展。这种强调丰富儿童生活、激发儿童写作情绪的方法，使学生能够高高兴兴地写；与此同时，通过思维的拓宽和语言基本功训练的落实，学生的习作水平也得到全面提高。

学应用文不大有情趣，其实我们可以模拟生活中的某一个情境，让孩子们扮演角色，使他们感到在生活的实际应用中常常需要写应用文，如请假条、留言条、表扬信、读后感、倡议书都可以这样进行。

这就需要我们在强调其应用价值的同时，通过情境的创设引导学生理解应用文体的对象、性质和作用，提高他们对应用文的兴趣。

例如，写借条、领条时，就可以创设一个借物、领物的情境，让学生扮演角色，然后立下条据。

下面请看一个教学片段——

◎ 教学片段 ◎

［黑板上写着"总务处"］

师（总务处主任）：小朋友，你是哪个班的？你有什么事？

生：我是四（1）班的，我们班王老师派我到总务处来借一只面盆。

师：好，我来拿给你。（拿出一只面盆）

（生接过物品欲走）

师：喂，小朋友，借东西、领东西都得要办一个手续，请你写一张借条。

生：借条怎么写？

师：那我来教你，借条应该写借什么呢？

生：借条上应写清楚向什么人借什么东西，借了多少。写了借条，如果你不还，这个借东西给你的人，就可以用这借条向你讨回。

师：你讲得很好，不仅要写借什么，还要写借了多少，什么时候还，那现在说说怎么写。先写"今借到"，然后写什么？刚才说的向谁借什么、借了多少，怎么说，怎么写？

生：今借到总务处面盆一只，明天还。

师：就这么写行吗？看看这张借条有什么没说清楚？

生：应该写是什么人借的。

师：对，应写上借东西人的名字和时间。

（出示）

借　条

今借到学校总务处面盆一只，明天还。

四（1）班张　炜

1996 年 3 月 15 日

通过创设生活情境，指导学生写借条，学生不仅明白了借条是怎么回事，对写借条的方法、格式也一下子理解了，很容易掌握。至于请假条、领条、留言条、书信，都可以创设类似的生活情境，指导应用文的内容时要具体化、形象化，使抽象的应用文教学变得生动有趣。此外，就上述案例而言，借条中对外单位应怎么写，数字怎么用大写，补充"如有损坏要赔偿"等，也可以结合在其中讲解清楚。

除了上面所举的应用文以外，还有许多说明文的写作，现在这些说明文的应用性也越来越强。如新书的介绍、儿童剧的介绍、商品的介绍，以及其他物品的介绍，需要用很简单的文字说明。这种文字表述能力需极早训练才是，培养学生抓住事物主要特点，用有限的文字简明扼要地把事物说明清楚的能力。

进行这方面训练时，可在一般描写记叙文的基础上进行概括、简约。例如，学生在观察后进行描写向日葵的作文，然后限制字数，结合向日葵的生长过程、季节，向日葵茎、叶、花籽形状，向日葵的人工管理，以及向日葵的功用，一一说明清楚。这一例子说明，要学生进行说明文的作文训练，一是在内容上要有生活的积累，对要说明的事物的特征要了解。如学生在写自己进行的科学小实验、科技小制作的记叙文的基础上，再把某项实验或小制作的材料、过程、注意事项等缩减写成说明文。二是在文字上要有记叙文的基础，然后再去粗取精、简略、概括，学生还是可以逐步掌握的。此外，在教材方面还应该增选一些这样的课文。根据这两条经验，还可引导学生学写小报道、黑板报稿、广播稿，这也体现了语文教学更好地为生活、为社会服务的功用。

2 情境数学

让数学走进儿童的生活

数学是在生活中发现和存在着的，因为生活或生产的需要，才产生了数学。但现实的数学教学都是远离孩子生活的，抽象而过于烦琐，许多的数学术语，把原来不复杂的小学数学搞复杂了。孩子觉得数学难而无趣，也是很自然的。因此，数学的情境教学应该从摒弃它的弊端着手，即怎么让数学走进儿童的生活，让儿童亲近数学。

例如，在准备四年级《长方体表面积的计算》一课的教学时，我们学校正举行"爱书周"，各班都要做图书箱，建立图书角。那天，我经过总务处，无意间看到一只一只新的图书箱。我心头一动，一下子就想到了《长方体表面积的计算》，兴奋极了：长方体不就在孩子身边吗？

于是，我们创设了在"爱书周"里做图书箱的情境。上课了，孩子们希望的图书箱展现在他们眼前，老师让学生担当角色做总务处的老师，让他们计算：给学校 36 个班配备图书箱，要多少三合板？孩子们被带到一个和自己生活相通的情境中来学习、认识长方体的表面积；而且自己霎时变成了"总务主任"，成了学校的当家人，真是新奇而有趣。因为生活的需要，他们去研究身边的数学问题："总务主任"用尺亲自测量一个图书箱长多少、宽多少、高多少，数据有了，再计算图书箱的表面积是多少，制作一个需要多少面积的三合板，学校那么多班，一共需要多少。在直接源于生活的情境中，学生很快就弄明白了长方体的表面积计算公式，并且巧妙地将这个知识运用到生活中去。

我从这一节课的成功想开去，感悟到数学其实就在孩子们的身边，就在我们的生活中，我们可以到生活中找到它。由此，我很自然地找到了数学学科创设情境的途径，那就是在课堂上再现情境，把数学的知识镶嵌在鲜活的生活情境中。

从这一新思路萌发，我们又研究了很多课。如在"爱国月"里，结合主题性大单元教育活动上的五年级的《多位数的读法》。百万、千万、亿这样的多位数，对于孩子来说平时没有这些概念，读起来不容易，写起来也易错，而且单纯的数字学起来挺乏味的。我想，这些数字只有根植到社会生活中去，它才是有意义、有价值的。当时国庆来临，我想到报纸上关于我国近五年来经济发展情况的报道很多，粮食、钢铁、煤炭、汽车、电等产量分别是多少，又分别增长了多少，很多数据都是多位数。我们便首先让孩子去搜集相关数据，让他们比较具体地了解伟大祖国经济不断发展的喜人形势。其实这也是一种社会调查，一种具体生动的道德教育。上课了，孩子们将收集的数据在小组里交流，然后汇集起来，创设了一个"祖国经济大发展展览会"的情境。再根据数据制作图表，由此引导学生去写多位数，而且要求准确、清楚、端正。于是孩子们兴致勃勃地练着、认真地写着一个个多位数。然后有的画表格，有的写数字，"展览会"筹备好了。在热烈的情绪中，孩子们反复地写着，练着。"展览会"要开幕了，就得有讲解员，孩子们纷纷举手，要求担当讲解员。讲解员的讲解要声音响亮，口齿清楚，报告数字必须准确无误。就在这角色扮演中，孩子们领悟到读多位数要眼快、口快，并主动积极地练习报告多位数的本领。在听读的同时，孩子们也为祖国经济发展的惊人速度而欢欣鼓舞。这样将数学学习和儿童的生活，以及与社会的发展联系起来，既让儿童懂得了祖国这五年来的辉煌成就，又让儿童在其中掌握了多位数写法、读法，将所学的知识及时运用于实际之中。

此后，老师们都领悟到数学就在生活的情境中的道理，学校的数学课生动而有趣了。学习统计，就结合班级开展读好书活动，统计同学读各类书的数字，然后做成图表展示；同样，学习百分数、分数以至比例，都让学生在班级、在学校、在社会就某一个项目收集数字，去编题计算，感悟数学在生活中的广泛运用；学习元、角、分，就让学生当营业员和顾客，理解人民币的进制、兑换，熟悉使用人民币；学习重量单位"吨"，就让学生当饲养员，给牲口过秤。教《百分数的应用题——利息》一课，老师就设计了游戏"为储户当参谋"，设立"储户咨询站"，有孩子当储户，有孩子当参谋，还有孩子当"储户咨询站"站长。相互间展开角色的对话：有储户与参谋的对话，有站长与储户的对话。积极的思维活动在游戏中快乐地进行，生活中的数学在课堂上生动展现。在这些模拟的生活情境中，学生通过亲身实践感悟真知，有效地培养了学生数学的应用能力，而且极大地丰富了数学教育。可以说数学在情境中产生，再引导学生到情境中去运用，儿童对数学的兴趣便油然而生。我认识到——数学来源于生活，应当引导学生在生活中发现数学，让数学与生活结合，在真实的或模拟的生活情境中学习数学、运用数学。现在看来，这已是现代小学数学有效教学必由的路径。

让形象伴随儿童逻辑思维

面对情境教育在数学学科的进展，我又想，数学的重要特质是"思维的体操"。数学的学习必须不断地引领儿童去思考、去探究。因此，我们创设的情境，应具有鲜明的探究特点，应有利于儿童思维的发展。

但是探究并不意味着抽象，并非仅仅是逻辑。儿童学数学，应该伴随着生动形象去探究，也就是在情境中探究，在境中生情，以情启智，这样儿童的探究就可以伴随着乐趣，易于产生顿悟。所以实验班的数学老师把抽象的"公式、定律"化为具体可感的形象或生动的形式，把数学的知识镶嵌在情境中。

例如，在教学不规则物体体积计算时，老师通过让孩子参加"华罗庚小组"，来提升学生的自信，并明确地提出了这堂课的学习要求。接着老师把学生带到模拟的"金属制品车间"，工人叔叔正在制造铜锁，随手出示一把铜锁，创设一个问题情境："工人叔叔所用的材料是一块棱长为9厘米的正方体铜块，用这样大小的铜块能加工成多少把这样的铜锁呢？"

铜锁的体积是不规则的，有锁身、有锁柄、有锁孔，那怎么算呢？孩子们一愣。老师鼓励孩子大胆猜想。

在孩子感到困惑时，老师又用一个科学家的故事让孩子在趣味中把思维引向深处："早在两千多年前的古希腊，有一位最伟大的数学家，他的名字叫阿基米德，他也曾遇到了你们今天遇到的问题。"孩子一听顿觉新奇。老师接着说："国王要阿基米德判断皇冠是不是真黄金，他为此困惑了好几天，最后的结果怎样呢？让我们来听听阿基米德当年的情况。"老师播放一段录音：

阿基米德知道，要判断皇冠的真假，关键是要知道皇冠的体积，再算出比重。可是皇冠的形状又不规则，怎么计算它的体积呢？阿基米德苦思冥想。一天，当阿基米德跨进浴缸准备洗澡时，发现许多水从放满了水的浴缸里溢了出来。看着溢出来的水，阿基米德恍然大悟，他立刻跳出浴缸，披上衣服冲出门去，在大街上一面跑一面喊："我知道了！我知道了！"

孩子们听了跟着兴奋不已。老师便问孩子："阿基米德看到浴缸里溢出来的水，受到了启发，找到了测皇冠体积的方法，你有没有从中受到什么启发？"接着鼓励学生动手试一试："现在请你们这些'小华罗庚'组成实验小组，利用桌上的实验器材，根据自己的设想，大胆地去试一试。看哪一组的方法跟阿基米德的方法是相同的？"孩子一听自己的方法竟有可能与伟大数学家阿基米德相同，快乐得简直要跳起来。激情往往启迪智慧。那铜块究竟能生产多少把锁，孩子们运用与阿基米德相同的方法终于算出来了！真是"情能激智"！

老师以孩子们崇敬的科学家为榜样，把他们带入模拟的探究情境中，使其感受到科学家神奇的数学智慧和科学精神，陶冶了情操，开发了潜能。

这样，我们创设的情境，具有鲜明的探究特点。这不仅让孩子在情境中具体感受数学，获得理解运算的规则，而且在一种非常愉悦的心理状态下探究数学，促进了孩子思维活动积极进行。事实表明，数学情境课程给儿童带来了无限的生机和乐趣。这让我深切感悟到——数学是思维的体操，通过创设探究的情境，让儿童伴随快乐的情绪，积极进行思维活动，把认知活动与情感活动结合起来，把形象思维与逻辑思维结合起来，启迪儿童的数学智慧，并培养起他们对数学的兴趣。

渗透数学的审美性和文化性

我深切感悟到数学和其他学科一样，也是人类文明的重要组成部分，蕴含丰富的美感。这使我意识到小学数学里应该体现数学的审美性和文化性，引导儿童在学习数学的过程中，获得数学的审美感受和文化熏陶，把感受数学文化与丰富儿童的精神世界结合起来。

对于五年级教学《平行四边形面积的计算》，传统的教法是老师先复习长方形面积的计算公式，然后出示平行四边形，通过演示告诉学生平行四边形的计算公式是什么，然后进行练习。这便是最常见的离开了生活、纯认知的教学。

我们在集体备课研究时，一位老师提供了信息："人类研究长方形面积的计算公式用了一万年之久，而后研究平行四边形面积只用了五六十年。"这个资料的提供让我从数学史想到数学文化。人类对数学的研究是代代传承的，后者是在前者的基础上发展起来的。让儿童从数学的文化中感受数学的美必然是一条很好的路径。抓住数学文化的"脉"，再现发现公式的情境，可以变老师告知为学生自我发现。可以说，这是多少年来，我在困惑中思考琢磨数学情境教育的一个梦寐以求的境界。

于是，我们做了这样的设计：

上课一开始，老师便启发引导学生："人类研究长方形面积的计算公式经历了一万年，而后来研究平行四边形面积的计算公式，却仅用了五六十年。显然，人类是从长方形面积的公式中得到了很好启示。"简单的几句话，道出了人类对这两个几何面积计算公式探索的历程。接着，老

师让学生担当角色："现在就请你们做古代小小数学家。"随即老师播放一段中国古典民乐，出示一幅简易粉笔画，上面画着一间小屋，小屋前有一块平行四边形的地。老师指着这幅画说："一位老爷爷的屋前有一块平行四边形的地，老爷爷很想知道这块地究竟有多大，问了很多人都不会算，你们这些小小数学家有办法计算出它的面积吗？"于是，这些"古代小数学家"拿着长方形、平行四边形的图形，摆弄着、切割着、拼接着，在古典乐曲的典雅音韵中，他们专心思考，小声议论，大胆猜想。不多会儿，有人举手了，再一会儿，更多的人举手了，他们一个个要发表各自的发现，"我是将平行四边形从中间切割的，一拼就是长方形了"，"我们可以运用长方形计算公式来计算平行四边形"……教室里沸腾了。"公式"不再是老师告诉的，而是通过学生担当向往的角色，在探究中自己发现的，运用起来就倍感亲切而难以忘记。这样的设计，把数学知识、数学文化和孩子们的探究精神在情境中融成一体，为孩子们再现了人类发现平行四边形公式的最初阶段的情境，让孩子们体验到了人类文明发展进程中生动的一幕，充分显现出教学内容的美感。由此可见，数学老师从体现美的角度设计思考，可以使数学教学更具人文性，更丰富多彩。

数学老师运用生活展现、实物演示和艺术手段，再现人类发明数学公式的情境，可让学生感受数学的文化性和美感性，最终是为了帮助学生实现数学教育中数学知识的获取、数学技艺的掌握与数学文化、数学美感的熏陶这三重功能，进而丰富儿童的精神世界。

情境数学将"数"与"形"、"数"与"生活"相结合，"具体形象"与"抽象思维"相结合，"知识学习"与"文化、审美"相结合，让儿童在身边发现数学，使原来颇为遥远而陌生、令人敬而远之以至畏惧的数学变得亲近，似曾相识，由此培养起学生对数学的热爱。

3 情境德育

我提出的情境德育主张，是优化儿童的成长空间，引导儿童自主，让道德教育成为他们主动参与的实践活动，让德育成为一种日积月累的影响力。

道德教育形成一种影响力

环境与人的行为具有一致性，在长期良好的环境的熏陶感染下，儿童正确的道德观念及行为习惯才能够形成。现代教育是一个开放的系统，道德教育更应拓展其空间。情境课程优化的德育情境，对儿童的影响是强烈的，也是极其深远的。最新的脑科学研究表明：环境直接影响到脑神经的生长。因此，情境教育主张为儿童构建一个优化的成长空间，充分利用环境，控制环境。通过多样性的课外教育活动，渲染学校欢乐向上的氛围；通过主题性大单元教育活动，强化教育的效果；通过野外情境活动，不断丰富心灵活动。这个空间力求做到有情有境，富有美感，从各科教学的课堂到校园各个活动场所，以至家庭，构成一个连续的、目标一致的和谐整体。优化教育空间，形成多维结构的情境，丰富促进儿童身心素质发展的"教育源"，使儿童无论身在学校还是身在家庭，心灵都受到滋润、获得感悟，从而形成道德教育的影响力。儿童就在这渗透着丰富的教育元素的和谐空间中潜移默化地受到熏陶和感染。

在一次次活动中，情境德育从广度、深度上拓展了教育空间，提高了教育的整体效益，对儿童的道德品质产生了巨大的感染作用，形成影响力。

道德情感导引道德行为

传统教育以灌输为主，老师提出的道德要求往往比较概念化，学生感受不到道德教育与他们自身需要之间的联系，这种距离感也使得道德教育流于表面，不能真正走进儿童的心灵。因此，情境教育主张缩短心理距离，道德教育通过儿童可以感知的真切的方式融入他们的生活中。这样就可以让儿童由于情感的作用而主动投入德育活动过程中。

一、以"美"激"爱"

儿童天生爱美，因为美能给他们带来愉悦的情绪。情境教育正是利用儿童爱美的天性，在道德教育中展示美的形象，激起美好的情感，从而唤起儿童对周围世界、对大自然、对他人的热爱，播下善的种子。

清明时节，我们总是不忘去祭扫烈士陵园。孩子们每个人手上拿着自己做的小白花，在队旗的引领下来到烈士墓前，在苍松翠柏间系上一朵朵小白花。然后列队在烈士墓前朗诵、合唱："你们的血没有白流，你们真值得骄傲，我们会继续前行……"孩子的歌声充满真情。因为烈士牺牲的悲壮，更觉松柏的庄严肃穆；因为田野的安宁、美好，更感烈士的丰功伟绩。我们认为英雄烈士是道德教育宝贵的财富，我们有责任把这笔财富传给孩子们。因为英雄烈士的形象是高大的，他们有着光辉的业绩，他们身上闪现着高尚的人格之美。

当然，更多的以"美"激发"爱"是渗透在日常活动中的。培养儿童对祖国的爱，是从对家乡的爱开始的。家乡的山山水水、田野村庄、民俗文化的美都能唤起儿童对家乡的热爱，播下热爱祖国的种子。

二、以"爱"导"行"

儿童内心的道德情感一旦被激发起来，会驱动道德行为的生成。有一次组织孩子们去盲校。我们先和盲童学校联系，了解了盲童是怎么用手识字阅读的。然后让孩子们闭上眼体会没有眼睛就没法看书的痛苦。有了切身的体验，孩子们感到盲童学习的艰苦，由衷产生对不幸小伙伴的同情。有孩子说："我们拥有一双明亮的眼睛是多么幸福。盲童们看不见都这么热爱学习，我们更应该勤奋、努力。"当孩子们了解到旧挂历可以做成辅助的盲文阅读材料时，他们纷纷踊跃给盲童们捐献家中的挂历，最后竟捐了满满好几辆汽车之多。

当然，仅靠一个活动不可能马上建立起孩子们良好的道德品质，只有日积月累才能对孩子产生长久的影响。我们学校有许多班级开展以情为纽带的经常性活动，孩子们就在这种"爱"的氛围的影响下，形成了积极的行动。

情境德育以"爱"导"行"往往能收到令人满意的效果。因为它符合规律，"爱"会产生力量，在爱的驱动下，儿童便会自觉、积极地行动起来，形成良好的道德行为。

三、以"行"养"习"

小学教育在很大程度上就是养成教育。因此，儿童的道德教育最终内化为儿童自觉的道德行为，这是道德教育的目的。习惯是行为的稳定的表现，在情境德育的探索中，"习惯"往往要让儿童在"做"中、在不断的实践中逐步养成。我们提出了以"行"养成良好习惯的策略。为此，我们在一年级开设了"行为训练课"。低年级是养成教育重要的年龄段，我们通过模拟生活的情境，首先抓住、抓好在学校集体生活中的"第一次"，诸如"第一次升国旗"、"第一次做值日生"、"第一次排队"、"第一次上活动课"，等等。"第一次"提出要求、规则，先入为主。如此坚持，必有显效。所谓习惯成自然，引导学生明确在集体中自己必须遵守的规矩。道德教育因此在题材上力求贴近儿童的生活实际。我们在教室里模拟家庭、商店、剧院、交通道口的情境，以及少年宫、人民公园等儿童常去的活动空间，针对儿童的道德缺失和良好的行为习惯的要求进行行为训练。例如：

针对现在父母工作比较忙，有些爷爷奶奶住在乡下老家，孩子们很少有机会看望老人的现象，我们设计了"下乡看外婆"的行为训练课，对学生进行尊老、爱老的教育。

我们通过师生扮演角色，老师当外婆、学生扮演孙子（孙女），设计了系列情境：

情境一：给外婆准备喜欢的礼物。

情境二：乘车去看外婆，在车上学会让座。

情境三：到了外婆家，和外婆亲热地对话。

情境四：做外婆的小帮手。帮外婆挖菜、拣菜，饭后帮忙收拾碗筷。

这一个个细节都让孩子自己思考，反复进行训练。他们从自己的行为中懂得了看望亲友怎么敲门、进屋，如何称呼、问好，怎样关心老人，嘘寒问暖，和老人交谈一系列行为要领。

同时，关爱老人的道德情感也融合在这连续情境的行为训练中。这样孩子们不仅学得有滋有味，而且很容易形成在实际生活中的迁移和行为倾向，对老人的亲近感被激发出来，"关心老人"的道理不言自明。

情境中的道德教育都渗透着以"美"激"爱"、以"爱"导"行"、以"行"养"习"的情境德育的要义。

道德教育成为儿童主动参与的活动

在学校生活中儿童最喜爱的是活动，他们长大以后，在回忆小学生活时，大多数人记忆最深刻的往往是儿时的一次次活动。可以说活动是最能调动孩子情绪、最能激发他们主体性，也最具有综合性的教育形式。因此，情境德育十分强调以儿童活动为途径，对儿童进行道德教育。事实上，也只有在活动中，儿童才能产生真切的体验和感悟，由此"导引"道德行为。

记得新年即将来临之前，为了让孩子从小懂得珍爱时间，我们举行了"和时光老人赛跑"的主题性大单元活动。孩子们集中在大操场上，各个班级争先齐诵惜时的诗词："明日复明日，明日何其多。""少小不努力，老大徒伤悲。""莫等闲，白了少年头，空悲切。"孩子们起劲地背诵着他们早已记在心上的诗句。在爆竹声中，由老师扮演的时光老人在前面不停地跑着，孩子快乐地紧跟其后，沿着奔向新年的跑道迅跑。活动中，和时光老人赛跑的模拟情境，那一句句诗仿佛成了孩子的心声，激励孩子将惜时变为行动。这样的活动远比对孩子们讲"要珍惜时间"形象、生动得多。

随着大量的实践，我们情境德育的活动逐步系统化，形成了许多传统的内容和特色板块。

一、开展教育"周"、"节"活动，道德教育形成传统

我们利用孩子们喜欢过节的特点，创造了不少校园特有的节日。在"爱书周"里不仅指导孩子们如何爱惜课本，还鼓励孩子们多读课外书，"和好书交朋友"。"我是小蜜蜂，飞在书丛中"成为大家的行动准则，"爱书周"活动中，我们还评选"最爱读书的小蜜蜂"。其间还有孩子主动把自己的零用钱省下来买书送给贫困的同学，有孩子捐出自己喜爱的图书充实班级的图书角。"爱书周"的设立，使整个学校都洋溢着一种以读书为荣、读书为乐的氛围。

结合国际劳动节，我们把五月定为我们的"创造月"，集中进行创造教育，鼓励孩子充分发挥自己的创造潜能，大胆想象，积极创新。学校广泛开展科技小制作、评选科学小论文等活动，让孩子们体验创造的快乐。圣诞前后的"童话节"更是孩子们最开心的日子。他们走进神奇的童话世界，在童话世界里尽情享受生活的美，体悟童话作品中的真与善，并让智慧的双翼乘着幻想的神奇翅膀高飞……

在类似的各种教育"周"、"节"，连同一些民族的传统节日里，学校形成了良好的积极向上的氛围，孩子们成为真正的快乐的主人，而这些"周"、"节"也成了学校文化的重要组成部分，并成为一种新的教育传统，使道德教育得到了强化。

二、活动形式多样，突出学生主体地位

道德教育切忌刻板、单调，不然学生只能被动参与。情境德育主张把道德教育衍化成丰富多彩的活动，使儿童情不自禁地主动参与进来。我们以"儿童自主"为核心，从学校到班级以至到小队，从校内到校外，以多种活动把道德教育的内容镶嵌其中。全校有"主题性大单元活动"，班级

有"主题班会"，有完全由学生自由设计的"自主队会"；校外还有"假日小队活动"，等等。从课堂到课外、从校内到校外以至家庭，在主题的引领下，各项活动相互迁移、相互作用、相互补充。这样的活动吸引着全体学生积极投入，学生在活动中感受，在活动中体验。当然，在活动中还可以开发学生的智慧，加深师生间的亲近感，促成学生之间的友爱合作，从而产生良好的教育效果，让道德教育融入学生生活。

我们还十分注重发掘儿童身边的人物、景物以及事件的教育意义，作为教育资源，培养儿童的公民意识和基本道德品质。例如，5月15日是"世界节水日"，针对目前社会还普遍存在的浪费水、污染水资源的现象，学校决定结合节水日对学生进行"爱惜水资源"的环保教育。市水资源处、水利局也同我们学校联合起来开展这项活动，他们制作了十几块宣传板，用文字与漫画结合的生动方式向学生们揭示关于水在现实中发生的尖锐问题：干旱是怎样威胁世界的？首都北京缺水怎么办？中国水资源的焦点是什么？污水是怎么形成的？如何养成节水的好习惯？等等。孩子们对水有了一定的了解，从而引发他们对缺水问题产生关注。各班又组织了自主队会，让孩子们表达他们对缺水的感受和想法。孩子们还创作了百米长的节水宣传画、广告语长卷，写了上百篇爱水、节水的日记和习作。大队集会上老师深情地讲述："水，是生命之源。它滋养了整个世界，哺育着整个人类世界和大自然中的一切生命。它为所有的生命提供能量，推动了社会的持续发展。可地球上可用的水资源是有限的。我们一定要珍惜水资源，培养节水意识和自觉节水的良好行为。"这样的系列教育，完全是在儿童的积极活动和主动参与中完成的，它有效地把正确的生态理念植入儿童心田，并进一步辐射家庭及全社会。

我们的情境德育几乎都是在这样多元的、开放的、连续的一个个活动中进行的，让孩子们在活动中充分发挥自己的主观能动性，他们的道德水平与实践智慧也就自然得到了提升。在一个个道德教育的情境中，孩子们从生活中明理，创造出许多切合道德教育主题的行为范式；从他们写下的深有感触的日记中，我们清楚地看到，"我是社会小主人"的观念正在逐步培养起来了。

在纪念长征胜利的活动中，我们不是以老师讲解这样一种常规的教育方式进行，而是由老师们组织、带领高年级的孩子学老红军艰苦奋斗的故事和精神，模拟走"长征路"，开展了夜行军的活动。从学校到 7 公里外的狼山，利用沿途地形和建筑物，模拟雪山、草地、铁索桥。"红军"队伍纪律严明，"小红军们"排着整齐的队伍，雄赳赳气昂昂地向目的地进发。在静静的夜晚，谁也不说话，只听见嚓嚓的脚步声，"一、二、三、四！"的口令。"从小不怕苦，学走长征路"的口号声震响了夜空，也震撼了孩子们幼小的心灵。又是一声口令："卧倒！"孩子们应声趴下，一个个匍匐前进。"继续前进！""爬雪山开始！"有的孩子绊倒了，爬起来赶上队伍，谁也不会注意自己身上的泥土。平日里娇生惯养的孩子们此刻不怕累，不叫苦，脚不停步地向着目的地进发。队伍终于胜利到达了"陕北保安县吴起镇"（狼山山顶）。军号响起来了，太阳升起来了，红旗舞起来了，孩子们欢呼跳跃！"红军不怕远征难，万水千山只等闲"，孩子们雄壮的声音震响山谷，表达了此时此刻"小红军们"的豪迈情怀。在这里无须任何说教，孩子们在野外亲身感受到了，他们的行动就是教育本身。

我们还利用大自然的生动课堂进行道德教育。大自然对孩子来说充满了新奇的奥秘，无数的教育元素也蕴含其中。在美丽的大自然里孩子们往往能放开手脚、全身心地投入。

情境德育以"美"和"爱"叩开了孩子的心扉，以活动的形式激发了他们自主的意识，使道德教育渗透在孩子生活的各个空间，真正产生了影响力，逐渐衍化成道德行为。

4 情境音体美

知识、技能镶嵌在情境中，培养艺术、体育素养

通过创设相关情境，把学科的知识教学及技能技巧的训练镶嵌在生动的情境中，就能吸引儿童主动地投入学习活动中，进而收到很好的效果。

五年级音乐课上，教学乡土教材《南通号子》。这是劳动人民在劳动时不断为自己鼓劲、抒发劳动者情感的一种类似山歌形式的、具有原生态韵味的曲子。这对于儿童来说，显然是陌生的，也是遥远的。老师便从孩子熟悉的南通文化说起，提出课题，并且先示范唱起来。号子中充满浓郁的乡土气息的新异感，让儿童一下子兴奋起来。其实，有许多著名的音乐作品都来自民歌，如柴可夫斯基许多作品的主题都来自很"土"的俄罗斯民歌；瞎子阿炳的《二泉映月》则带有很"土"的锡剧和苏南小调的音乐元素；现在许多原生态的民歌正在得到保护，成为各族人民的宝贵文化遗产。据鲁迅先生考证，最早的民歌是原始人哼唱的劳动号子。通过作曲家的再创造，这些很"土"的东西变成了经典。

老师还把《南通号子》镶嵌进家乡文化的大背景中，让孩子感受到一种文化意蕴。把孩子带入《南通号子》发生的具体情境中，缩短他们与教材的距离，以加深体验，激发情绪。孩子唱得、演得热火朝天，最后老师创设排练儿童版《相聚南通》的活动情境，这成了孩子们创造的乐园！孩子们或改编，或创作，踩着《南通号子》的鼓点跳起享誉全国的《海安花鼓》；在交响版的《南通号子》中动情地吟诵着优美的《濠河漫咏》；在动感十足的摇滚《南通号子》中扮演模特儿，身穿南通特产——蓝印花布的服装，走起猫步，童趣无限，精彩纷呈！孩子们通过《南通号子》进一步走进了家乡南通，更深地了解了南通。乡土音乐从多样化的角度培养了儿童对音乐的喜爱和欣赏。

再说说美术。孩子从小就喜欢涂鸦，但枯燥刻板的知识技能教学会束缚儿童的表现力。孩子的绘画能力需要发展，相机渗透知识和技能的教学不可少，但又绝不能抑制他们的热情，束缚他们的创造力。因此，我们总是让儿童在优化的情境中，通过他们的艺术活动去感悟，让知识技能和创造力同时发展。

例如教学《三原色》，认识红、黄、蓝三种颜色。其实，这三种颜色凭着儿童的视觉和经验早能识别，关键是一个"原"字，那就是说要"变"。老师则创设"森林小画室"的情境，让学生担当小花猫、小鸡、小鸭、小山羊，做"小动物三原色变脸"的游戏。老师让周围的几个"小动物"比一比，绿色同不同？有深绿的、在浅绿的，老师则在一旁加以指点，由此再让学生自由挑选颜色调和，然后把自己调配的色彩作品拿到教室前面一一展示，真是五彩缤纷。通过孩子自己的尝试和各自的调色经验的介绍，再经过"老山羊画师"（老师）及时的肯定和指点，孩子们终于弄清了"三原色"的神奇，他们都为自己学会了新知识、新本领而兴奋不已。

体育学科传统的做法是反复操练，老师对项目再三讲解，但因缺少形象，使体育项目训练的效果大减。其实，走、跑、跳、掷，球类、体操，这些基本项目都是正在长身体的少年儿童应该学习掌握的，而且也是他们喜爱的。不仅如此，体能素质训练对孩子成年后体态、体质都是十分重要的。为使体育课的教学真正对学生成长、发展、素养产生深远的影响，我们把训练要领镶嵌在孩子们感兴趣的生活情境或童话情境中。比如一年级立定跳远，就不再像以往那样，按照"全班学生列队—老师讲解方法—示范—学生依次训练"的程式。而是创设了"青蛙学本领"的游戏情境，有声有色地描绘几只小青蛙在河中的荷叶上跳跃的画面，引导孩子们领悟立定跳远的动作方法。当孩子们开始掌握要领时，又将情境延续开去，激起孩子们要做小青蛙的热情，不等老师命令，一只只"小青蛙"就跳起来了。此时老师做大青蛙，创设"青蛙过小河"的情境，在场地上画上象征性的小河、水草和小岛等，"小青蛙"一个个努力模仿，戴上头饰再加上

音乐的渲染和老师生动的语言描述，孩子们忘却了是在上课学知识，一个个儿是那样兴奋。儿童要做小青蛙的热情被激起，于是不等老师命令，一只只"小青蛙"就跳起来了，很快掌握了基本要领。操场上欢声阵阵，孩子们的体能得到充分的锻炼和发展，身心也无限愉悦。通过创设情境，在游戏中、在角色扮演中，学生结合教师的指点与示范主动实践，在快乐的实践中掌握了方法、要领，培养了技能。

情境体育搞得有声有色，常以表演帮助学生体会情境。用得最普遍的是童话、寓言、故事中角色的扮演。那些大骏马、大灰狼、长颈鹿、黑熊以及警察、解放军、体育健将等都是儿童最喜爱的角色。老师创设孩子们喜爱的"追赶敌军"或"我是儿童团"的情境，孩子们便带着积极的情绪，一气呵成，跑完全程。这些都能有效地使儿童真正进入创设的情境，并且能通过表演的角色效应，来领悟并掌握运动技能，不怕苦和累，快乐地反复操练。

在孩子们几乎不知晓教育意图的情境中，在学习艺术和体育的技能技巧的同时，音体美给孩子们带来了快乐和美的熏陶。

以"美"愉悦儿童身心，丰富精神世界

艺术和运动无疑是充满美感的，应当让儿童在学习中充分体验这种美。对小学生来说，艺术课、体育课的目的绝不是要培养未来的音乐家、画家、运动员，而是要培养他们从小感受美、热爱美，成为精神世界丰富的人。传统的音体美教学注重技能技巧，忽视文化、审美；重知识传授，忽视儿童审美情趣、审美能力培养。情境音体美课程则是通过歌唱、绘画、运动的实践，在趣中学，在美中体验，着力培养儿童的审美情趣，激发运动热情，从小培养他们对艺术、体育的热爱。因为只有这些品质的培养，其意义才是深刻而久远的。

儿童审美能力的培养是从感受美开始，情境课程主张美术课充分利用儿童的视觉去感受美。也就是：一定要通过儿童自己的视觉、听觉、触

觉、动觉感知对象之美。有研究显示：人的审美感受 90% 是从视觉中获取的。情境美术给儿童带来的美的感染是巨大的。一个学生创作了一幅《我心中的春天》后，在作品留言中写道："……我从没见到这样美的春天，天是那么蓝，水是那么清，草是那么绿，一望无垠的油菜花像金色的浪花，黄得那么鲜艳，令人头晕目眩……春天真是美极了。"

再来说体育，多少年来，传统的体育教育最主要的内容就是进行列队、体操以及掷、跑、跳的田径技能技巧的训练，连篮球、排球、足球等球类运动，在小学体育教学中也不大有位置，似乎那是课外活动的内容，或者是校球队训练的项目。操练成了体育教学的实质的、经常的，几乎是每课必有的教学内容，似乎很忌讳一个"玩"字。在这样的体育教学中，儿童几乎完全是听从命令，服从指挥被动机械地重复；只能在有一定难度的训练中，在体能的释放时，才感到一种兴奋、一种生命需求的满足。至于如何在健身中、在操练中产生一种快乐的情绪，获得审美的愉悦，得到意志的、素养的培养，那是很难的。曾经有过排球运动员经历的我，非常强烈地渴望儿童在体育课上获得的不仅是肌肉、筋骨的锻炼，更应该感受体育的快乐，获得身心的解放、身心的愉悦，这不仅是生命的需求，也蕴含精神世界的需要。也就是说，在现代小学体育教学中，我们更应该关心儿童身心健康的协同发展。

如列队练习时，我们创设"我是解放军小战士"的情境，通过语言描述与直观的图画，使儿童感受到那步伐一致、铿锵有力的队列，获得美的体验，激起表现美的愉悦，认真地投入练习活动中，获得对队伍的操练方法的领悟与对美的感受。

在教学教材《武术》时，我们创设了"小小精武馆"的情境，在全体"小徒弟"跟"师傅"学武时，播放《中国功夫》的背景音乐，"小徒弟"们在铿锵有力的音乐声中动作到位，感受中国武术文化刚柔相济的美，欣赏着小伙伴和自己在习武中的身段、形体的美，这给孩子们带来了无穷的乐趣。

美术、体育的美是有形的美，是儿童可以通过眼睛看到的，也就是通过视觉可以感知的。而音乐蕴含的美，是通过听觉感知的，这种美，并不亚于美术和体育。由旋律、节奏、速度合成的音乐的语言，在表现美、抒情方面可以说是最有力度的，甚至是最有震撼力的，也是最细腻的，最易于激起听者的联想和共鸣的，它是通过听觉仿佛可以看到的美。所以，在音乐情境课程中，我们特别强调通过音乐培养儿童的审美情趣和审美能力，实践证明，这种培养的实际效果也是很显著的。

比如教学一年级的钢琴曲《青蛙合唱》欣赏课。这首乐曲巧妙地运用了音区变化，生动形象地表现了大青蛙和小青蛙一起愉快歌唱的情境。老师用童话故事《森林里的歌唱家》巧妙地将孩子带入青蛙王国，那儿正在举行一场别开生面的音乐会。先让孩子倾听中音区明亮轻快的旋律，那是活泼可爱的小青蛙；再听低音区奏出的响亮浑厚的旋律，表现大青蛙在娴熟地歌唱；然后师生分别扮演大小青蛙，你唱一句，我唱一句，大家沉浸在童话的世界里，与童话角色一起欢笑。情境帮助孩子感受曲子中的情和境，孩子们仿佛看到从音乐中感知的"视像"，极大地丰富了儿童的审美感受。

过去的音乐课常常习惯于把一首歌教给孩子，间或教一点乐理知识，孩子只是感受了歌曲本身的美感。其实，作者及其作品，尤其是著名音乐家、经典歌曲的相关资料，往往是对学生进行审美教育的极好的课程资源，这在过去则被忽略了。这种与文化相关的教学内容的拓展是很有价值的，情境教学往往是充分利用了这些内容才得以实现的。

由于情境的美感，儿童美美地唱着，美美地画着，美美地操练着。他们在快乐地操练着音乐、美术、体育技能技巧的过程中，练就了能领略音乐美的耳朵，会审美的眼睛，会表现美的动作体态。一课一课的熏陶，儿童的审美眼光、审美能力随之培养起来。这正是现代艺术、体育学科应该培养而传统艺体学科忽略的重要内容。

把想象与技能技巧的训练结合起来，开发创造潜能

前面已经谈到在以培养儿童审美情操、运动意识为目标的情境音体美中，技能技巧的训练不是抽象、枯燥、机械重复的，而是融合在儿童享受艺术、体育的快乐之中的。儿童进入情境后的快乐和审美愉悦都会促使儿童更积极、主动地去学习学科知识，掌握技能技巧。与此同时，因为热烈的情绪，在学习知识、技能的同时，只要教师轻轻一点拨，形象和美感是非常易于激起儿童想象的。利用情境激发孩子们去想象、去体验、去表现，他们就能在获得愉悦的同时掌握技巧，提高能力，开发创造力。

就拿音乐来说，无论是歌曲，还是乐曲，都极具震撼力。它的节奏、旋律和速度构成了音乐特有的语言，它不像语文需要语言文字的中介，它是直接诉诸儿童感官的，大凡儿童都喜欢音乐。他们用各自不同的方式去听懂音乐，音乐给他们带来的快乐和震动，是其他任何形式无可比拟的。老师们充分利用音乐的这种特性，将其与孩子们熟悉的童话故事结合起来，鼓励学生去想象，构成他们自己心中的音乐语言。

例如，音乐老师在教学《永远住在童话里》一课时，就别具一格，在课堂上，老师让学生自编、自导、自演，以各自的打击乐器为主奏乐器，突出主旋律，其他伴奏乐器烘托。全班孩子边唱边用自己土制的乐器伴奏。有的孩子说："'我的布沙袋'乐器，像小矮人一样，白雪公主到哪儿，我也到哪儿，白雪公主高兴，我就强一点，白雪公主忧郁，我就弱下来。"还有的说："我的'一串小铃铛'的音色像我的歌声一样，清脆悦耳，很有吸引力，用它来伴奏音乐，增强了节奏感，我觉得太动人了……"

正如音乐老师自己所说的："培养造就儿童的创造意识和创造能力，是器乐教学的最高境界和最佳成效。"

让孩子自己制作"土节拍器"十分有趣，孩子们用罐头盒、易拉罐、饮料瓶，里面有的装大米，有的装豆子，有的装石子、沙子，正因为是自

已制作的，操作起来就分外亲切和兴奋。这种情绪使孩子学习击拍、掌握节奏这些比较单调的音乐的基本技能训练一下子变得如此丰富多彩。

这告诉我们，音乐学科培养儿童的创造潜能，主要是寻求一种最能让儿童施展潜能的方式。

音乐教学的过程中，让学生主动参与音乐形象的塑造，这样不仅让学生能熟悉音调、掌握强弱、体会歌曲情感、拓展歌词内容，还发挥了学生的想象力和表现力，激发了他们的表现欲望。学生编出了大段歌词，发展了创造性思维，并在主动参与中展示他们的个性和创造才能，在潜移默化中受到真、善、美的熏陶。

在这种理念的引导下，情境教育的课堂为儿童拓展了想象的空间，开发了儿童可贵的潜能。在这样的课堂上，教师都会为儿童想象之丰富、创造之奇特所感动。

当然，关键是教师自己的教学设计要有创意，形式要新颖，给儿童留下想象空间。

美术是运用一定的线条、色彩等"有意味的形式"去表现情感，去创造新形象的一种艺术。儿童在美术活动中往往运用一些特殊符号，表现自己的情感。在儿童看来，画线条、涂颜色、捏泥块比最终的形象更重要。也就是他们竭力想通过美术的形式来表现自我。正如美国康奈尔大学布雷顿教授在长期儿童绘画实验研究中发现的那样："一个儿童如果内心有件重要的事情要表达，那么，他在作画时会非常激动。"我们美术情境课程通过创设多层次的活动情境，让儿童在丰富的剪、捏、切、画、插等工艺操作中，培养表现能力和创造能力，启迪儿童天赋的艺术潜能，培养他们审美的眼睛，在美术教育中受到艺术的熏陶。

我向美术老师建议，"要想办法把学科技巧的训练与发展儿童的想象结合起来"。因此，美术组的老师们摒弃单纯的技巧、形式的片面机械训练，用他们的话来说，就是通过创设特定的情境，激起儿童相应的情绪，让孩子自由自在地画，没有框框，没有条条，没有任何束缚。于是，孩子笔下的人物、图像，手上的作品往往就是孩子的自我表现。孩子们伴随着自己的情感，用画笔、用手工去表现自己的真切感受。

孩子们的作品说明，"人类的特性恰恰就是自由的自觉的活动"（马克思语）。情境音体美课程促使孩子们的作品的构思随着他们的想象飞向外星球，飞行走路，遥控干活。在他们的笔下，植物和动物可以像人类一样说话，有生活，有情感。他们打破现实生活的种种限制，自由地想象，无拘无束地表现，任意地组合，创造出离奇、新颖的形象。绘画为儿童自由想象提供了宽阔的空间，非常有利于创造力的培养。

情境音体美使孩子们对艺术、体育产生更强烈的热爱。孩子们喜欢用树枝作画，用粉笔作画，有时候喜欢用彩笔和手指去画画。他们一有空闲就捏泥土、玩沙子、搭积木、抛砖头、垒石子。在情境课程中，孩子们积极主动，表现了他们对生活的好奇，对自然的关切，对美的追求，表现出强烈的创造性。他们在活动中的造型、想象和自由表现，极富情感色彩。这种感情的专注和投入，注重过程的融洽愉悦，既具有审美的特征，又集中体现了创造力的主要特征。

因此，小学艺体教育，要注重培养儿童的创造性，甚至培养儿童艺术家。作为艺术家的儿童，便是有创造力的儿童。实践中，我校的音体美老师重视儿童审美感受，努力为之创设一个渗透着教育者意图、富有美感、充满着智慧和儿童情趣的生活空间。老师们深感在情境中育人，是一条培养儿童创造力、培养"艺术的儿童"——创造性儿童的有效途径。

由于学科本身蕴含的美感、展示的形象以及抒发情感的功能，音体美学科给儿童发挥潜在的创造性留下了极大的空间。通过情境的创设，在情境中进行技能技巧的训练，可以十分方便地激起学生的想象力。想象又使技能技巧的训练笼罩上诗情画意和乐趣。这时，教师适时一点一拨，儿童智慧的火花即会被点燃，乃至燃烧起来。

在优化的情境中，音体美情境课程把学科课程与儿童活动结合起来。由于情境的优化，儿童情绪被激起。由此，学科课程知识的学习、技能技巧的训练成为儿童的主观需求，使儿童的主体性得到体现。

目睹课堂上全新的景象，我深感情境音体美普遍受到孩子的欢迎，对其作用，我用三句话概括：一是以"情"激"趣"；二是以"美"悦心；三是让思维飞起来。在实施情境音体美课程的过程中，则更突出了"美"，让儿童感受音乐的美、绘画的美、体育的美。正像鲁迅先生所说的那样，"音美以感耳"、"形美以感目"，情境音体美课程在儿童感受美的同时对其进行审美教育，培养其对艺术、体育的热爱。而美又是创造的土壤，在美的情境中，儿童美美地想，想象的翅膀不禁展开，儿童早期的创造力也得以萌发。

5 情境科学

创设探究情境，激起好奇心

好奇是儿童的天性，这是十分可贵的心理品质。因为好奇，儿童会关注，会产生疑问，进而去探究。我们要培养儿童的科学精神，主要就从培养其探究的精神开始。从发现问题、提出问题，进而到想方设法去解决问题，这一过程对于科学课是十分重要的。因为科学往往就是从疑问中诞生的，培养儿童的科学精神就必须引导他们形成问题意识，充分激发孩子天生的好奇心，引着他们去探究、去发现。通过一节节科学课，将一个充满奥秘的精彩世界逐渐展现在他们眼前。

例如，教《电池》一课时，老师拿出一只小灯泡，问学生："怎么才能使这只小灯泡发光呢？"学生回答："需要接电池呀。"学生凭借经验给出了理所当然的答案，老师偏偏反其道而行之，引起他们的探究欲："今天老师不用电池也能使它发亮，你们信不信？"老师把铜片和锌片分别插在苹果中，结果灯泡亮了，学生非常兴奋，有的情不自禁地跑到讲台上来看个仔细。可以想象，如果老师直接讲"今天我们来学习电池的原理"，然后再演示实验，学生的兴趣一定没有这么高。

通过这样的设计，学生渐渐地领悟到日常生活中充满科学，常见的现象中蕴含这么多有趣的科学道理。问题情境使学生思考的问题目标明确，既培养了他们自行提出问题、解决问题的勇气，又满足了学生的探究欲望，从而陶冶了他们的科学情操。

进行模拟操作，培养科学精神和实践能力

早在 20 世纪初，杜威就主张"做中学"。对于科学课，"做中学"显得更为重要。"百闻不如一做"，科学事业的发展，科学灿烂的成果，无一不是通过实验，而且是上百次反复探究才获得成功的。无数事实也表明，小到一个产品，大到人类对浩瀚宇宙的探索，无一不要经过实验，才能证明其正确性、可靠性。

因此，在情境科学中，让学生亲自做实验，就可让他们亲眼看见，激发其好奇心、探究欲。让学生自己动手实验，不仅是让他们亲自验证某一个现象，更是让他们走进身边的科学世界；不仅能让他们有真真切切的感知并积极思维，更能令他们全身心地投入实验过程。在这样变化的、由因至果的实验过程中，学生更感到科学的有趣、科学的奇妙，从而产生对科学的兴趣。因此，科学实验不仅仅培养了学生的动手能力，而且也培养了他们的科学态度，让他们懂得科学是来不得半点虚假的。

学校在有限的条件下，配置了一些简单的实验设备，关键是我们的老师怎样把它们充分地利用起来。孩子们都认识、都用过烧杯、酒精灯、量杯、量筒、三脚架、石棉网、方座支架，也都用过显微镜、放大镜。通过简单设备的使用，孩子们发现这些"小东西"在他们面前呈现出多姿多彩、意想不到的现象和变化。这些简单的实验器具，在孩子们的心中要比他们小时候的玩具有意思得多。

在教学中，科学老师让孩子们做过放电的实验，感受电产生的磁、光和热；做过探究金属的性质以及热胀冷缩的实验；通过实验了解杠杆原理；

做过大气压力、浮力的实验，发现物体沉浮的秘密；通过实验观察毛细现象、虹吸现象；让他们做摩擦力的实验，感受摩擦力大小的变化；让他们探究声音的产生和传播；探究光的传播，观察光的颜色；探究风的形成、地震的形成以及四季的形成。这些在生活中经历过的现象，通过实验操作，孩子们有了新的认识，对事物之间的联系和因果关系有了真切的了解。

这些实验对于成人来说不过是科学常识，但是对于处于充满奇思妙想的儿童，这些科学实验在培养他们的科学态度、科学精神、科学情感方面，意义却是十分重大的。

光有好奇心，对世界充满疑问，让他们动手实验还不行。科学还需要大胆怀疑、猜测，更需要小心、严谨地求证。

在教学《土壤的成分》一课时，老师不是让学生简单地观察土壤，而是让他们通过看、捏、闻等方法猜测土壤中包含的物质。在学生指出土壤中有空气、水、烂叶等之后，老师结合学生观察，引导他们去思辨，去认识事物的本质，提出"你怎样证明土壤中有这些成分"的问题。学生的思维顿时活跃起来，设计了许多各具特色的证明方法。

有的孩子说："我来证明土壤中有水分，如果有水分，只需用眼看就行了，不需要证明。"

有的孩子马上反对："我不同意，如果土壤中水分很少，眼睛看不出，不能说明没有水分。我的证明方法是用纸把泥土包起来捏一捏，看看有没有湿斑。"

老师继续鼓励学生用其他办法加以证明。老师事先准备好器皿，为学生做实验提供条件。接着，孩子们边演示，边让同伴观察：一个孩子用纸包着泥土，使劲儿捏，一会儿包泥土的纸上有了水迹，证明土壤中有水分；一个孩子跑到讲台上，把泥土放在盛水的玻璃杯中，孩子们目不转睛地看着，不一会儿发现水中冒起了泡泡，证明土壤中有空气；又一个孩子将土壤燃烧，孩子们又看到从泥土中升起白烟，闻到了臭味，证明土壤中不仅有水分，还有腐殖质。通过观察实验，孩子们知道了土壤含有砂、黏土、腐殖质、水等成分。观察的收获使孩子们兴奋不已，并激起他们进一步探究的热情。

快要下课时，还有孩子意犹未尽，提出一个很具挑战性的问题："老师，土壤中对植物生长有用的是腐殖质，它为植物提供了养分，但我发现腐殖质只占很少的一部分，海尔蒙特的实验使树长成了几十公斤，但土壤只减少了一点点重量，显然树木生长的主要养分不是来自土壤，土壤中含有的水几乎没有养分，那树是怎么长大的，养分来自哪里呢？"孩子的问题已大大超出了课堂教学本身。问题本身说明了观察引起了这位学生思辨的兴趣，提问又让其他学生的思维都积极活跃起来，各种假设、猜想在他们头脑中盘旋跳跃。课后，学生查阅资料、自觉讨论、争辩交流，最后弄明白了：太阳光和水的光合作用是树木长大的重要营养源泉。

情境科学为儿童了解自然，培养热爱自然、热爱科学的情感，提供了一个有效的模式。让儿童在观察情境中，感受到自然是异彩纷呈的，科学是神奇有趣的。富于美感和智慧的情境将魅力无穷的自然和科学的壮丽画卷呈现于儿童眼前，唤起他们的好奇和惊异，让他们观察、揣摩、猜想、思索，让他们获得了无尽的欢乐。

6 依循学习科学理论，提出儿童学习策略

儿童全面和谐的发展是情境学习矢志不移的宗旨。情境学习多年来在学习科学引领下，窥视到儿童学习"秘密的黑箱"之一角，针对儿童学习知识的复杂、学习过程的不确定、学习系统的开放以及学习催发儿童潜能的不易，以"利用艺术之美"、"情感生成之力"、"凭借儿童活动"、"发展想象、培养创造力"为对策，进行教学设计。让儿童在与老师、与伙伴的互动中，与世界、与生活的相连中学习知识，为他们的学习提供丰富给养的有力支撑，营造了最佳的学习环境——一个愉悦的、丰富的、安全的、

可以活动其中的环境，使教学设计更具科学性和创造性，从根本上保证课堂的快乐、高效。

整合知识，选择最佳途径设计情境

学习知识对于儿童并非轻而易举之事，具有一定的复杂性。因为知识并不是孤立存在的，也不是人们习惯上认为的一个一个的知识点；学习科学阐明，每一个知识点都是以结构的状态相互联系地处于一定的系统中，而且是一个动态的、发展的系统。儿童的阅历浅、经验少，学习知识又必须与社会、与经验相连，还得经过自身的建构过程，多方面因素决定了儿童学习知识具有复杂性和更大的难度。情境教育如何让儿童的学习化难为易，化抽象为具象，化单一为与事件关联呢？我们的策略是：利用经验、艺术设计情境，整合知识。其中，为学习者提供最佳的学习环境，是首要之举。

一、利用经验设计情境

知识是在一定的情境中发生的。学习科学特别指出，儿童自己已有的知识形成的经验，对他们学习新知识具有支持性。因此，设计的情境首先要有意识地与儿童经验相连，通过情境达到整合知识的目的，使知识镶嵌在生动的情境之中。这样，儿童获得的知识是有背景的、相互联系的，是可以体验、可以感悟、可以周转应用的；而不是僵化的、黯淡的、只会背不会用的惰性知识。

这样，利用儿童经验创设情境，儿童获取的知识便是相互联系的，与自己贮存的信息相融合，就可以顺其自然地将知识进行整合。这样，情境中呈现的背景、事件，都会给儿童留下很深的印象，而整合的知识往往又具备较强解决问题的功能和迁移能力。

二、利用艺术设计情境

情境学习的课堂呈现美感，显出特有的魅力。那怎么优选途径设计情境呢？对于儿童来说，其要素就是三个字，即"美、智、趣"，而艺术恰是最理想的途径。图画、音乐、戏剧、表演角色这些艺术的活动都是受儿童普遍欢迎并且是儿童乐于参加、投入其中的。概括地说，情境学习便是利用艺术的直观与教师的语言描绘相结合，创设与教材相关的优化的情境，给学生以美的享受，使学习变得有情有趣。

借助情境中包容的事件，镶嵌其中的知识随之使儿童很快地接受了，因为大脑特别擅长事件的记忆。加之音乐、图画之美生成内心的愉悦感，使大脑分泌出大量的神经递质，加快了信息在神经元间的传递，学生处于兴奋状态，提高了脑的功能。即使是培养抽象能力、理性思维的数学学科，我们在操作要义中也提出要"体现数学的审美性和文化性"，"以形象伴随儿童的逻辑思维"。课堂上经常运用艺术手段，儿童还可从中获得审美感受，幼小的心灵得到润泽，从而促使儿童的个性在甜美中得到生动活泼的发展，小小的生命体同样显现出多元的色彩。

艺术心理学告诉我们，艺术具有唤情的作用，可以唤起和满足人的情感。情境学习利用艺术的美，让课堂在美的魅力诱导下，使儿童快快乐乐地学习着。

以情激智，唤起持久投入的内驱力

学习过程中，由于学习内容的变化、儿童彼此的差异，以及个体本身情绪的不稳定，决定了在即时的学习情境中，教师与学生以及学生之间对话的碰撞甚至冲突的发生；加之教师在儿童学习过程中瞬间产生的反思，教育智慧即时的发挥和顿悟，随机应对与引导，等等，导致这种变化中的学习过程必然是动态的，儿童也随之浸润在一个不确定的学习过程中。

我们在面对儿童学习过程的不确定性预设对策的同时，必须看到这一过程的积极方面，那就是教学的基本原理是不变的，这就是规律的揭示，是教学的真谛；而且，儿童的学习行为及学习情绪也是可以预见的，可以从学习过程中线性的因果规律性去把握。我们的教学设计只需要充分把握教学原理，珍视教育现场中可能出现的良性现象，并由此拓展开去，"以

不变应万变"，以确定的干预获得确定的结果。正因为如此，教学设计也才有它现实的积极意义和价值。简言之，我们的策略是以教学原理不变的稳定性，抗衡学习过程的不确定性，进而把握儿童动态的认知过程。情境教育孕育着儿童快乐、高效学习的范式，把"儿童的情感活动与认知活动结合起来"，作为情境学习教学设计的基本原则。学习科学亦明确指出，情感与认知二者是不可分割的，这二者的结合正是儿童学习的核心。

一、情境教育满足需求，形成驱动

传统的灌输式教学脱离儿童的经验，把课堂与周围世界的联系切断，舍去教材的情境，进行单纯的符号式的讲解，违背了儿童学习应该遵循的规律，很难激起儿童学习的积极情绪，使其产生学习动机。而情境教育从形式到内容都使学习具有丰富性，引导儿童自己去看、去倾听，即便是"仿佛看到了"、"仿佛听到了"，也同样是真切的。

积极情绪的参与恰恰是主动学习的关键。情境学习的教学设计正是以儿童为中心，首先考虑的是激起儿童的学习需求，帮助儿童形成学习动机。

这样设计的情境是与儿童的学习方式、思维方式、交往方式等方面的特征，与真实世界相协调的，这就决定了情境学习的合理性、创造性。作为情境学习的设计者，我们要有广阔的思维空间，用放大的视野看世界，这样才能高屋建瓴。

心理场的理论告诉我们，当学习活动成为儿童的主观需求时，必然会产生向着教学目标的内驱力；而且，教学内容的多元组合丰富性中的力量就会显示出来。这些"力"都十分可贵，它必然会驱动着、导引着学习者积极参与，引发出很高的自主性和能动性，使不确定的学习过程变得顺理成章、水到渠成。从某种意义上讲，学习是由预想的结果所决定的。

二、情境教育把握情感脉络，推进学习过程

情境教育运用艺术的直观创设情境，儿童进入情境感受到的美，唤起了内心的情感，学习获得了愉悦的满足。我无数次目睹由儿童热烈的学习情绪、情感推动着的学习活动现场，而积极情感的驱动可以帮助学生逾越

障碍，可以预防、抵御不良情绪的产生，消除瞬间的涣散。于是，教师的主导与学生的主动便会融合起来。

儿童是富有情感的小小生命体，他们的情感易于被激起，可以连续，不会戛然而止。课前设计、课上教师的引导很关键，要通过把握好儿童情感的脉络，推进学习过程。

情境学习过程中，课堂上群体形成的这种热烈的情绪、真切的情感，渲染了积极学习的氛围，引起学生普遍的内心激动，这正是保证教学过程顺利推进的宝贵的环境。学习科学也强调，"学习是高度地受所发生情境调节的"。情感在各种层面运作上具有连续性。在思想品德课的设计思路中，我们也鲜明提出以"美"激"爱"、以"爱"导"行"，把握儿童情感的脉络，珍惜儿童学习的积极情感，使其产生持续的学习动机，使整个学习过程一步步在满足儿童的主观需求中进行。这种热切的学习主动性，使儿童顺其自然地投入教学过程。脑科学指出："只有情绪才能为我们提供足够多的热情来达到目标。""情绪信息总是比其他信息优先得到加工"，且留下的情绪记忆难以磨灭。这就从脑的活动，保证了情境学习的高效能。

从我们的一个个实验班、一批批学生的表现可以清晰地看到：情境学习的教学设计引导儿童进入情境、体验情境、想象情境、构架情境，有效地培养了儿童的审美情感和道德情感。这种高级的情感是人的灵魂。其实，人一定是在其生命早期，即个性、价值观尚未形成时就逐渐感受到知识之美、世界之美的，在懵懂中依稀懂得"爱美"、"乐善"、"求真"多么好，从而使他们成为洋溢着生命情感的个体，甚至自觉不自觉地把自己的情感移入大自然、移入生活、移入他人。这为从小培养儿童卓越的素养做了有效的铺垫，使其在持续的耳濡目染和一点点的积淀中成长起来。这正是我们对教育的最美好的憧憬。因此，在这里我想强调儿童的学习绝不是也绝不能是单纯的知识学习，其间一定蕴含着人文熏陶，从而丰富儿童的精神世界。情境学习的教学设计出发点就是为儿童营造最佳的学习环境，使其主动投入学习活动，身心获得全面的发展。

链接生活，凭借活动历练实践才干

知识的本源在于它的社会性、建构性以及情境性，这些方面都决定了学习系统的开放性。尤其是当今社会，新知识层出不穷地向我们涌来，学习系统更是进一步得到开放。因此，如果我们用封闭的方式教给学生知识，则显然不符合知识的本质特征，与儿童学习知识的规律也背道而驰。所以，学习科学始终强调学习活动是人与世界的互动。

基于学习发生在一个多元的情境中，儿童情境学习主张课堂学习与生活链接，提出把学科课程与儿童活动结合起来的具体策略，通过儿童持久的系列活动，来历练实践才干。事实上，儿童生命的历程始终贯穿着自身的活动，课堂设计的教学活动更要以培养儿童的学习力作为教学的中心，连同情境德育也设计成"儿童主动参与的活动"而非说教，引领儿童充分地活动起来。

一、建构知识

传统教育在教学过程中往往忽略知识的建构性。课堂开放了，还必须通过学生自己建构知识，那就要学生亲自介入、参与，热情地投入其中，其最重要的、无可替代的途径，就是活动。

教材是学校课程实施的重要凭借，学科教材是人类优秀文化的再现。从某种意义上讲，教材记录了人类智慧的结晶，传承着人类的文化价值，包容着丰富的系统知识。因此，课程中设计儿童的活动，切忌将教材搁置一边，忽略它的重要功能，为活动而活动。课堂上儿童的活动必须根据教材特点，以教学目标、教材内容为依据进行设计，把学生带到知识产生的历史情境中，有意识地让儿童自己去发现知识，让儿童在优化的情境中建构知识，把知识学活、学扎实。

课堂设计的活动要能引起儿童在已有知识的基础上建构知识。他们关注的新知识以及提出的问题，会形成建构知识的拉动力。要让学生感受到知识产生的情境，找到知识的根，感受知识的文化意蕴。

如前文提到的《平行四边形的面积计算》一课。设计的情境是以叙事的形式为导语，并以简易粉笔画勾勒了古代老农的小屋和小屋前的一块平行四边形的地，从而把学生带到平行四边形面积计算公式还未发现的那个年代中。"现在你们来担当古代小小数学家，看谁能破解这个难题。"教师再从数学史的角度告诉学生，"人类发现长方形面积公式以后，只用了不多的年月就发现了平行四边形面积的计算公式"，暗示这两种图形面积计算之间相连的逻辑关系。

学生进入这样的情境中：自己是"小小数学家"，手上都拿着同样面积的长方形和平行四边形，在古典音乐的伴随下专心地端详着、思考着、比对着，试着切割并协商交流着，在各自的观察、分析、思考中建构知识。片刻后，便接二连三地有学生兴奋地报告：我知道可以用计算长方形的公式来计算平行四边形。小小数学家解破了难题，公式由他们自己发现了，然后再进行现场测量计算。这与学习科学提出的让学生自己去发现或创造出来的观点相吻合。小小数学家们兴奋不已，仿佛人格也提升了，颇具成就感，学习兴趣倍增。

二、模拟操作

学科课程与儿童活动结合，以活动推进教学过程，这就摒弃了传统课堂的许多无效的陈规老套，突出了知识在应用中理解、在应用中运用。事实上，知识只有在解决问题中被灵活运用，才是有价值的。无论是语文还是数学，我们常常带领学生走进生活，走向野外。在这些非正式学习的模拟操作中，将知识与世界相连，极大地提高了学生运用知识的实践能力。

课堂上学生的模拟操作模仿的生活中的人物、劳动的场景都令学生感到似曾相识，与他们大脑中贮存的图像具有相似性。这样儿童不仅感到特别亲切，而且又可亲自动手、动脑，同时角色扮演又往往颇具"游戏精神"，在互动中历练技能、技巧，对儿童更具诱惑力。所以，模拟操作对儿童来说是形式特别生动的、有意义的知识学习。学生的模拟操作更为直接地将课堂学习与生活进一步链接起来，世界变大了，知识走近了，由此才能产生体悟。其实质就是"做"，就是"用"，可谓"笃行之"。学的本领会用了，儿童顿觉自己能干了，长大了，享受到学习的快乐。

三、对话共进

学习科学指出，人们对世界认识、理解，总是不得不受个人视域的限制，所以现代社会需要共同体，需要协商。为了更好地生存于社会，几乎任何人需要终身进行对话活动。世界博大无垠，尽管儿童总是以好奇的目光去关注周围世界，看到的仍然只是世界的一隅一角，认识到的只是表层的现象——那是有限的、极不完整的。所以，无论是从儿童现在对知识的获取还是未来对世界的进一步了解来看，都需要他们从小就开始学习与人对话，从而丰富自己。

儿童学习中的对话一般是在班级或学习小组内，教师与学生、学生与学生之间展开，在相互启发、相互促进中进行的。教师以对话的方式引导学生提问、答复、说明、释疑、比较、争辩……自由表达。因此，设计的对话活动需要引起儿童思维的碰撞、擦出思维的火花、激起热烈的情绪，相互交流、相互感染。角度的不同、见解的差异，加深了学生对知识的理解。经常性的对话活动促使学生在互动、互补中逐渐学会协商、合作，达到共进，这体现了对话的多种功能。

设计教学中的对话，首先要根据教学目标选择引领学生深入学习知识的话题，引发对话的需求。话题的设计和选择应该是多角度的，可紧扣教材，也可由此伸发开去；对话的形式也需精心设计。对话之始，同样需要教师引发和激起学生参与对话的需求，让学生明确对话的要求，做到有问有答，彼此交流。

对话让学生的思维特别活跃，且体现出事物间的因果、转折、假设关系。由此学生认识到，如何运用多角度的辩证思维方法去理解和分析问题。大家看法不同，但鼓励求异，从而获得了新知。

为了保证对话的生动性，我们让学生扮演或担当角色进行对话，这些角色如记者、科学家、作家、导演、战士、老师、家长、导游、老农等，是生活中孩子喜欢亲近的人物。在进行对话、协商的同时，情境学习还特别注意引发儿童的探究性思维，培养思维的深刻性，并给儿童留下沉思、冥想的空间，以培养儿童独立思考的能力。

从以上所述可知，儿童在情境课堂中活动时，他们的视觉、听觉、触觉以至肢体动觉都会获得最为和谐、协调的感受，整个身心都投入其中。这种在教师有目的的导引下的活动便会形成蕴含着知识的意义。这样多种感官被兴奋的情绪色彩所笼罩，在大脑里留下深刻而鲜活的印记，必然提高儿童学习的效率且令其身心愉悦。

着眼创新，不失时机发展儿童的想象力

学习科学强调，有意义的学习本质上是创造性的。创造力从某种意义上说就是解除传统束缚的思维力。几乎每一个儿童的大脑都隐藏着巨大的潜能，具有无穷的创造力。但潜在的智慧并非已成现实，这是一种"沉睡的力量"。既是沉睡，就需唤醒，且要及时唤醒。因为儿童的这种"可能能力"若得不到及时开发，便会产生"递减现象"。这是一种渐变的而又无法挽回的可怕现象。但遗憾的是，不少教师每天走进课堂，每节课都认真地教学，并不见得能意识到自己这种辛辛苦苦的讲解、严格的要求实质上是划一的、统死的教学，而这恰恰是对儿童潜能的扼杀，把儿童智慧的嫩芽掐断，使之枯萎。可以说，这是一种"罪过"。基于开发儿童潜在智慧的不易性和因忽略而造成的不可弥补的危害，我们必须不失时机地在儿童生命的早期开发其潜在的智慧，深刻地认识到儿童是一个活脱脱的小生命，有可能长成具有高贵智慧的人，我们必须悉心呵护、倍加珍爱、及时催发。

抓住儿童最具想象力的关键时期，情境学习采取"让儿童在美的、宽松的、快乐的情境中，通过发展想象力来培养创造力"的策略来催发儿童潜能。想象是儿童最宝贵的思维品质。因为想象孕育着创造的嫩芽，想象

是开发儿童潜能、发展创造力的一把金钥匙。教学设计应砸碎一切扼杀儿童想象的枷锁，应引领儿童到更广阔的课堂中去发展想象力。情境学习着眼创造，不失时机地为儿童的思维飞向创新的高地添翼。

一、持续积累表象

儿童最善于想象，而想象正是创造的开始。针对儿童想象是由表象组合成新形象的特点，情境学习十分注重儿童表象的积累，精心设计许多让师生终生难忘的观察活动。由于这些表象被笼罩着情感的色彩，储存在儿童记忆中，所以表象就易于成为儿童想象的鲜活的材料。因此，教学要重视积累表象。表象从哪儿来？要利用眼睛的帮助去发展想象。儿童的观察需要引领指导，需要唤起他们的有意注意，由近及远，从身边的多姿多彩到宽阔无垠的世界，让儿童的观察持久进行。从带领儿童进行有指导的观察，到放手鼓励儿童各自去主动观察——一棵小树、一丛花草、一只小动物，哪怕是窗外的一处景点、一种瞬间的现象……都可成为儿童的观察点，儿童从中获得表象，在教师的督促鼓励下，天长日久形成习惯，逐渐培养起敏锐的观察力。这样的引导与儿童喜欢睁大眼睛看世界的需求是相协调的。

作文是创造性很强的作业，除了需要语言能力，还要具有创造能力。记得曾经五年级学生布置一次独立作文，要求根据自己平日观察所得，描写一种没有生命的物体，要写出它的品格特点，并且自己选题，自己命题。学生感到很自在，很乐意。当堂完成后，我批阅时发现，所写题材各式各样，仅题目就有"歌"、"铁"、"路灯"、"火柴"、"石子"、"北斗星"、"太阳礼赞"、"石灰吟"、"蜡烛"、"红"、"绿"等二十多种。他们写出了真情实感，赞美了这类物品的特点，且富有哲理。究其原因，那就是因为他们通过长期养成的观察习惯，积累了丰富的表象，获得了"直接的印象"，这为他们的想象思维提供了丰富的材料，为新形象的组合做了重要的铺垫。

二、即时嵌入契机

儿童的想象不会凭空产生，需要契机引发，我们的教学设计就必须为儿童提供"需要的推动"，帮助儿童形成想象的欲望。我在课堂教学设计中对这一环节有很强的设计意识，只要教材有空间，便会根据教材特点，在设计中即时嵌入想象契机。其实，儿童常常是带着想象去阅读、去思维、去表达的。让儿童展开想象，真是"正合他意"。因此，在语文教学过程中，教师要启发儿童走进情境，让其设计、想象人物的对话。例如，假设"你是××，你会怎么想、怎么做"，或增添一个新角色、新情节，想象故事的细节，进入一个新时空，续编不同的结尾等，从一个新的角度去思维、去想象。这样不仅丰富了课文内容，加深了学生对知识的理解，而且开发了他们的创造潜能。

孩子是喜欢创造的，教学设计无论是在课堂上还是野外，都要把握我归纳的"四要素"：训练感觉、培养直觉、鼓励求异、大胆想象，让儿童的创造活动在宽松的、无拘无束的情境中进行。

三、引入广远意境

古代文论意境说中用"思接千载"、"视通万里"形容诗人创作时的情态——能想到千年之久、万里之远，想象空间如此宽阔。古代的诗人尚且如此，何况21世纪的儿童呢！我们作为教学的设计者应该意识到，孩子面对的未来世界给人们的思维方式带来的是"可能"，是"不确定"，是"飘忽"、"变幻"、"互动"，从而使人们改变对世界的认识。为了开发儿童的潜能，我们就很有必要打破程式化的思维，导引儿童能主动地在自由宽阔的空间里思考，进入广远意境，追求创新。意境虽是虚无缥缈的，但对其的创设却是可以操作落实的。通过设计，儿童在没有束缚和统一规定的环境中，将课堂已激起的情绪和教材中的意象、学科训练结合起来发展想象力。

在中、高年级情境阅读和作文教学中，有意识地设计与教材、与儿童生活结合起来的、富有创造性的语言训练。注意为儿童展开想象提供宽阔

的思维空间。那么低年级的小朋友思维空间是不是可以窄一点？其实，越是年龄小的孩子，越是会无拘无束，浮想联翩。科学、人文，美妙、神奇，让儿童的想象向创新高地飞去。

实践表明，培养儿童的创造力，只有在学科学习中结合能力训练发展儿童的想象力，才能得以落实。在设计科学学科教学时，要创设探究情境、激起好奇心、培养创造力和科学精神。即使在音、体、美学科，情境学习也鲜明地提出把想象与技能技巧的训练结合起来，在自我表现中开发儿童的创造潜能。

总的来说，情境学习体现了我们民族文化特有的"真、美、情、思"四大元素。在此我还想引用钱旭红院士指出的"科学知识不等于科学精神，人文知识不等于人文精神"，以强调教学设计也不仅仅是技术层面的运筹帷幄。世界的发展需要儿童超越知识的局限，我们进行教学设计也必须随之形成不断超越自我的意识和能力，在学习科学引领下，用童心和真情精心设计，以"精心"换来"精彩"，达到真正意义上的优质教学设计、创造性的设计。这就从根本上保证了课堂的快乐、高效，而儿童全面和谐的发展是情境学习矢志不移的目标。

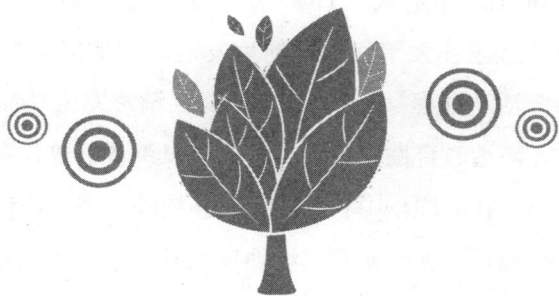

第三部分

怎样设计情境教育

1 熟悉情境课程四大领域

自 1978 年进行情境教学探索以来，随着儿童发展的需求，我们适时进行课程的改革。我始终关注儿童的健康发展及其成长空间的优化，试图通过情境的创设和优化来融合各种课程资源，意在解决长期以来困扰学校的因课程知识、儿童与社会相对峙和分离，而造成的影响儿童全面和谐发展的问题。我们以儿童发展为价值中心，促进课程与儿童生活和社会实际的结合、沟通——从起步阶段的野外情境活动，到第二轮实验开始时为减小幼小间的坡度开设的"幼小衔接过渡课程"，再到情境教育拓展中，受语文主题性大单元教学的启发与影响加以发展，开设的"主题性大单元综合活动课程"。情境教育始终强调诱发主动性，强化美感性，着眼创造性，渗透教育性，贯穿实践性，以渗透着教育者目的、充满美感和智慧的情境，在心理场中利用暗示、移情的原理，通过角色的转换，强化儿童的主体意识，促使儿童主动地投入其中，让他们在活动中获得充分发展。这样，活动课程就顺乎自然地融入了学科课程。

随着教育空间的拓宽，在课外活动、班队活动、野外活动，再加上主题性大单元综合活动的基础上，我以儿童发展为主旨，构建情境课程的总体框架，以核心课程、综合课程、过渡课程以及源泉课程四个领域形成情境课程的网络，将知识的系统性、活动的操作性、审美的愉悦性融为一体，强调以特定的氛围，激起热烈的情绪，在优化的情境中，促使学生主动地参与。情境课程努力追求将外显课程与内隐课程的影响糅合在一起，从学校各个不同的区域、时空，体现课程的基础性、操作性及多样性，发挥情境课程的多种功能。

核心领域：学科情境课程

在学科课程中，教师首先应该看到的是蕴含着丰富情感、蕴藏着潜能的、活生生的儿童。面对这样的儿童，服务于这样的学习活动主体，教师绝不能越俎代庖，以知识讲授替代学生主体的活动。因为传统的学科课程单纯传授知识，忽略了儿童素质的许多重要因素，如情绪、情意、情感，等等。而我们的目标是要把儿童培养成具有良好素质的全面发展的人，其中当然包含着发展儿童的情意目标。

学科情境课程把儿童带入优化的情境中，把课程内容与儿童活动结合起来，使他们在暗示、移情、角色、心理场"力"的作用下，伴随着情感主动地参与教育教学过程，主动地活动起来。儿童进行感知的活动、语言的活动、思维的活动和触摸、模仿等身体的活动，以及通过图画、音乐、戏剧创设情境进行的艺术审美的活动。可以说没有儿童的活动，就谈不上儿童主动地参与，更谈不上儿童能力、智力和情意的发展。大教育家夸美纽斯的"泛智主义课程论"就强调"要使活动的训练跟认知活动结合起来"，"在认识事物的时候进行实际活动"。杜威的"活动课程论"更突出了活动在儿童获取经验中的重要地位。

所以，学科情境课程根据教材特点创设、渲染一种优美的、智慧的、让儿童感到特别亲切的、富有情趣的氛围，将知识的系统性、活动的操作性、审美的愉悦性融为一体，也就是将学科课程与儿童活动结合起来，将知识镶嵌在情境中，让知识与情境相互依存，让儿童与情境互动，并在其中进行相关的实践活动。儿童在这种优化的情境中活动，他们的态度、情绪、语言和行为进而又丰富了情境。这就克服了单纯学科课程存在的重讲、轻练，重知识、轻能力，因缺乏操作而削弱应用性的弊端；同时也在一定程度上弥补了单纯活动课程往往容易陷入知识无系统状态的缺陷。并且由于儿童的活动推进教学过程，从而加深了儿童对学科内容的理解和应用。

其实从宽泛的意义上讲，一切学科的知识，追根溯源都发端于人的活动；而且又是在人的活动中不断地得到推动、发展和完善的。事实上，正像钟启泉先生在《现代课程论》中指出的那样："人正是在活动的时候，才进行思考，赋予情感，作出判断的。"

儿童在热烈的学习情绪中，感受、探究、体验、发现、表达和操作。有了这一系列的活动，儿童才能主动地学习，从而成为真正的学习的主体角色。而这些情境中的系列活动并不是截然分开、互不相干的；相反，它是圆融的，是彼此互动、彼此强化的。这一切都是融合在情境中进行和生成的。鉴于学科课程在儿童发展中的重要地位，我将学科情境课程作为"核心领域"提出。

一、学科课程与生活链接

周围世界、社会生活是学科知识学习的重要资源，那是一个广阔而丰厚的"课堂"。因此，情境课程以"儿童—知识—社会"三个维度进行建构，我们通过真实的情境和创设模拟的情境，将学科情境中的课堂教学与生活链接。

儿童虽然阅历尚浅，但在生活中他们接触到的人物、景物、事物、事件都使他们已积累了不少经验。记得杜威曾指出："从儿童的观点来看，学校的最大浪费是由于儿童完全不能把在校外获得的经验完整地自由地在校内运用。"（《学生与社会·明日之学校》）儿童的经验应该是课程的出发点和基础，但是在现实的课堂里，儿童的经验往往会被忽略，这不仅是一种极大的浪费，更是在将儿童通向世界的路途隔断。

学科情境课程与生活链接，首先要充分利用儿童的经验。无论是语文学科，还是数学学科，都需要在生活中培养与学科相关的应用能力，这就需要设计相应的形式，进行应用性的训练。进行应用性操作，可谓"百闻不如一做"，求知欲得到满足的儿童就能产生顿悟，更加乐意投入新的学习情境中去。他们会由衷地感叹："大自然是我们学习的课堂，生活中闪动着无数的数学。"实践表明，学科情境课程与生活相通，为学科教学增添了活力，使教学化难为易，变单调为丰富。周围世界和社会生活为儿童课堂学习注入了一股清泉。

在学科情境课程中，儿童的活动既保持着学科特点，又充分体现了学科与社会的有机联系。我深深感到，无论是语文还是数学，以及其他学科的一切知识，都是在社会情境中产生的，最终又需要回到情境中去运用它们。因此，学科情境课程所设计的活动，往往以知识在真实的或模拟的社会实践情境中的运用为主要内容和重要形式，将学科知识与生产、生活的实践联系起来，根据教材内容和活动主题的需要，让儿童在特定的情境中学习——或操作演示，或观察研究，或报告见闻，或评判裁决，或说明介绍，或演讲复述等，保证每个儿童在热烈的自我表现中增长才干。他们的学习过程充满了"学了就会用"的成就感。

如此，学科知识通过儿童的活动与生活相通，就很自然地，甚至可以说是较为完美地对"儿童—知识—社会"进行有机建构。这种符合儿童认知规律的建构，有利于儿童掌握知识的内在联系，进而产生知识的迁移。人文课程、体验课程的要素也在其间得到很好的体现。在这样的过程中，因为情境的美感和情趣，促使师生情感的参与，使情感链接在儿童、知识、社会三者之间。这种最佳的情绪状态，这种情感的驱动，势必激活儿童的潜能，儿童的那种带有稚气的创新，便会不时地显现在学习过程中。正如中国女科学家韦钰所说，"创新是激情产生的直觉思维"。因此，儿童在学科情境课程中的知识建构更具文化性、情感性和创造性。

二、儿童系列活动，推进教学过程

教学过程历来是由教师主导，以教师的讲解、演示，一步一步，一个环节、一个环节地构成的。在这样的教学过程中，学生只能是被动的，只能是"配角"，主体位置得不到保证。

学科情境课程为充分体现学生的主体地位，则强调教师不仅从教学理念上，还要在备课时周密设计、安排学生的活动，以学生的活动来推进教

学过程。应该说，这是一个变革课堂教学的大举措。教师确立了这样的教学理念，才有可能一切从学生出发，也才有可能在课前预设的基础上，随着学生的反馈生成更适合学生的新的教学状态和令学生兴奋不已的教学现场的花絮，那往往是师生情智碰撞擦出的灿烂的火花。

如我在设计《海底世界》一课教学时，意识到海底世界是人类的秘密仓库。当陆地上的资源由于过度开发，变得日渐贫乏甚至枯竭时，人类必然开发海底资源，其实开发海洋已经拉开了序幕。于是，我把这篇常识性课文作为学生了解海底世界的奥妙，激起探索海洋的好奇和兴趣的文本，并根据课文内容，设计了系列情境，以儿童活动来推进教学过程。

情境一：创设实地考察情境，发现问题
情境二：创设查找资料情境，寻找答案
情境三：创设借助现代设备情境，探索想象
情境四：创设举办考察结果展览会情境，说明报告

虽然都是模拟操作，但是在情境中学生获得的是真切的感受，这样不仅学好了一篇课文，而且激起儿童探寻人类秘密仓库的热情。

三、角色效应，产生主动投入教学过程的"力"

在教学过程中，儿童因为其"学生"的固有角色，往往摆脱不了"被教授"、"被动接纳"的习惯地位的羁绊。这种角色的消极状态，也会影响孩子在教学过程中的充分活动。

学科情境课程促使儿童在情境中通过自己的活动学习知识，又在情境中通过自己的活动运用知识，而其情境虽是社会的缩影，却具有真实性、典型性，是与教材密切相关的。拿语文来说，它所再现的是作家创作时的那个情境；数学、科学等创设的或是定理、公式产生时的那个情境，或者是在社会实践中运用知识的情境。

在这特定的情境中，让儿童担当或扮演角色，这样角色变了，儿童就

会按照角色的需要进行思维、情感和语言的活动。角色的出现使教育教学内容与儿童生活更为贴近。让他们以一个特定的角色去学习教材内容，或朗读复述，或报告见闻，或演示操作，或描画表演，或主持裁决……角色的生动性及新异感让儿童很自然地就变得主动投入。儿童在情感的驱动下主动投入的那种"力"，几乎是无法遏制的。教材中原有的逻辑的、抽象的、符号化了的内容，一下子变得那样生动、形象、真切。这正是在特定情境下的角色转换所产生的积极结果。

这种"有我之境"可产生一种巨大的无形的导引效应。在儿童按照所扮演、所担当的角色思维、体验，进行独白、对话、演示、操作等活动时，顿时会产生进入角色的知觉。凭借这种如临其境的感受，他们会很快地理解角色在情境中的地位、言行。儿童的经验在此情此境中被充分地利用。角色的喜怒哀乐、言语行为，仿佛就是他们自己的所思所想、所言所行。角色变了，思想感情、语言行为也随之而变化。于是儿童会情不自禁地按自己扮演角色的身份、处境去思考、去表白、去操作，根据教材内容以及老师、同伴对角色的期待，合情合理地表现出一系列的行为，做出恰切的语言表述。角色扮演的热烈情绪，渲染了整个学习情境，不光角色扮演者，全体学生都在无意识心理作用下，情不自禁地进入角色，最深切、最生动地体验到角色转换的心理历程。

综合领域：主题性大单元情境课程

当情境教学拓展成情境教育时，对于课程论发展中突现出来的多元的、人文的思想，以及综合的理念，我都关注并吸纳过来；叶圣陶先生关于课程综合的精辟论述，也给我很大的启示，使我很自然地将中、高年级语文教学中"四结合大单元强化"的课程思想进一步拓宽，运用到整个小学教育的多科教学中去。

叶圣陶先生指出，传统教育"因为分立了的缘故，每种课程往往偏于一个境界"，"教育的最后目标都在种种境界的综合，就是说使分立的课程能发生的影响纠集在一块儿，构成了有机体系的境界，让学生的身心都沉浸其中"。叶老的话引起我极大的共鸣：因为传统教育的离散性，各科教学、课外活动各行其是，这样往往削弱了教育的整体效应；而这些来自学校不同空间的信息终将集中到学生身上，作用于学生的心理世界。我自己从与儿童共同相处的生活中感悟到，如果把各科融通起来，整合起来，那教育的内容可顺理成章地进行沟通协调，相互强化。

当然，要把各个分列的学科综合起来，也绝非易事。各学科有各学科内在的知识体系，把它们结合起来，按什么序列去组织安排，就是首先要解决的问题。所以，我想彻底改组的"大动作"做不了，便尝试着从局部做起。为了克服学科间"老死不相往来"的弊端，我在 1989 年末开始酝酿、策划，心里盘算着，脑海里跳动着"主题"、"大单元"、"综合"这几个关键词，提出"主题性大单元活动"的主张。其要义为"以德育为主导，语文学科为龙头，各科协同"，使教育围绕主题形成合力，加大教育的力度，以更好地对儿童的内心世界产生积极影响。把思想道德教育渗透到各科教学中去，同时把语文教学与思想品德、班队会、野外教育联成整体，带动其他各科教学进行主题性大单元教育，每学期 2—3 次。

当时，因为资料的局限，尚未能了解到国际课程改革的动态。直至1996 年提出"情境课程"主张时，我从钟启泉先生著的《现代课程论》(1989 年 4 月出版) 中，知道英国首创的"综合教育日"进行的综合性课题的研究，联邦法国与瑞典的"合科教学"，以及美国实施的一种名为"超越学科的学习单元"的教学计划，试图采取大单元的方式将课程综合起来的动向，一个主题涉及几个学科进行协同。我看了真是很高兴，觉得自己的探索与世界课程综合化的趋势相呼应，在 80 年代末，颇有点异曲同工的意味。

今天看来，其实我在早期的情境教学探索中，在语文的四结合教学中，将内容相近的组成单元，冠以主题，把课堂教学、野外教育、观察活动结合起来，就有了"主题性"、"单元"、"综合"的雏形。

主题性大单元情境课程将各科教育与儿童活动统整起来，每一个大单元确立一个鲜明的主题，让师生共同去参与，去行动。如"小蜜蜂行动"、"我们去寻找美"、"情系灾区"、"童话让我们插上想象的翅膀"、"走进科学的大门"、"与时光老人赛跑"，等等，都是对儿童颇具吸引力的主题。从教学到教育，从课堂到课外，从校园到校外及至家庭和社会，在主题的导向下，各科老师和班主任协调动作，相互支持，相互迁移，相互补充，充分利用教育教学内容中的"相似块"，将其集合在一起，从各个不同的侧面集中进行教育。利用大单元情境课程组成部分相互作用的一致性，加大教育的力度，使有限的教育教学活动，在深度、密度上得以拓展，强化教育的效果。这不仅为课程的综合找到了出路，而且体现了课程综合的优越性。

主题性大单元情境课程有了众多老师的积极参与实践，发展很快，多年来的实践积累了各类主题性综合活动的经验。主题性大单元课程显示了"主题鲜明"、"情感伴随"、"儿童自主"、"角色众多"、"场景逼真"的特点，儿童一个个兴致勃勃，主动参与，大大增强了教育的力度和效果。学生的视野和胸怀开阔了，综合实践能力在主题性大单元情境课程中得到充分的操练。实施的时间长了，老师们都感受到主题性大单元教育的优越性，心里也都明白具体怎么操作。现在概括起来有下面几个要点。

一、结合社会大背景和时令，确定大单元主题

儿童是大自然之子，是社会生活的小主人。实际上这也从另一个侧面表明，主题性大单元课程同样是三维的，儿童、知识与社会在其中协同建构。

主题性大单元情境课程从儿童的特点出发，以他们喜闻乐见的形式创设活动情境，结合时令和社会大背景确定主题，着重培养儿童热爱祖国、热爱家乡的情感，以及集体意识、责任意识、自主意识、他人意识、环保意识，并发展儿童的动手能力、交往能力及"三自"能力。

二、各科融入，单元组合打破学科隔膜

主题性大单元情境课程兼顾学科的知识体系，但却不能因此束缚儿童

的活动，影响大单元教育的效果。为了适应儿童的活动，学科内容次序、进度需做适当调整，尤其是语文和思想品德这些社会学科，以及艺术学科，有时会打破教材的编排顺序，调整、插入、补充围绕大单元主题、更适宜儿童参与活动的内容，从教育的整体效应出发，做局部的改善。

在"情系灾区，伸出友爱的小手"的主题性大单元教育活动中，语文课把表现与友爱相关主题的教学，如童话、诗歌教学加以调整，作为一个单元，有的还选编了补充教材；数学老师很快把全校、年级以及各班捐赠的钱数、各种礼物分类统计。数学课上，各年级则结合数学教学内容，或进行四则运算，或统计，或进行百分数、小数、分数计算；引导学生自己编题，计算结果，进一步让孩子从捐助钱物的数字中感受到全校师生的一片真情，同时也让孩子体会到数学学以致用的价值。音乐课、美术课上"伸出友爱的小手"主题的歌曲练唱和图画创作，更渲染了主题的氛围，加深了儿童的内心感悟。

主题性大单元教育活动，真正做到了使儿童整个身心沉浸其中。它是活动，是教育，也是教学，促使儿童按捺不住热烈的情绪主动投入，并通过情感的弥散，收到持久而稳定的教育效果。

三、儿童自主，在宽阔的空间里充分活动

主题性大单元情境课程为孩子的活动提供了广阔的空间，儿童在主题性的情境中充分活动起来，充分体现了儿童的主体性。从活动之初的策划，活动中展板的布置，教室的美化，吉祥物的确定、设计……处处都可见孩子们活跃的身影，显示出孩子智慧的潜能。

如一年级主题性大单元教育活动"春天里，我们有个聚会"，就是注重在大单元综合活动中培养学生实践能力的一个缩影。从"我是小花农"种出五彩的春天，到"春天在一天天长大"饲养小蝌蚪、春蚕等小动物；从"春天在哪里"野外活动找春天，到"春娃娃的脚印"图画展；从"小星星的梦"朗读有关春天的诗歌，到"春天的小百灵"春之歌演唱会；从"春天的小问号"有关自然、节气、保健的科学知识问答，到看放风筝表

演；以及最后的"欢乐蹦蹦跳"家长与孩子共同参加的大型体育游戏……整个活动从头到尾突出的就是孩子们在参与中实践。同样主题下，四年级的主题性大单元教育活动却有着不同的形式，孩子们"网上找春天"、"网上游春天"、"电脑绘春天"、"网上谈春天"，传统文化的深厚积淀与现代化网络技术有机结合，使学生以一种更新的视角，科学地认识了春天。

主题性大单元活动也常常以社会为大背景，根据全国性道德教育的举措，拟定主题，开展系列活动。2005 年全社会隆重纪念抗日战争暨世界反法西斯战争胜利 60 周年，学校借助整个社会的舆论和氛围，于 9 月开展了"牢记历史、热爱和平、振兴中华"主题性大单元教育活动。孩子们在老师的指导下，邀请参加过抗日战争的老同志讲述抗战故事，观看有关电视节目和电影，孩子自己动手布置展板，编印《铭记抗战》教师指导活动用书，午间还播放抗日歌曲。各学科都集体备课安排了相应的教学单元，各年级各班都开展了个性化的系列活动。如语文学科编选了一组抗战诗文作为教材，指导学生进行主题阅读和写读后感，编辑抗战小报，深入了解那段苦难而光辉的历史，表达感想；数学学科让孩子运用图表、比例、编创应用题等形式呈现抗战的史实和数据，增强感受；音乐学科教唱抗日歌曲，让孩子了解著名抗战歌曲及作者，在激昂的旋律中重温那段烽火岁月，抒发热爱祖国、热爱和平之情；美术学科设计纪念邮票和首日封，让创造在追思中生发；体育学科开展"跨越战壕"、"勇炸暗堡"、"抢救伤员"等游戏，让学生在情境中体验抗战的艰辛……最后，学校举办了合唱节，全校学生引吭高唱抗日歌曲，将整个活动推向高潮。由于活动主题鲜明，形式丰富，学科联动，全体参与，动态连续，收到了最佳效果，给学生留下终生难忘的印象，并为德育在各科的全面渗透开辟了一条有效途径。同时，各班开展竞赛、争创特色，班级学生的主动性和创造力被大大激发，立志为报效祖国而团结一心、发愤图强，增强了班级凝聚力。

主题性大单元情境课程使整个校园成了一个情境课程的大课堂，在这样快乐、热烈、美好的情境中，班级的界限模糊了，学科的界限打破了，传统"师道尊严"教育中形成的师生间的隔阂更是荡然无存了。一次次活动，都凝聚着全校师生共同的努力。教师和学生一起策划、讨论，形成方案，协同运作，又一起融入快乐的主题性教育情境中——或参观，或采访，当然也有充满情趣的符号操作。学生快乐极了，有歌，有舞，还有表演，常常组成参赛小组，既共同合作，又相互竞赛，展示自我。

儿童在主题性大单元情境课程优化的情境中长大，心灵得到滋润。这样的教育将会影响儿童人格的形成和全面素质的形成，会影响他们的终生。其实对老师，又何尝不是如此呢！主题性大单元情境课程，让师生都在热烈的情境中一同得到熏陶和成长。

衔接领域：过渡性情境课程

学龄前的儿童，往往急切地向往着小学生活。他们早就怀着极大的热情，等待着那一天——背着书包上学去！在他们的眼里，小学，一定非常有趣；做小学生，一定非常幸福。

然而，当他们乐陶陶地迈进了小学的大门，小学的学习生活却往往使他们失望，甚至畏惧。因为从幼儿园到小学，学习环境的改变，学习内容的繁多，学习负担的加重，仅仅在一个暑假之内，就发生了这么巨大的变化，不少孩子无法很快适应——上半年在幼儿园，每天只上半个小时室内课，其余均在室内外进行各种观察、体操、唱歌、舞蹈、游戏等活动，下午午睡到3点钟。过了一个暑假，进入小学，到了一个完全不同的环境里，上午"上课，上课，再上课"；下午还没休息好，又赶到学校"上课"。除了体育课和短暂的课间十分钟，几乎从早到晚都在教室那一方小小的天地里，而且一节课就是漫长的40分钟。识字、写字、算术，一系列的符号作业活动充塞着学龄初期儿童的生活，他们仿佛一下子失去了童年的乐趣。这种变化，是学龄初期的儿童所不能承受的。这就形成了幼儿园—小学衔接的"陡坡"，不可避免地影响了一年级新生对小学生活的热爱。

从幼儿园到一年级，那简直是一个大坡度。新入学的孩子尽管满怀热情跨进小学，但是这种情感一般是脆弱的，不稳定的，因为他们还缺乏理智感。倘若教学时间超过了他们的注意力可以维持的时限，教学内容单一，教学手段单调，作业负担繁重，老师又很严厉，那么他们便会失望，甚至会害怕、厌倦小学生活。一些学困生的出现，往往是由于某些学生在小学生活刚刚起步时就受到老师的训斥，或是因新的小学生活不像想象中的那么愉快、有趣而失去了对他们的吸引力，逐渐地，他们视学习为负担。这种心理是在老师、家长以至学生本人的不知不觉中逐渐形成的。因此，这就需要过渡，以减少坡度。经过充分的准备，我用两周左右的时间设置"过渡课"，即根据"室内短课与室外观察相结合"的原则安排孩子的学习生活。

为了搞好学前教育和小学教育的衔接，减缓学前教育和小学教育的坡度，克服幼儿教育和小学教育课程缺乏衔接、严重挫伤入学儿童学习积极性的弊端，我们开设了过渡情境课程。

一、原则：室内短课与室外观察相结合

我针对学龄初期孩子刚离开幼儿园的特点，又根据小学教育的实际要求，思来想去，提出过渡课期间，安排新生学习生活的原则是"室内短课与室外观察相结合"。具体做法，概括起来大致是下面几方面。

（1）缩减每节课时间，由 40 分钟减为 30 分钟；课间休息由原来的 10 分钟增加到 20 分钟。

（2）增加户外活动时间，开展经常性的室外观察课，与室内教学内容相结合。

（3）定期开展野外活动，带领儿童认识周围世界。

二、要点

（1）主要学科分设各种课型，变换授课形式。如语文课，分设汉语拼音识字、汉字注音阅读、观察说话；数学增设趣味数学课；下午还增加了"故事大王"、"唱歌游戏"活动。

（2）室内短课运用各种手段，增强教学内容的形象性、趣味性。

附：过渡课、语文课程类型和教学内容提要

课型	语文	注音阅读	观察说话	野外活动
过渡课	复习汉语拼音；教学独体字，结合教学基本笔画名称和笔顺的规则	《我们是小孩》 《小书包》 《校园美》 《弯弯的小河》 《q、g像不像》 《小金鱼》 《秋天的果园》	《我的小书包》 《花园边的童话》 《国旗升起来了》	"美丽的校园" "校外的小河旁" "秋天的果园"

作息时间：每课 30 分钟，课间休息 20 分钟，下午午睡到 2：30。

过渡课是一个全新的尝试，全年级七个班的老师非常热烈地投入实验中，充满创造性地进行着探索。第一轮实验期间，我在自编《补充阅读》的基础上，进行修改完善，增加了引导孩子热爱校园、认识周围世界的短文。

例如认识校园，结合教学《校园美》，我们带领孩子观察、认识校园。先来到校门口，好好地看一看学校的大门、校牌，读一读学校的名字；接着再带着孩子们漫步校园，去仔细地欣赏美丽的校园。孩子们的小脑袋转来转去，好奇地看看这儿，瞧瞧那儿，那高高的绿树、树下青青的小草、争奇斗艳的花儿一下子就吸引了他们的目光，他们很快发现了校园的美，随之我们在美的校园里教学《校园美》——

---

xiào yuán měi
校 园 美

xiào yuán lǐ yǒu lǜ shù
校 园 里，有 绿 树，

yǒu hóng huā hái yǒu qīng qīng de xiǎo cǎo
有 红 花，还 有 青 青 的 小 草。

wǒ men de xiào yuán zhēn měi ya
我 们 的 校 园 真 美 呀！

　　在真实生动的生活情境中，在绿树、红花、小草的身旁，孩子非常容易地学会了这篇短文，同时也培养起他们对新的学习环境的亲切感，让他们觉得自己的校园真美。假如不是在具体情境中，而是离开了生活，在教室里给刚入学的孩子教这篇短文，那几个生动的词语，"有……有……还有……"的句式，还有"我们的校园真美呀！"的感叹句，简直是无从着手了。这种教学形式，有点与幼儿园"认识环境"、"观察课"类似，不过学习书面语言的目的更鲜明突出。提早阅读也就从这儿开始了。在过渡课期间，我们还创设了主题鲜明的"观察、说话、阅读综合课"，把认识世界与理解语言、运用语言结合起来，事实上这三者本身就不是截然分开的。

　　如此把观察和阅读、说话结合起来，孩子的想象能力也得到了培养。

　　由于过渡课是在优化的情境中进行的，学习内容、形式既接近于幼儿园的学习生活，又高于幼儿园的教学要求，这让我感悟到：儿童感到有趣，对新的学习环境、学习生活就会从适应到喜爱。他们会心情轻松、愉快，而且兴致勃勃。通过调查，家长们都认为开设过渡课，孩子会更快地喜欢小学，喜欢小学生活，认为过渡课是搞好低幼衔接，促使儿童迈好认识阶梯的第一步。

源泉领域：野外情境课程

　　野外情境课程有一个较长的实践与研究的过程。因为我是语文老师，起初很自然会考虑到儿童的语言材料。当时我感到孩子每天从家门到校门，从书本到作业，远离了广阔天地，视野狭小，不仅童年生活枯燥，而且造成思维缺乏形象，语言干巴无味。传统的语文教学已经远离生活，远离大自然。我懂得词和符号需要从形象方面得到不断的强化，其途径就是与周围世界、与生活接触融通。另一方面我又想到人类从婴儿时期到学龄前期，从单词到短语，从多个词排列、组合成句，逐渐达到语言自动化的复杂过程，正如鲁迅先生说过的那样，婴幼儿学习语言是在"没有老师、没有教科书"的情况下，是独立地克服了最初学习语言的种种困难之后完成的。婴幼儿在大自然的怀抱里吮吸丰富的营养，在生活的具体情境中，迅速地发展了感知觉，在这样的基础上，才逐渐学会语言，掌握符号，保持着两个信号系统的平衡。但是现实的教学却常常丢弃儿童独立学习语言这一成功经验，在不知不觉中，把儿童自然保持的两个信号系统的联系割断，使之失去平衡。我想，我们应该顺乎自然，利用儿童学习语言的经验，让儿童回归大自然，投入周围世界宽阔而宽厚的怀抱中去。更何况语文教材中的许多名篇及课文，本身就是取材于大自然，取材于生活的呢！

儿童对周围世界的认识，包括他在其间形成的视野、经验，以及他在周围世界里所积累的或鲜明或朦胧的表象，与课堂学习的知识、能力的形成、潜能的开发都是直接关联的。一个在封闭环境里长大的孩子，和一个在开放的世界里成长的孩子，绝对是不一样的，而后者必然胜于前者。因为周围世界是儿童认知的源泉，这个源泉应该让它汩汩地向课堂流淌。我认为那是天地赐予儿童的最珍贵的、最美的、无可替代的滋养。

实际上，以大自然为背景的野外教育思想可谓源远流长，早在两千多年前，中国的一代圣人孔子就提出在"梨树之下""杏坛之上"，在自然的广阔空间授课的思想。道家庄子也早已提出以天地自然为"大宗师"的教育思想。在国外，法国的启蒙思想家、"自然主义课程论"的倡导者卢梭所设计的课程大部分就是在自然界进行的，因为他非常注意儿童的"直接经验"。他说："没有呼吸到花的熏香，见到枝叶的美丽，阔步于润湿和柔软的草坪上，哪里能使他的感觉欢悦啊！"（转引自钟启泉《现代课程论》）应该说，现代教育的许多口号，是从卢梭那里得到启示的。苏联教育家苏霍姆林斯基更有"蓝天下的学校"、"三百页大自然的书"的范例。为此，我们把野外教育作为情境课程的源泉领域，把学生带到源泉中去。

经过多年的实践，我将野外情境课程的实施概括出三个要点。

一、求近、求美、求宽，优选场景

儿童的发展是与周围世界相互作用的前进运动，为此，我们极力扩大儿童的视野，拓宽教育空间，开设了野外活动课程，低年级两周一次，中高年级一月一次。

野外是广阔的，把孩子带到那里去活动，需要选择场景。因为孩子小，尤其是一、二、三年级的孩子，野外活动应该就地取材，不必舍近求远。这样，孩子可以迈开自己的双脚，踏步而去。在大自然里，在轻轻的风中前行，整个身体都沐浴着大自然的光辉和气息，那比起雇上大车、封闭在拥挤的车厢里不知强多少倍。

我首先选择了学校后面的一大片田野，这样孩子们只需走过一座大桥，大约10分钟的行程就到了。那里的一条小河、一块农田、一片小树林、一座古老的宝塔，成了儿童较早认识的周围世界的一角。实验班正是从这儿，从儿童身边开始，小心地有序地打开一扇扇通向广阔世界的窗户。

路程是近的，风光是美的，同时又可以为儿童提供广阔的思维空间。儿童可以由此及彼地联想，可以由表及里地思考，更可以在其间让想象的翅膀飞起来。这就是我说的"宽"的含义。

我们优选的周围世界的典型场景，由近及远，由单一的大自然的场景到以大自然为背景的社会生活的一角一隅。为了这一个个的理想的活动空间，我们一次又一次去野外寻找，一遍又一遍筛选，初步形成了野外活动的网点。从学校后的田野、小河到学校西侧古老的光孝塔，然后沿着绕城而过的濠河及至城郊的山麓和浩荡长江……选点、定点。一个点就是一卷画，是一个用"美"编织的生活空间。

一年级孩子来到小河边，河面上嬉戏的小鸭、河底游动的小鱼小虾，都是孩子观察说话的好题材。河这边的桃树，河那边的柳树，一棵棵也是数学现场教学的生动数据。孩子们站在小河旁，顺着向远方流去的河水想象开去……

濠河是南通人的母亲河，多少回，濠河边留下孩子矫健的身影。河畔采野花，小沟边捉小蟹，公园里都有着说不尽的快乐。乘着龙船环游濠河，龙船在碧波上缓缓行驶，孩子们的歌声在河上飘荡，两岸的美景缓缓地从身边移过……

那蓝天下绿色的原野，小草、野花点缀其间，就连那"咩咩"的小羊叫声也足以叫孩子心动，更别谈那春雨中的原野、雾中的原野、雷雨过后的原野、一场大雪后的原野，总是一次次让孩子惊叹不已。原野上的农人、劳动的号子，拖拉机、收割机的轰鸣，时而飞出的农家妇女的笑声和叫唤，也总是让孩子心中体会到一种说不出道不明的诗情画意。远方的小山丘，浩荡的长江水，又该引起多少孩子的向往和遐想。对家乡的爱恋之情也就在这家乡一山一水一草一木的认识与赞叹中播下了种子。孩子是大自然的小精灵，他们在野外尽情地蹦跳，欢笑与留恋，更证实大自然是培育儿童心灵与智慧的温床。

二、观察、思维、实践，综合进行

野外丰富的教育资源，很自然地成为综合教育理想的课堂。在野外情境课程中，我们充分利用它，让儿童在其间观察、思维、实践。

春天的田野是生机勃勃的，显示了无限的生命力。一条小河流过家乡的田野。我带学生来到小河旁，看见河岸上新嫩的芦芽，看着成群的小鸭子跳进水里，在小河里快活地游着、叫着，体会"竹外桃花三两枝，春江水暖鸭先知"的意境；再沿着小河去找小蝌蚪，仔细观察一群群小蝌蚪在水边游来游去的样子，然后捞上几尾，写《春天的小河》。春天也是田野里菜花盛开的季节。金黄的油菜花，一丛丛、一簇簇，遍地都是。那躲在绿叶下面的花蝴蝶似的蚕豆花，比碗口还大的花菜的大花冠，朵朵白雪似的野荠菜花，还有那金色的野菊花……无数的蜜蜂在菜花上采着蜜，欢快地嗡嗡唱着，成群的白蝴蝶也赶来了，飞舞在春天的菜花上，为绚丽多彩的画面更增添了无限的生趣。我们似乎进入了菜花的世界。鲜明的形象，丰富的美感，激起孩子们展开了许多美妙的想象，思维活动积极展开。

"菜花比赛"成了孩子思维能力、想象能力以及运用语言本领的比赛。于是让他们去写《春天的菜花》情境作文，或者写《谁是菜花之王》的童话，那真是可以笔下生花的。

野外情境课程让孩子亲近大自然，亲近农业劳动，有了更多的实践机会，更体验到农民伯伯的辛劳。而对孩子们进行劳动教育，培养他们对劳动及劳动人民的热爱这个课题，是应该从小开始的；我们知道，光说大道理是白费功夫，应该让儿童在具体的生活感受中，通过自己实地去做，在真实体验中产生感悟。

我们组织孩子到农场去看一看，听一听，想一想，做一做。结果让孩子们大开了眼界。我们可以用孩子们自己的话来表述：

"随着汽车的行驶，窗外的景物变了，变成了小河、农田、田野……望着田野茫茫一片，茂密的芦苇在风中摇摆，还有那一幢幢的农庄小楼，我有一种从没有过的新鲜感，恨不得现在就漫游在农场的田野里。"

"来到农场，眼前顿时一片开阔。这里天蓝蓝的，水清清的，空气真新鲜啊！放眼望去，金灿灿的稻田一望无际，一阵微风吹过，田里漾起了金色的浪涛，眼前一派丰收的景象。"

"那金灿灿的稻田最引人注目，远远地望去，无边无垠。我知道，这是农民用双手、汗水和智慧，纺织的一条巨大的金黄的毯子，心里好不激动。"

"啊！久居都市的我们，哪里见过这种场面。大家你推我挤，仿佛要把自己的身体和这大自然融化在一起。"

数学老师则让孩子们现场编应用题，有的从人工收割与联合收割机收割稻子重量的比较编题，有的从同年级平行班称稻谷的分量进行统计。

在田间小憩的时候，老师们深感在这广阔的田野上，孩子们观察所得、心之所思、手中所做，绝不是通过学校里一两课就可以这么真切地领悟到的。孩子在收获劳动果实的同时，思想也有了收获。孩子的认识在情境激起的情感中升华了。

美丽而富饶的田野，激起了孩子们多少审美情趣和奇思妙想，又给孩子们创造了多少生活实践、各科知识实践的理想的空间！这种观察、思维、实践的综合，在野外情境课程中得到最好的落实。

三、认知、情感、意志，协同发展

大自然并不是孤立存在的，它与人相连，也与社会相通。因此，野外

教育不仅可以让儿童获得认知方面最鲜活最形象的知识，而且可以受到道德、审美方面的教育，随着一些主题活动的进行，儿童的意志也可在其间得到培养。

在引导儿童认识周围世界时，通过野外情境课程，有机渗透思想、道德教育及美的熏陶。就在那美丽的田野上，从方整的农田到在田野上辛劳的农民；从田野边寥寥无几的低矮的小屋，到耸立在村边的一幢一幢新建的小楼房；从老街上石子铺成的小路，到今天宽阔繁忙的大街，无不包含着对儿童进行热爱劳动、热爱劳动人民、热爱家乡、热爱祖国的教育。孩子们入学不久，我们总会把他们带到郊外去"数新房"，让孩子数新房，算新房，画新房，说新房；还带他们去走一走保留的老街石子铺成的路，看一看老街旁低矮破旧的小店铺；然后再来到大马路上，看马路两旁一幢幢拔地而起的高楼和马路上人来车往，一派繁荣的景象，感受家乡日新月异的变化。

野外活动的高潮便是在这家乡的青山绿水之间。到了五六年级，孩子们一个个长大了，长壮了，开展的夜行军、登山看日出、勇闯芦苇荡等运动都让他们兴奋得睡不着。

绿色的军营是孩子向往的地方。白天，解放军叔叔全副武装，指挥孩子们操练，孩子们精神饱满，犹如一个个小战士；晚上，孩子们夜宿军营点燃篝火，在篝火旁听英雄战士讲传统，讲战斗，孩子们在军营中度过了难忘的白天和黑夜。一篇篇《军营日记》由此诞生。更催人奋进的是毕业前夕的"夜行军"，孩子们在太阳升起来之前，登上山峰，当朝霞满天、旭日跳出地平线时，孩子们欢呼起来，不约而同地朗读诗歌《太阳颂》。置身于此情此景中的孩子们可真是忘情了，那不仅是对日出东方、朝霞满天的感受，也是对光明、对博大、对无穷自然力的最形象最完美的心灵领悟。

不难看出，野外教育往往是意志的修炼，是战胜自我，是对生活更深一层的认识。那种感悟是课堂上不可能产生的。

从1978年秋冬起始，至今我们的野外情境课程有30多年的历程了。

归纳起来，野外情境课程的开展都是有背景、有目的的，大致有以下三个方面的结合点。

1. 结合各科教学，提供源泉

野外情境课程的发端，始于语文教学及儿童习作的需要，继而发现野外情境还可以为儿童数学的学习提供生动的场景，而音体美镶嵌其中，更是自然的事了。

多少次，在野外情境课程中，我亲眼看到孩子们在大自然的怀抱里是那样欢天喜地，滔滔不绝。这些充满生活情绪的表象，带着绚丽的色彩与音响，深深地留在孩子们的记忆中。学习语文时，这些在野外真实情境中获得的鲜明形象是最生动的补充。

学习数学的估量、步测、测量等实际操作，可专门开展野外活动，让学生在生活中获得相关的数感；也可利用一次野外活动把近期的学科教学的内容，凭借野外丰富的情境，综合进行。

儿童在大自然宽阔的怀抱中，睁大眼睛看世界。他们在优选的野外情境中进行观察说话、情境作文，进行野外数学、野外科学、生态变化、社会现象调查等。在优美的情境中观察、想象、思考、切磋、交流，在这独特的、宽阔的、丰富的野外情境中，顺乎自然地把认识周围世界与研究性学习有机结合起来。例如，孩子们既观察春天的飞燕，又研究候鸟的特性；既观察大雾笼罩的田野，又研究雾的形成；既感受小河流动的美，又调查河水的变化，研究、领悟保护水资源的重要性及其科学的办法……在这些真实的情境中，儿童感受真切，情绪热烈，思维活跃，为学习各科知识获取了丰富的源泉。

2. 结合主题性大单元教育，丰富感知

主题性大单元教育，在主题的引导下，不仅是各科的融通，还有课内外、校内外的结合。所以在开展主题性大单元教育活动时，一般都要带领孩子走出学校，到大自然中、到社会生活中，去观察、调查、访问、采集标本、搜集数据，让孩子尽量获得鲜明的感知材料和相关资料。野外情境

课程也并非只是走出校门到野外。既然是课程，就必须有明确的目标，有具体的内容和实施过程。

"我爱长江，我爱濠河"主题性大单元教育活动开展时，各年级老师拟订该年级的实施计划，带领儿童或来到长江边，或漫步濠河畔。低年级的孩子沿着濠河走，看濠河碧波荡漾，就像一条银色的项链，戴在家乡的脖子上。有人说，濠河如同法国巴黎的塞纳河绕城流过。我们努力让孩子体会到家乡南通特有的美，带领他们观看濠河边近代实业家、教育家张謇塑像，参观濠河边中国第一座博物馆"南通博物苑"；又走进濠河东岸边的蓝印花布博物馆，看纺纱、织布，再亲手做一做，扎染一块小手帕。孩子们在眼中、在手中感受家乡工艺制作的精美。河畔公园，鲜花盛开，濠河边的小桥流水、亭台楼阁，都让孩子置身在如画的情境中。

3. 结合时令季节，愉悦身心

野外情境课程除上面提到的结合各科教学和主题性大单元教学外，为了愉悦孩子的身心也常常结合时令、季节进行。《春姑娘的大柳筐》《秋夜看月亮》《捡落叶》《桂花树下》《冬爷爷的礼物》《冬天的树》《雪的原野》等，都是结合时令、季节进行的。因为我们选取的都是季节中很典型、富有美感的场景，并由此展开，拓宽教育的空间。因此每次去野外，孩子总是美不可言，乐不可支，流连而忘归。

野外活动作为课程设置，帮助儿童走出了封闭得很久的几十平方米的小教室，来到广阔的天地里，自由地呼吸到新鲜的空气，看到了广袤的天宇下的大千世界，并在认识的过程中，逐渐积累起对大自然的情感。大自然及社会生活中的事事物物直接地或间接地作用于儿童感官，这种开放式地储存信息的方式，为儿童的认知活动、语言活动、思维活动、情意活动，提供了取之不尽、用之不竭的丰富资源。源头沟通，活水便源源不断。儿童的心田、知识的仓库，都可以不断地得到滋润、充实、运转，这是对人的心灵的塑造。野外情境教育让孩子们在大自然的怀抱里徜徉，以至流连忘返，感受到了美，获得了丰富的感性材料。学生一次又一次接触思维和言语的活的源泉，展开了联想、想象和分析推理。这些活生生的信息资源，大大地丰富了课堂上的认知活动。

情境课程，从课堂内学科与活动的组合，到打破学科界限，走出课堂，实行大单元联动，再到走出学校，走向广阔的天地间获取源泉，加上低幼衔接的过渡课、微型课程的补充，如网络一般使教育空间通过课程紧密地联系起来；儿童作为活动主体角色的系列性操作，又在情境课程中得到体现，得到落实。

通过运用情境课程，儿童在学习中，终于获得探究的乐趣、审美的乐趣、认识的乐趣、创造的乐趣，从而使教学真正成为生动活泼自我需求的活动。儿童学习的兴趣、审美的兴趣、认识的兴趣，乃至向往丰富精神世界的兴趣，也在其间培养起来。这样的小学教育教学为儿童的健康成长，为他们知识、能力、智力和情感意志的全面发展打下了重要基础。

2 体现三个维度：儿童、知识、社会

"儿童—知识—社会"是情境课程"四大领域"设计的三维基础。这三个维度既是相互独立，又是相互关联的，它们都有机地统一在情境中。依据马克思主义关于人的活动与环境相一致的原理，"环境的改变和人的活动相一致"，是人全面发展的基础。"情境课程"之"情境"实质上是人为优化的情境，是"有情之境"，是促使儿童能动地活动于其中的环境，是一个有情有趣的网络式的师生互动的广阔空间。它是将教育、教学内容镶嵌在一个多姿多彩的大背景中，为儿童的发展提供优质的生活世界。

儿童

传统课程开发的焦点往往是老师、社会以及学科需要儿童所掌握的那部分知识。在传统的理念中，儿童是幼稚的、无知的、等待接纳知识的，因此必然成了被老师灌输的对象。在这种指导思想下构建起的课程疏远了儿童、排斥了儿童，甚至是扼杀了儿童的求知欲。求知欲是引导儿童去学习，去发展的最可贵的原动力，但是，在成人的眼里几乎是视而不见或不屑一顾的。儿童潜在的这些美好的天性、潜能，被极大地忽略了。在情境课程中，儿童是至高无上的，是真正的学习的主体。而学习正是由认知的主体积极建构的，离开了主体的建构活动，就不可能有知识的习得。一切为了儿童的发展，这是情境课程的出发点和归宿。因此，我们需要来重新研究我们教育的对象——儿童，来探寻隐藏在他们身上的秘密。

我把儿童的天性归纳起来，那就是：儿童是爱美的，儿童是爱活动的，儿童是潜藏着智慧的。那么我们怎样根据儿童的这三大特点，像孔子说的那样"顺其天性而育之"呢？最根本的一条就是必须明确我们最终的目的就是要使全体儿童获得全面的、充分的发展。因此，情境课程不仅要充分利用他们各自的经验和内心世界中种种促进他们成长的可贵的自然资源，还要通过新旧经验的互动建构，不断叠加、重组、融合、发展。这不仅是社会对他们的期待，其实也是儿童本身企盼已久的愿景。

而儿童的这种天性，在不同的课程作用影响下，可能是千差万别的，有的很外露，有的则内隐。儿童的潜能具有极大的不确定性，有可能得到充分发展，也有可能被压抑泯灭。儿童的发展是在一定的情境中发生的，情境成为学生构建知识的不可缺少的资源和运用经验、运用知识的不可替代的现实场景。儿童正是在这种情境中去洞察、去感悟、去体验，也就是说儿童的潜能和经验是要通过他们自身的活动，在与社会、与文化相互作用的情境中来实现的。情境课程则是通过情境的优化，唤起他们的情绪，让他们主动学习，主动发展。在儿童活动期间，我们会看到儿童作为一个自由的生命体，在特定的情境中，和小伙伴之间，和老师之间，因思维的积极碰撞与情绪的热烈交融相互交织在一起，甚至进入一种沸腾的状态。这里有审美的、道德的、艺术的活动，也有理智的、科学的活动。在这个奔放的情境中，孩子迸发出智慧的火花，有时竟是老师意想不到的。儿童的潜能和经验被激活了，自然禀赋、自我意识、自主品质、自由人格得以展现和提升，情境课程就是真正地走进儿童世界的课程。

我作为一名一线教师，和我的同行——我的伙伴，经历过很多次这样的情境，我们常常为孩子的智慧所折服！在备课的时候，我常常提醒老师要放开些，要相信儿童，儿童是学习的主体，知识必须由儿童自己建构；老师是一个唤醒者、鼓舞者，或者是儿童学习的伙伴，充其量是一个非常亲和的教练。使儿童成为学习的主体的核心理念，在教学中一定要充分体现。

知识

一直以来，人们始终觉得学校就是传授知识的一个专门场所，所谓传道、授业、解惑，是天经地义的事情。但学校所传授的是抽象的符号，儿童只是被动地一点一点地接纳知识，对知识之间的联系、知识产生的背景，儿童很难知晓。本该鲜活、有趣的知识成了单纯的、抽象的符号，远离了儿童的生活，变得那样陌生和无声无息，那几乎是一个孤寂的世界。加上中国科举制度阴影笼罩下的应试教育，更添加了无数的习题，如大山一样压得儿童喘不过气来。儿童不禁发出惊叹："学习怎么会这样憋气！"对这样一种状况，我们几乎可以用"封闭的知识＋烦琐的习题＝儿童畏惧学习"的公式来概括。所以，传统知识的传授对儿童往往失去了积极的意义和价值，灌输知识对于发展儿童的心智和人格的积极作用已受到质疑和挑战。

情境课程坚信知识与情境是相互依存的，任何知识都是在一定的情境中产生的，最终都将回到情境中去。儿童学习的知识更应该是情境性的。情境课程通过运用图画、音乐、表演、多媒体等直观手段，与老师的语言描述结合来创设情境，知识则是镶嵌在情境中的。我们不仅创设一种真实的生活的情境，还根据我们所吸纳的意境说的营养，创设一种想象的、审美化的情境，使情境更有广度和深度。儿童作为一个主体，在这样的情境中所获得的知识是圆融的、综合的、有声有色的，是带着审美和文化意蕴的。我们同时也认识到，儿童的学习不再是掌握一个一个的知识点、一个一个孤立的符号，那是所谓线性的知识。知识本身是多元的、有血有肉的、活生生的、相互联系的。

情境课程十分明确学习知识的最终目的是为了实践，为了创新。情境教育强调"着眼发展，着力基础"，"从未来出发，从现在做起"，进行有序的系统的应用、操作。因此，情境课程对儿童知识结构的建构是开放的，可以带有一定的弹性，可以拓展，可以补充，儿童学习的内容往往超越文本。情境课程十分注重儿童的创新、实践活动。实践是儿童认识的起点，知识只有通过实践才能被真正掌握。简言之，运用知识是为了创新。人类之所以能进步，就是因为运用知识，在实践中创新。古今中外的一切发明创造都是知识在实践中创新的结果。一方面，创新离不开实践丰厚的土壤；另一方面，没有创新，实践只能重复过去。我深感儿童的创新是幼小生命迸发出的最鲜活的、最富灵性的智慧的火花，即使是瞬间的，也是灿烂的；即使是粗浅的，也是可贵的，作为老师该何等地珍惜、珍爱。在儿童的认识活动中，创新提升了实践，生动的实践又激活了创新。因此情境课程在教学过程中，让儿童在特定的情境和热烈的情感驱动下进行创新实践，通过实体性现场操作、模拟性相似操作、符号性趣味操作来加强基础、促进发展，并通过实际应用来体验学习成功带来的快乐。

社会

我们在 20 世纪 80 年代初期就开发儿童的野外情境课程。从带领儿童走进大自然，进而走向社会生活，让儿童去接触、去感受社会生活中光明美好的一面。这对儿童认识周围世界，感悟社会生活起着奠基的作用，让他们知道知识是社会性的。儿童进行知识建构的过程中，必须联系社会实际，让儿童在与社会接触中，与他人互动、与环境互动中学习。因此，情境课程是一个开放的系统，它致力于拓展儿童的生活和发展空间，向家庭、社会延伸开去，让我们的课程回归生活实践。社会生活本身就是一个取之不尽的课程资源，它会影响着、引导着、支撑着在其中生活与学习的儿童。生活场景仿佛对人们倾诉着往事的心声，并带给人们很多深层的思考，同时又召唤着人们去向往未来。其实，这也是教材。儿童在其中感悟、观察、体验，并学会相互联系地、多元地、多角度地去学习知识。儿童学习知识最终是要在社会实践中加以运用，社会是儿童学习活动最佳的实验场、综合实践最生动的课堂。儿童学习的知识倘若远离社会，学习活动倘若隔离于社会生活之外，便没有任何意义，也不可能真正地领悟知识的精要。再说儿童学习的最终目的就是将来能在社会生存，并在个体发展的同时推动社会的发展，或者是在为社会发展的同时也发展自我。情境课程充分利用环境、控制环境，让课堂学习内容与社会相连；通过多样性的课外教育活动，渲染学校欢乐向上的氛围；凭借主题性大单元教育活动进一步与社会相通。儿童则在其中感悟、观察、体验，在社会实践中把知识学活。学校还设定教育周、各类校园节日，例如，二月的"爱书周"，三月的"学雷锋周"，六一节的"爱生日"，十月的"爱国月"、"丰收节"、"童话节"等，让丰富多彩的活动将课堂与校园、家庭、社会横向融通。相对固定的一段时间内，使这种与广阔的课堂、与最生动的文本密切相连的教育得到强化、持久，形成新的传统，产生了良好的教育效果。情境课程与社会相连，通过教育空间的拓宽，推倒了学校与社会之间的围墙，丰富了儿童在课堂上的感受以及认知建构的源泉。

情境课程将生活的真实情境与想象的模拟情境结合起来，为儿童提供了一个宽阔而又贴近的最适宜他们成长的环境。其中"角色效应"使儿童成为真正的学习活动的主体，并且通过"缩短心理距离"，在师生与教学内容间萌发情感，师生在情中、在爱中交流、互动，知识依存于情境交融中，儿童潜在智慧得以激活。把现在的学习和未来的应用联系起来，老师充分利用情境教育特有的功能，让儿童快乐地思维、想象、操作，通过儿童自己的创新、实践活动获得知识、提高能力，让潜在的智慧得到开发，情感、意志得到陶冶，从而使儿童的全面发展的目标得到落实。

因此，概括起来说，社会是儿童知识建构的情境。情境课程拓宽了教育空间，为儿童知识建构提供了不可缺少的资源和运用知识不可替代的现实情境，学生在其中感悟、观察、体验。

一、情感是儿童知识建构的纽带

情境课程通过创设一种"亲、助、乐"的师生人际情境和"美、趣、智"的学习情境来缩短儿童与老师、与同学、与教学内容的心理距离，沟通师生情感交流。师生关系的平等、亲和成为激活儿童潜在智慧的有效形式。

二、儿童是知识建构的主体

情境课程让儿童在已创设的特定情境中，担当角色、扮演角色，使儿童仿佛进入了现实生活的情境。角色转换产生的新异感，激起儿童热烈的学习情绪。儿童在角色意识的驱动下，尽情地投入，全面地活动起来，忘我地由"扮演角色"到"进入角色"，由教育教学的"被动角色"跃为"主动角色"，成为学习活动的主体。

三、"基础"与"发展"是知识的双翼

情境课程通过实体性现场操作、模拟性相似操作、符号性趣味操作，为儿童在知识建构的过程中插上"基础"与"发展"的双翼，以应用强化学习成功为其带来的快乐。

总之，儿童在情境中自我实现，知识在情境中生成、构建，社会生活在情境中显现它的价值与意义。这样，在情境中，儿童与知识、儿童与社会以及知识与社会之间的那种分离、对立就消失了。从而，儿童中心、学科知识中心的课程和单列的社会课程都不存在了。通过情境，我们将之糅合起来，这就是我们提出的情境中心的课程。我们把学生带入生活的、真实的情境，或在课堂上通过模拟的情境再现生活的画面，或通过角色进行模拟的操作，这些仿真的情境实际上是社会的缩影，是儿童熟悉而向往的生活世界，从而让儿童感悟到学校与社会、学习与社会、知识与社会、自身与社会都是紧密地联系在一起的。在这样的课程里，儿童、知识、社会

不是分离的，不是对立的，而是互动的。三者有机地融合在一起。而"情感纽带"则链接、牵拉其间，使情境课程充满着情感色彩和人性光辉。

3 营造儿童情境学习最佳环境的范式

我从儿童学习的空间、主体、距离、目标四个方面，构建起了一个开放的、多元的情境教育的基本模式。

拓宽教育空间，提高教育的整体效应

毫无疑问，儿童成长的环境应该比五六十平方米的教室要宽阔多了。但是由于长期以来受传统应试教育的影响，教育目标被扭曲、被阉割，教育空间变得狭小了。在沉重的课业负担之下，校园的高墙以至教室低矮的门窗阻隔了儿童与社会、与大自然的相通。我想，在这样一个狭窄的天地里，怎么培养出适应现代社会、迎接未来挑战的新世纪人才？在如此封闭的空间、陈旧的知识以及禁锢的意识笼罩下培养出来的学生，只能"复现"知识，而要敏锐地去感应、接受、发展未来大时空中辐射的各种信息，创造新的世界，是十分困难的。

无论是我们面对的活生生的现实，还是现代的教育论说，都表明儿童的发展需要一个广阔的空间。儿童的生活空间就是他们的成长环境。每一个儿童都是在十分具体的环境中成长起来的。环境与在其间活动的儿童，构成了一个静态与动态、物质与精神相交织的生长环境。这个环境对儿童的影响虽然是不知不觉的，但却是极其深远的。

学校教育已经不再局限于五十平方米教室里的课堂教学，而从课堂教学走向校园活动，从校园走向校外。而且这样的开放已经不再是单独的学科，而是从单科走向多科。这和封闭的传统教育不同，从课堂这一教育的主体区域延伸开去，将构建一个开放的儿童教育的空间。于是，"拓宽教育空间"逐渐沁入我的教育理念之中。与此同时，我还特别考虑到儿童成长空间的优化，要有情有境，富有美感，把各科教学的目标统一在促进儿童整体发展的目标上，对儿童活动空间中的每一个区域——从课堂到校园各个活动场所，以至家庭，力求构成一个连续的、目标一致的和谐整体，以充分利用环境、控制环境，最终使儿童生活的各个区域以统一的目标求得和谐，进而获得教育的正效应。

我归纳出拓宽教育空间有三个渠道：一是通过多样性的教育"周"、"节"活动，渲染学校欢乐向上的氛围；二是通过主题性大单元教育活动，强化教育的效果；三是通过野外情境教育活动，不断丰富课堂上儿童智能活动的源泉。教育的现实让我明确了情境教育正是从这三个区域来拓宽教育的空间，丰富"教育源"的，以促进儿童身心发展，使儿童身在学校，而心灵无处不受到滋润、有所感悟，从而提高教育的整体效益。所以情境教育操作模式之一，就是拓展教育空间，其目的是为了提高教育的整体效益。

我觉得教育具有集合性、连续性，为了强化教育的力度，就要在整合上下功夫。所以在设计情境教育实施方案时，我结合节日、时令，创造性地设立了"教育周"、"教育节"。实践发现，效果喜人。如二月的"爱书周"，在新年后刚开学，孩子拿到新书的时候，引导孩子爱书护书，培养孩子对书籍的热爱，做到班班有图书角、人人有小书柜（箱），鼓励孩子像小蜜蜂一样钻进书的花丛中博采众长；三月的"学雷锋周"，广泛开展学习雷锋活动，教育孩子以雷锋叔叔为榜样，心中有他人，热心助人，并针对社会弊端，着重进行责任心与社会公德的教育；五月的"创造月"，结合国际劳动节，集中进行创造教育，鼓励孩子充分发挥自己的创造潜能，大胆想象，积极创新，广泛开展科技小制作、科学小论文等少儿创造活动，让他们体验创造的快乐；十月的"爱国月"，把热爱祖国的教育作为整个思想道德教育的主线，集中进行爱国主义教育；圣诞前后的"童话节"，指导儿童读童话、编童话、唱童话歌曲、做童话头饰、扮演童话角色、表演童话剧，让他们走进神奇的童话世界，在其间尽情享受童年生活的欢乐，给他们插上想象的翅膀，激起他们的创造热情，把多彩的课外活动在新年的爆竹声中推向高潮……这些"教育周"、"教育月"、"教育节"，使我们积极正面的教育形成了新的教育传统，成为学校文化的重要组成部分。教育的"周"和"节"，每年在相对固定的日子，就像"老朋友"一样如期与孩子们相约，使其得以延续，同时在不断丰富中得到强化。

拓宽教育的空间，实际上就是拓展了儿童活动的空间，因为我懂得儿童总是在自身的活动中获得发展的。可以说，没有儿童的活动，就没有儿童的发展。活动内容单调则不能吸引儿童参与，更不能形成理想的氛围。为保证多样活动的顺利开展，我们以年级为实体，从班级到年级，使文体活动得到保证，兴趣小组活动得到普及，促使全体儿童身心愉快，特长、爱好得到培养和发展。课外活动综合化，又分别将"兴趣小组"、"信息交流"、"艺术欣赏"、"故事大王"、"作品朗诵"、"行为训练"等多种活动项目列入每天20分钟的综合课内，使课外活动具有广泛性。

此外，各年级还开展丰富多彩的周末活动，如营火晚会、元宵灯会、三八节与妈妈同乐、"十岁生日"与小伙伴共庆，都使儿童兴奋不已。就拿元宵灯会来说，从中年级起各自扎灯，集中展览，分班观赏，最后在元宵之夜大家举灯畅游校园。盏盏灯光与天上的星光共明，对儿童来说，那是一种多么美妙的情境啊！至于"动物运动会"、"猜灯谜比赛"、"故事比赛"、"小能人比赛"、"普通话比赛"等各类小规模竞赛活动，更是形成有效的激励机制。多样而生动的课外活动与优美的场景，作用于儿童的心理世界，使儿童感受到校园中的欢乐、友爱和群体向上的力量。儿童在这些活动里享受到了学习的快乐，老师也利用这些活动潜移默化地使儿童得到熏陶感染。

一系列教育的效果表明，儿童成长需要宽阔的空间、开放的空间、适宜他们成长的空间。在这样的宽阔的空间里，儿童可以在教育教学活动中扩大视野，身心俱适。这是学习，是活动，也是游戏，儿童就在这欢乐而充分的活动中得到了发展，于是我终于可以阐明其中的因果关系：拓展教育空间，提高整体效应。

缩短心理距离，进入最佳的情绪状态

从拓宽教育的空间很自然地就想到这个广阔空间中的人群，想到教师与学生之间的关系。我觉得多少年来，学校的教育活动一般是单向式、被动式地进行，学生感到一种"距离感"。我概括了一下，这大概表现在三个方面：一是教育者与被教育者之间的隔膜；二是学生与教学内容之间的距离；三是学生之间的距离。

但是在实验班的班级里、课堂上，却是另外一种景象。师生的和谐、同学的友爱、学生对教材产生的亲切感，都非常好地交融在一起。究其原因，那就是"境中之情"在起作用。我以为情感其实就是无形的纽带，不知不觉地链接在学生与教师、学生与教材、学生与学生之间。这一点我感悟到了，如何去概括呢？我想到美学中的"审美距离"的概念。我觉得以上我谈及的距离，其实是一种"心理距离"，而情境的作用不是保持距离，而是要缩短这种距离。于是我提出了"缩短心理距离"，其目的是为了形成最佳的情绪状态。这样就构建起情境教育的第二个模式。

如何缩短学生与教材、与老师的心理距离？这就需要归纳，进而概括出可以操作的途径。通过归纳，一切都变得那么明朗、清晰。

根据情境教育突出一个"情"字，我便通过创造一种"亲、美、和"的师生人际情境和"趣、美、智"的学习情境来缩短儿童与教师、与同学、与教学内容的心理距离，让教师真正成为学生的启迪者、激励者，从而激发儿童学习的热情，开发儿童潜在的智慧，促使儿童以最佳的情绪状态主动投入，主动参与，获得主动发展。"情"是缩短心理距离的神奇使者。

一、创设亲、美、和的人际情境，缩短教育者与被教育者之间及学习者之间的距离

亲和的人际情境，有助于缩短心理距离，形成最佳的心理状态。教育

不单纯是教学内容、教学形式和儿童之间的关系，不单纯是物化的情境对儿童情感的影响；教师的情感倾注，对儿童的心灵世界起着更为深远的影响。在孩子的心目中，教师是至高无上的，班级中每一个学生都希望得到老师的爱。所以，我们每一个老师都应该走进儿童心灵的深处，贴近他们的心理世界，饱含期待地关注、鼓舞他们的成长。我们的各科教学不能仅仅局限于学科内容的教学、学生的习得，还要看到儿童的情感需求，全面实施人的教育。

在近半个世纪与一批一批儿童的相处中，我深感到儿童是最富情感的，而教师在他们心目中是最权威而又最值得爱的人。这种情感孕育在儿童的内心，他们总想表露这种爱，也总希望教师能爱自己。而对教师是否可以爱，又是否爱自己，儿童幼小的心灵会十分敏感地触摸到他们内心的情弦。情境教育非常讲究一个"情"字，有情的教育使教师和学生之间不再是传统的隔膜状态，而是亲、美、和的人际情境。我们向教师提出了"一切为了儿童的发展"的总体目标，要珍爱学生的情感，关注儿童的情感世界；倾注自己的爱心，将其渗透在职业道德中。实验班的教师以自己的爱触及孩子的情绪领域，并且以"爱生乐教"作为自己的座右铭。孩子们从教师那儿十分敏锐地感受到一种期待、一种力量，从而转换成学习的内部诱因。这种群体的信心使教师和学生之间情感相互作用、良性循环，逐渐形成一种"诲人为乐"、"学而生趣"的教风和学风。优良的教风和学风的形成，成为儿童热爱学习、主动学习的情绪背景，亲、美、和的师生人际情境的情绪效应得到发挥。

不仅是在课堂上，在活动中以及在师生的交往、交谈中，同样是容易形成亲密的师生关系的。教师、学生共同策划、共同参与活动，师生之间有了更多的交往，提供了更多的相助机会。因为活动本身是处于动态的发展变化中的，活动所渲染的生龙活虎的场景唤起了师生的无意注意，使他们不知不觉地对活动场景中生动意象产生体验，无意识心理倾向很自然地趋向活动过程。

在活动中建立起来的融洽的师生关系，必然被反映到教学活动中来，对教师情感的投入，学生感受后再作用于老师，形成一种教与学相互推进的合力，从而使教学活动在亲、美、和的人际情境的作用下，构成了促进学生主动投入教学过程的成长空间。"学生尽可能大地发展"成为教师育人、育智的目标，也成为班集体和个人自我发展的目标。

二、创设美、趣、智的教学情境，缩短教学内容与学习者之间的距离

各科教学的内容在儿童"已知—未知"间，儿童很自然地因为陌生而与其产生距离；而且事实上各科教学的内容中有许多并不是来自儿童身边——既有时间的距离，也有空间的距离，加之教师纯客观的分析、灌输，更拉大了教学内容与学习者之间的距离。儿童对这种"有距离"的教学感到陌生遥远，很难激起学习的情绪。创设美、智、趣的情境，实际上就是把知识还原到或者是镶嵌到产生知识的那个情境中。简言之，情境教育就是把学生带到特定的、优化的或优选的情境中去，因为，一切知识都是在情境中产生的。这样儿童获得的知识是有情有境、相互联系的。对有着宽阔外延的知识，儿童易学也乐学。因此，各科教学以生动的直观演示与语言描绘相结合，创设情境；同时以情感作为纽带链接在老师和学生之间，缩短了相互之间的心理距离。这样在情感的驱动下，儿童便会主动投入教学过程中。

我历来认为，教学过程实际上也是老师再创造的过程，各科老师要把握促进儿童发展的"五要素"，组织设计教学过程，缩短儿童与学习内容之间的距离。所创设的情境，首先要注意渲染具有一定力度的氛围，使儿童对客观情境获得具体的感受，从而激起相应的情绪，使情境作用于儿童的多种感官，加深儿童的感受。教学内容学生可以看到，可以想见，可以捉摸，也可以应用。儿童由"近"感到"真"，由"真"感到"亲"，进而又由"亲"产生"爱"，随之产生情感体验。在老师语言提示、描绘的调节支配下，儿童情不自禁地将自己的情感移到教材的对象上，从而便主动地、兴致勃勃地甚至不知疲倦地投入教学过程中去。那种因"有距离"的

教学而常常出现的应付、冷淡甚至格格不入的学习状态，在美、智、趣的教学情境中被一扫而空。

利用角色效应，保证主体活动

在传统的灌输式的教育中，学生很难形成主体意识，因为他们处于一种被动接受、被动应付的情绪状态中，处在一个"我是学生"的"被动角色"的位置上。这种缺乏主体意识的学习者，很难获得主动的发展。整个的教育教学过程，要能成为儿童主动投入、主动参与的活动，关键在于学习者主体意识的形成及其学习态度、情感和意志的作用。而对于学龄期的儿童更多的是动机、情感的作用。

活动于课堂教学的现场——这个宽阔而亲和的空间的主体，就是我们的儿童。儿童是教育的主体，是课堂的主人，"一切为了儿童的发展"是情境教育的宗旨。在实践中，还有什么措施可以强化儿童的主体性？我联想到在语文情境连同数学情境、外语以及音体美中的表演体会情境，让孩子扮演角色时，孩子们一个个会立即兴奋起来，表演到高潮处，教室里常进入沸腾状态。由此我感悟到运用角色的担当或者表演，儿童就会进入角色，在热烈情绪的主导下表现角色、体验角色，经历角色的思维和系列的操作活动，使他们的主体性得到充分体现。各科教学中呈现的众多活生生的教学场景，表明角色会产生效应，而这个效应就使儿童已经被激起的主动性更加得到强化，主体性得到更充分的体现。于是，我明确地提出了基本模式的第三条：利用角色效应，强化主体意识。现在，新课标提倡学生是学习的主人，教师是教学的组织者和指导者，显然情境教育模式符合新课标的理念。

为了保证学生在教育教学活动中的主体位置，我们利用角色效应，让儿童在已创设的特定情境中担当角色、扮演角色，激起儿童对角色的喜爱。儿童因为担当角色、扮演角色显得那样激动和快乐。在此过程中，由于角色的转换，语言活动、思维活动、想象活动伴随其间。教师利用儿童进入角色的知觉，帮助儿童理解角色在情境中的地位，与其他角色的关系，进一步引导儿童体验角色的情感。这种角色效应，有效地强化了儿童的主体地位。

事实表明，角色的高效能使教师便于并乐于操作。我对课堂上学生担当、扮演的角色进行分类，除教材中的角色外，大致有三类。

一、担当向往的角色

向往，是顺应了儿童渴求的情感驱动。所以担当向往的角色，儿童的情绪会特别热烈，仿佛人格也顿时升腾了。我们常常根据课文内容和活动主题的需要，让儿童担当科学家、发明家、小博士、天文学家、宇航员、潜水员、教授、作家、诗人、画家、记者、旅行家、解放军战士、裁判员……让儿童以一个特定的他们向往的角色去学习教材内容，或朗读复述，或报告见闻，或演示操作，或描画表演，或主持裁决，让他们带着情感色彩，积极地参与这些与教育教学密切相关的活动。

"角色"使学生顺其自然地以特定的身份进入教材情境，不知不觉地主动探究、理解知识、模仿操作。对许多文艺性课文、诗歌，为了体会作者的情感，让学生担当作家、诗人，更是常事。这些向往角色的担当，并不需要什么道具，只是通过语言的支配，让学生进入角色，产生一种特定的角色意识，一下子激起热烈的喜悦情绪，把自己推上教育教学的主体位置。

二、扮演童话角色

儿童与童话有着不解之缘。在拟人化的作用下，那些普通的小动物和常见的物体、自然现象，在儿童的眼里、心中都富有了人的情感，而且它们是那样神奇而可爱，因此童话角色对儿童特别富有吸引力，他们扮演童话角色总是乐不可支。对那些动物王国的长鼻子大象、神气的小猴子、狡猾的狐狸，植物王国的萝卜娃娃、菜花姑娘、柳树大嫂、小草弟弟，宇宙王国的月亮婆婆、太阳公公、小雨点妹妹、雪花姑娘，孩子们都特别钟情，这极大地激活了儿童的语言活动，使他们用最生动的语言去表达，去对话。在情境教育中，我们让孩子们扮演童话角色，使教育教学内容与儿童更为贴近。儿童在情感的驱动下，主动投入的那种"力"，几乎是无法遏制的。教育变成了儿童自我要求、自我践行的多姿多彩的活动。让儿童扮演童话角色，为课堂增添了活力。在儿童想象的作用下，这种象征性移情使角色被笼罩上浓烈的童话色彩，儿童的情感活动一下子达到高潮。

三、扮演现实中的角色

根据教育教学内容的需要，我们常常让学生连同老师自己，扮演现实生活中的角色：农民伯伯、饲养员、售货员阿姨、司机叔叔和家庭成员中的爸爸、妈妈、爷爷、奶奶……这些角色虽然本来就存在于现实生活中，在自己的身边，但是，由于儿童要从自己"本角色"到"他角色"进行转换，因此儿童会感到既亲切又新鲜，情绪的兴奋是很自然的事。现实中角色的出现，使儿童仿佛进入了真实的生活情境，这些角色的扮演，通过角色的对白、角色的情感交流，教育教学内容更加现实化、形象化，由此可收到意想不到的效果。在课堂上，如果老师担当奶奶、妈妈、阿姨、营业员等，孩子简直会乐不可支。此外，为了体现所学知识、所悟道理的可操作性，我们常常创设某一职业范围的工作情境，如让学生担任饲养员，模拟给牲畜过磅，进行计算，然后编题；或让学生扮演测量员、统计员，进行实地调查，搜集数据；或让学生担任裁判员、营业员、邮递员，等等。通过角色的扮演，儿童可以进行应用性操作，实现"一看就懂"，"一做就明"，"一用就通"，因而产生顿悟，求知欲得到满足，从而非常乐意投入，在生动的情境中运用知识，增长才干。

无论是担当教材中的角色、向往角色，还是扮演童话角色、现实生活中的角色，这都顺应了儿童的情感活动和认知活动的规律。这里有审美的、道德的、艺术的，也有理智的、科学的，它们都因角色的转换，因新异感，激起儿童热烈的情绪，让儿童作为一个活生生的人，在角色意识的驱动下，全部地投入，全面地活动起来，忘我地由"被动角色"跃为"主动角色"。我深感，儿童的主体意识经过这样的培养，随着年级的升高，加之理智感的作用，"小学生"的"本角色"会逐渐形成主体意识，从而获得自我的充分发展。

突出创新实践，落实全面发展的目标

情境教育注重拓宽教育空间，缩短心理距离，利用角色效应，最终的目的是为学生的创新、实践提供最佳的外部环境，是要落实全面发展的目标。

情境教育拓宽空间，缩短心理距离，就是为了突出儿童的主体性。在设计情境教育实验方案时，我的思想是非常明确的，那就是：教育的基本模式是围绕儿童来构建的。正是考虑到儿童的生长环境，考虑到儿童和教师，和同学、教学内容之间的关系，考虑到在这样一个广阔的教育空间里儿童所担当的角色，更重要的是考虑到儿童作为人的发展——而这一切，就是素质的全面发展，我站在"一切从儿童出发"、"一切为了儿童的发展"这样一个制高点上，提出了情境教育的第四条基本模式：注重创新、实践，落实全面发展的教育目标，促使儿童获得尽可能大的发展。

情境教育强调"着眼发展，着力基础"，"从未来出发，从现在做起"，注重创新实践，并进行有序的系统应用、操作，为促进儿童全面发展打基础。这一育人、育智的过程，离不开学习者自己的实际操作。这使我很自然地想到在灌输式的教学中注重的往往是"题海式"的习题训练，以考分展示教育教学的效果。这无疑是对教育的扭曲！它阉割了全面发展的目标，阻碍了人才素质的全面提高。情境教育虽注重情感，却也注重"理寓其中"，并提倡学以致用。各科教学以训练学生能力为手段，贯穿实践性，把现在的学习和未来的应用联系起来，因此十分注重儿童的创新精神、创新能力的发展和实践应用能力的培养。我们充分利用情境教育特有的功能，以意境的广远，拓宽儿童的思维空间、想象空间，创设了既带有情感色彩，又富有实践价值的操作情境，为各种形式的模拟操作提供了可能，让儿童在"境中学"、"境中做"，动脑、动手、动口地忘我进行。关于儿童的应用操作，我根据教育教学内容的性质、特点，大致列出下面三种。

一、实体性现场操作

教育教学活动，应尽可能与儿童生活沟通，与应用相连。在条件具备时，让儿童进行实地现场操作，这对培养儿童的学习兴趣和实践能力颇有意义。

对实地现场操作，我们用得较为普遍的是数学。我们让儿童在实际生活的情境中扮演相应的角色，带着热切的情绪进行。如高年级学习统计，就让儿童担当小小统计员，到实地调查，从现实生活中搜集数据，然后自行设计、制作统计图表，这样，那些直线的、折线的、条形的、扇形的等单式、复式图表很快就被他们掌握了。

情境德育也常把学生在思想品德课上获得的道德认识转化为实践行为。我非常注重道德教育的实效性。根据儿童在语文教学、音体美教学中掌握的技能技巧，我们也有意识地组织学生在课外活动、社会生活的相关情境中去展示、去实践，去为学校、幼儿园、社会服务……所有这些都是十分生动的、切实可行的、在综合性现场中的操作。这里有知识向能力的转换，有"认识"向"践行"的飞跃；有思想感情的倾注，也有认识兴趣的培养，较为完美地体现了教育的社会性。

二、模拟性相似操作

实体性现场操作，效果之佳是显而易见的，但在现实生活中很难一一找到操作的情境。因此，模拟情境进行相似操作更有普遍意义。所谓"模拟"，是创设一种与现实生活相似的情境，有时这样的情境更具典型性，其中亦可包含儿童的模仿。由于模拟操作，有角色的模拟，有空间转换的模拟，有行为仿照的模拟，还有实物替代的模拟，所以对模拟性相似操作，儿童既感亲切，乐于接受，且又因为自己动手动脑参与，极易产生顿悟。这可谓"百闻不如一做"。由于是模拟的相似操作，在儿童的感觉中，这就不是小学生的"我"这个本角色的操作，而是"我"变成

了"他"——变成了"大人物"、"大角色"或"喜爱的角色";就不再是在教室,仿佛是到另一个富有生趣的生活场景中。一种新异感驱使儿童的心理、思维方式、情感倾向,都不是按习以为常的小学生本角色进行。所以,模拟操作特别能吸引儿童,他们往往争先恐后地参与并应用,而且这样的操作进行起来又特别简便。正是因为模拟,儿童必然带着想象进入情境,因此模拟操作为发展儿童的创新精神,进行创造性的实践活动,提供了一条独特的途径。为了培养儿童对现实生活敏锐的观察力、思维能力及表达能力,班队活动多次围绕一个中心进行模拟成人的小小"新闻发布会",孩子们当上了小记者和小主持人,迅速地提出问题、回答问题,并加以评论。这样的活动对促使他们就少年儿童生活中的热点展开广泛的讨论颇具针对性。由于儿童普遍乐于模仿成人行为,表示自己已经长大,富有独立生活的能力,因此,对这种转换空间、模拟成人行为的操作,他们十分热衷。对在这种充满着时代气息和展示儿童聪明才智的情境中,儿童关心生活、热爱生活的思想感情得到了很好的培养。

三、符号性趣味操作

我十分清楚初等教育让儿童掌握扎实的基础知识,主要是通过符号性操作去培养的。汉语拼音、语言文字、数字、公式、定律、音符乐曲等都是儿童应该掌握的符号。但由于符号操作具有抽象性,给儿童学习带来难度,且儿童不易产生兴趣。因此情境教育要精心设计使其生动些、有趣些,避免枯燥无味。在操作、实践之间,贯穿以儿童创造性、想象性的培养和发展,把创新和实践结合起来,从创新的角度来设计实践。

情境教育通过情绪的作用,为符号性操作添"趣",以"趣"为形式,以"符号操作"为实质。这种符号性的趣味操作,贯穿在教学过程中进行。教师根据教学需要,确定设计符号性知识的内容,然后选取儿童喜闻乐见的形式,进行富有创造性的有内涵的操作。

在符号性的趣味操作中,我们注意了"情境性"、"整体性"、"应用性"和"创造性",我们做到"趣"中见"新"、"活"中见"实",在儿童不经意间，使儿童的基础知识、学科的特殊能力得到培养，在打好扎实基础的同时，思维、想象、情感都得到和谐的发展，个性得到充分的张扬。这样做的目的就是为儿童营造一个开放的、亲和的、安全又可活动其中的环境。

由此，我比较宏观地从空间、主体、距离、目标四个方面构建这样一个多元的模式，也可以说是构建起一个促进儿童主动发展的成长环境。追溯到情境教育开始起步的时候，我就本着"一切从儿童出发"、"一切为了儿童的发展"的宗旨，坚持30多年进行情境教育的实践与理论研究。模式的构建深刻地告诉我，有着鲜明目标的创新实践，其理论构架势必符合儿童发展的规律。《教育研究》和《中国教育学刊》分别刊登了我的相关论文。

4 运用促使儿童主动投入学习活动的四大原理

在基本模式构建后的六年光景里，我一直思量着情境教育的基本原理究竟是什么。这是对自我的挑战。事实上，我作为教育实践工作者，不可能在情境教育生成前，像一些教育模式那样已将基本原理先前一步建构。如果一切都在已知的领域，课题研究的意义就在意料之中，也就无创新可言。我只能从实际出发，让一切真知来自实践，这是千真万确的。我仍然遵循着中国式的感悟思维，从感性到理性，去反思，去"悟"。首先，我追求的是在教育教学活动中，儿童不那么纯理性，而是在情感的驱动和召唤下，在不知不觉中，在无意识心理导引下，积极参与，以至沉浸其中而忘我。儿童在其间所处的地位，在我的思想里十分明确，那就是：儿童是主体，是主角，教师、教学手段、教学形式、教学方法都是为主体去服务，去促进主体的发展。这一切都在优化的情境中发生、互动，进而得到整合、形成合力。我为儿童进行的这些构想、希求，连同相关的措施、策

略，在漫长的时间里，浸润到具体的教育教学活动中，愿景渐成现实。于是当回顾、感悟这一过程时，从真实的场景、事件，从儿童的情感世界和状态中，我便发现基本原理的雏形，其关键词也日益显现，以至清晰。于是我一步步去揣摩、去做取舍，面对现象提升精华，终于经历了从感性到理性的飞跃，概括出情境教育的基本原理。其过程让我深感正是因为一切发生在为了儿童的真情实感中，所以基本原理也表里一致地表现出一切从儿童出发、一切为了儿童的理念。其基本原理为暗示倾向原理、情感驱动原理、角色转换原理、心理场整合原理。一言以蔽之，都是要促使儿童主动投入学习活动。

我从以下几个方面对情境教育进行了理性思考。

暗示倾向原理

情境暗示对儿童心理及行为会产生巨大的影响。为优化情境，针对儿童特点，我们运用图画、音乐、表演等艺术的直观或现实生活的典型场景，直接诉诸儿童的感官。这些处于边缘的形象、色彩、音响、节奏、语言等信息、符号，因为暗示的作用都可以被直接吸收，儿童可以对视觉、听觉等感觉到的全部信息做出反应。而这些信息在情境中又是有机地联系着的，构成一个协同动作的整体作用于儿童感官，从而更能强化信号。因此，儿童进入这样的情境后，很快便能被激起强烈的情绪，形成无意识的心理倾向，情不自禁地投入教育教学活动中，并表露出内心的愉悦与主动，迅速地对学习焦点的变化做出反应。情境教育的形真、情切、意远、理寓其中的特点，无不显示了情境教育特定的环境对儿童的心理倾向发生的作用。按照洛扎诺夫的理论，"凡是影响心理都是暗示"，而每个儿童身上天然存在着接受暗示的能力。这种主客观的一致性，表明情境教育的暗示倾向原理必然会促使儿童主动学习，其在教育、教学活动中也能得到有效和普遍的运用。

情感驱动原理

儿童在情感的驱动下能够主动积极地投入认知活动。儿童在对客观情境获得具体的感受时，会表现出一种积极的态度，在持续的关注中激起相应的情感，而情感会产生一种驱动力，促使儿童主动积极地投入学习活动，让自己的情感不由自主地移入教学或教育情境中相关对象上，并且随着情境的延续得到强化，逐步加深。长此以往，最终情感会弥散渗透到儿童内心世界的各个方面，于是相对稳定的情感态度、价值取向逐渐内化，最终融入儿童的个性之中。

这种人为优化情境的丰富美感贴近儿童，这对于处于人生早期和感知最灵敏时期的儿童来说，不仅仅会感到满意、愉悦，而且会几乎不假思索地接受。这种情感活动与认知活动结合的过程，在优化的情境中是普遍发生的，而且在不同学科、不同年级延续、反复、发展，对儿童的心灵必然产生潜移默化的作用。儿童的审美情感、道德情感和理智情感，会受到很好的陶冶。因此，"情感驱动"为第一原理。

角色转换原理

教学中，要让儿童由"被动角色"转变为"主动参与的角色"。根据教学的需要，让儿童扮演角色、担当角色，是儿童喜闻乐见的创设情境的有效途径之一。

通过角色的扮演、角色的对白、角色的情感交流，使教材中原有的逻辑的、抽象的、符号化了的内容变得现实化、形象化。角色转换使儿童作为一个活生生的人，在角色意识的驱动下，充分地投入，全面地活动起来。与此同时，儿童在角色扮演时产生的热烈情绪渲染了整个学习情境，不仅是扮演者，全体学生都在无意识作用下，不知不觉地进入了角色，最深切、最生动地经历了角色的心理活动过程。儿童的身心很自然地移入所扮演、所担当的角色中，于是他自己仿佛成了那个角色——

"我"与角色同一。情境教育运用角色转换原理，让儿童更深地体验角色的语言、行为，连同进行模拟操作，来培养儿童的实践能力。这种"有我之境"可产生一种巨大的无形的导引效应。教育教学活动随着角色的活动进入沸腾状态，促使儿童由习惯上的教学过程中等待接纳的被动角色，转变为积极参与的主动角色，从而积极思维，生动地进行相关符号学习和模拟操作等丰富的活动。

心理场整合原理

研究与实践表明，当心理场满足儿童的心理需求时会产生一种"力"。人为优化的教育情境不再是一个自然状态下的学习环境，而是富有教育内涵、富有美感而又充满智慧和儿童情趣的生活空间。情境中呈现的有美感的、快乐的丰富形象的感染，真切情感的体验，潜在智慧的启迪，使儿童得到一种满足。这种人为优化的情境的力度、真切感和美感，都足以影响儿童的心理世界。这种心理需求得到满足而形成的愉悦，让活动其中的儿童顺势产生向着教育教学目标推进的"正诱发力"。儿童的学习主动性得到充分调动，潜在智慧的发展也获得了最佳的场合。儿童的顿悟加速产生，认知结构和心理结构不断得到丰富，从而使不增加负担，不受强制自主学习、自我教育的理想境界日渐得以实现。

基本原理虽从四方面概括，但暗示倾向、角色转换和"心理场整合"都是与情感的生成、激起互为联系、互为作用的，因此，"情感驱动"成为情境教育基本原理中起着支撑作用的主心骨。

5 执行五大操作要义

情境课程强调以特定的氛围，激起热烈的情绪。在优化的情境中，它促使学生主动地参与，以至达到全身心沉浸其中的境界。情境课程巧妙地把儿童的认识活动与情感活动结合起来，让学生在对话与协商中相互激励，和谐地促进全面发展。

为了便于老师操作，我从语文、数学、科学、思想品德、音乐、体育、美术、外语各科教学实施情境教育的具体操作中寻找共性，从而概括出情境课程的五点操作要义。

以"美"为境界

在学科情境课程中，我选准了"美"，以"美"为突破口，即从"美"着手。然而对于"美"，我们绝不能把它仅仅作为教育的手段，不能仅仅是利用美。这使我很自然地联想到自己的探索历程，可以说，我在作文教学中发现了"美"，我又在阅读教学中发现了"美"。这是因为作为一个老师，我的心灵深处正如哲人所说，"美的发现的前提是追求"，我始终追求着的是教育的"美"的境界。因此，还要把"美"作为学科情境课程追求的境界。我提出这样的主张，也绝非单凭感觉，其间也包含着许多理性的思考。我从"美"与儿童主体性的形成、"美"与儿童精神世界的丰富、"美"与儿童最初的人生幸福、"美"与完美人格的培养等方面，来认识"美"的无可替代的重要作用，来具体诠释"美"的育人功能。

教学活动原本是人类追求文明的、智慧与情感融合在一起的活动。教学的这一本质属性决定了教学不能没有美。我们的教学对象正是一群天生爱美的儿童，我们的教材更是从不同侧面显示着、蕴含着自然之美、社会之美或艺术之美，我们的教育目标又是促进全体儿童素质的全面发展。因此，学科情境课程理应充分地体现美、利用美。教学实践已表明，无数成功的教学，一切深受学生欢迎的课堂，无不体现了一个"美"字，"美"也无处不影响着儿童的情感、智慧、身心的发展。幼小的心灵需要美的滋润，儿童的智慧活动需要美的激活，教学的高效能需要美的推动。一句话，孩子的发展不能没有美。学科情境课程的愿景以"美"为追求的境界；而学科情境课程在具体操作时，则以"美"为突破口。

我之所以以"美"作为情境课程的境界，是因为在我的教育理念中常常追求这样三个境界——

一、教学不仅为了学生学习，还为了学生主动地学习

教学需要美，但是现实中我们的教师却常常忘却了"美"。我时常在心里想着：美，是教育的磁石。这块磁石就在我们老师备课笔记的旁边闪烁着光亮，是拿起，还是放下，教学的效果大不一样。多少年来，我们的教学忽略了"美"的功能，以单纯"告诉"的方式，推进教学过程。教师与学生的分工是"教师把知识告诉学生"，"学生则把教师讲的知识听好记住"。这样的教学恰恰丢弃了那块宝贵的磁石——美。缺乏美感的教学，便成了没有色彩、没有生气、没有情趣的单纯的符号活动。那必然是枯燥无味的。孩子生来具有的审美需求没有得到满足，他们很难产生愉悦的情绪，产生主动投入教学过程的"力"，教学的主体性就很难形成。

二、教学不仅为了学生知识的习得，还为了学生精神世界的丰富

我们的小学教育的目的从某种意义上来讲，是学习、熟知人类积聚的文化遗产，从而了解人类文明史的进程，体验人类文明的光辉。儿童从中获得人类创造世界的精神力量，连同知识，最终转化成他们内心的精神财富，使他们的精神世界日益丰富起来。这该是一个多么丰富而具有深远意义的教育目标，是教育的一个多么美好的境界。但是单纯的符号活动、众多的习题、频繁的考试，并不能转化成儿童的精神财富。再联想到我们的学科，事实上，无论是文科还是理科，都是"美"的结晶。人类文明史的精神财富渗透着人类创造美的智慧和血汗，学科本身就渗透着美，蕴含着美。我们怎么能把生气勃勃的教学活动串成问答，缩成概念，编成习题呢？为了使儿童的精神世界在教学过程中得到充实、得到丰富，教学过程怎能丢弃美而单纯进行知识的教学呢？

三、教学不仅为了学生的未来做准备，还为了今天获得最初的幸福人生

我们常说，教育是明天的事业。"为了明天的幸福，你今天就得吃苦"

这类天经地义的训话，现在看来似乎不能讲得那么理直气壮了；再说，我们的教学倘若能给孩子一种美的享受，这对他们明天的发展必将发生深远的积极影响。缺乏美感的、单一枯燥的教学已经落后于时代对教育的要求，落后于人们精神生活的需求。其效果与今天素质教育大目标的要求，相距甚远。

显然，这三个层面，哪一层能丢弃"美"？实验班的老师拿起"美"这块磁石，使课堂教学充满魅力，充满师生间生命对话的勃勃生机，把学生紧紧地吸引过来，使孩子幼小的心灵得到润泽。实践与研究的事实表明：从"美"着手，强化教学的美感性，让儿童从小受到美感的陶冶及完美人格的培养，并激发其创新的欲望、创新的精神，由此便可走出一条实施素质教育的路来。无数伟人、科学家成长的事实都表明，"美"在人的成长和发展中所起的作用无法估量。

"美"的教育功能是全方位的："美"能激智、"美"能发辞、"美"能冶情、"美"能育德。实践表明，教学的美感已经在实验班众多老师的课堂上显示出"美"的诸多育人功能，并且发出了绚丽的光彩。

以"思"为核心

每个大脑发育正常的孩子都孕育着创造力，如同一粒沉睡在土壤中等待萌发、急切盼望破土而出的种子。作为人类的园丁，我们需要为这一颗颗珍贵的种子培育土壤，唤醒催发，提供支撑。

日本教育家木村久一写的《早期教育》一书，精辟地阐述了人的早期智慧发展的重要性。他指出，作为人的一种"可能能力"，智力是有它发展的最佳期的，就像小鸡追随母鸡能力的发达期是在出生后4天之内形成的。如果把刚生下来的小鸡，在最初的4天里与母鸡隔开，那么小鸡就永远不会跟随母鸡。木村久一列举类似实例以说明儿童的可能能力也有着自己的发达期，有着"递减法则"，即如果在发达期内儿童的可能能力不被唤醒，以后就难以得到充分的发展，最后就可能像灿烂的火花一样因得不到氧的供给而泯灭。

随着现代意识注入教育，我深感教师已不仅仅是一般意义上的知识的传授者，更重要的是播种者、唤醒者、鼓舞者——去播撒情智的种子，去唤醒潜在的智慧，去鼓舞创新的热情。

我深知，儿童的语言活动、认知活动连同情感活动，无不受其思维活动的支配、调控。因此，学科情境课程从儿童发展的明天考虑今天的教学，在理论构建上提出以"思"为核心，并将其作为操作要义的重要方面，主张教师的教学应始终以儿童思维发展为核心，以此设计组织教学过程，以"把孩子教聪明"作为一项特殊的任务，以"发展儿童的创新精神"作为不懈追求的目标。

谈到以思维为核心，这是我的一贯主张。1978年我写的第一篇论文就是关于在语文教学中怎样发展儿童的智力的；在情境教学促进儿童发展的要素中，我更是明确提出"以发展儿童思维为重点，着眼创造性"，谈到如何从观察与思维的角度、从语言与思维的关系、从想象与创造的必然联系，看思维的发展和创造性的培养。在情境教学走向多科的探索过程中，在时代强调培养民族创新精神的大背景下，我又加深了对发展儿童创造性的认识，甚至产生了一种紧迫感，并在情境教育的实践中加速了这方面的研究。在大量的教学情境中，我产生了新的感悟。我发现审美情感、师生人际情感，都会直接影响儿童潜能的开发和创新精神的发展。因为优化的情境不仅是物质的，情境中的人所抒发的、倾诉的、流露的、交融的情感会直接影响儿童的心理世界，进而影响儿童潜能的开发。

一、在审美愉悦中，培育开发潜能的土壤

我一直追求语文教育的完美境界——让儿童在学科教学中获得一种审美的感受，甚至是一种审美的冲动，使我们的孩子在忘我中、在广远的意境中想象开去，于是潜在的智慧、悟性迸发出令人欣喜的光亮。黑格尔说得好："真正的创造就是艺术想象的活动。"（《美学》）所以，我把"美"作为学科情境课程追求的境。

凡是美的，儿童就会被吸引。因为作为审美主体，孩子在审美感受中的需求可以得到满足，并由此产生欢乐感，思维也在无限自在的心理世界中积极展开，潜在的创新的种子就很易于在这宜人的审美场中萌动、发芽。由此可以看出，审美感受的愉悦影响着儿童的想象、联想、情感及行为动作。一切教学活动中的"美"，无处不显示出一种积极的驱动，无处不产生对儿童智慧的启迪、心灵的润泽。我也常常反思，情境教学、情境教育之所以能受到孩子的欢迎，逐渐走向成功，在很大程度上是"美"的恩赐。多年的教学实践也让我感悟到，"美"是培育创新种子的土壤。诺贝尔奖获得者杨振宁教授在中国做了关于美和物理学的学术报告。他在这场报告中动情地指出几代物理学家研究理论架构给人的一种"庄严感、神圣感"，显示了"崇高美、心灵美"是"造物者的诗篇"。一个物理学家的风格、审美情趣竟会直接影响着他研究的目标以及对世界的贡献，这是我过去尚未意识到的。由此可见，"美"影响着人生，影响着学术，创造了世界。情境课程通过美，不仅可以培养起儿童健康高尚的审美情趣，而且会让儿童在获得美感的过程中，产生创新的欲望和动力。

在音体美这本身富有美感的教学中，也同样需要老师有意识地利用美、强化美，而不是习惯性地随手拈来，粗略呈现。"美"的启智作用，常常使儿童的思维形象化、深刻化，这一点在音体美学科也得到了充分的体现。

二、在和谐的师生关系中，让情感点燃智慧的火花

儿童的思维活动往往受到外界环境的影响，在他们心里感到负担、受到压抑时，便处于抑制状态。在传统教育观念中，教师的主要任务是教给学生知识，而不是发展学生潜在的智慧。在这种思想指导下的教育教学活动，往往忽略了教师的鼓励对儿童自身发展的促进作用，在儿童内部，在他们的心理上，未能形成一种使其自身潜力得到尽可能发展的倾向。

这种师生关系的隔膜和不民主，必然会影响学生思维的发展、潜能的开发，这是许多善良的教师始料未及的。孩提时期特有的灵性、悟性随之

被弱化，以至被磨灭。宝贵的潜在智慧就像嫩芽一样，一点一点枯萎了。因此，情境课程以"情"为纽带，缩短了教师与学生之间的心理距离，倡导教师在内心形成对学生的殷切期待，把激发学生的创造潜能作为一种神圣的使命。

在传统的师生关系中，学生是以教师心中的"标准"为答案、为目标的，不少孩子干脆不尝试、不探究，这些都导致孩子的思维活动长期处于无冲突状态，思维的惰性便日渐形成。

于是，情境课程中教师的"爱"便会以"宽"去表现——宽容、宽厚、宽松，"宽容是一种伟大的精神"。有了这点精神，教师不再是高居于学生之上的知识的传授者，不再是"唯我独尊"、"唯我独是"。教师教学时，应以内心掩饰不住的深情，通过眼神、笑貌、爱抚去激励、唤醒、鼓舞学生，殷切地期待学生，坚信学生一定会成功。学生从教师的爱中获得信心，获得力量。

事实上，教师对学生的期待源于爱和信任。美国心理学家西尔凡诺·阿瑞提就说过，"一个善良的母亲的爱，伴随着认为孩子能成为一个有价值有创造性的人的那种信任"，是创造力的前提，并指出，"这个孩子会心力向内投射，他懂得分享母亲的情感，接受她的预言，他一定要证明她的母亲是对的，充满信任的母亲的形象，永远支持着他"。这一段话给我很大的启示，我深感期待效应在鼓励学生创新的当代，更有其普遍应用的价值。罗森塔尔的实验就最有力地证实了"期待效应"的真实性。

孩子产生了自信，这往往会转化成一种积极向着教学目标的驱动力，情不自禁地对储存在大脑里的信息、映像进行检索，并加以沟通、组合、叠加，使思维活动进入最佳心理状态，最终迸发出智慧的火花。事实正是这样，受到这种兴奋的情绪、挚爱的暗示，在这种经常性的期盼、激励中，儿童的内心便会逐渐形成激发自我潜在智慧的心理倾向。我以为这才是真正引导儿童开启智慧大门的闪光的金钥匙——它是由教师的爱心及其教学过程中的"启迪＋激励"熔铸而成的。

三、在认识周围世界的典型场景中，拓宽思维空间，让儿童的思维飞起来

学科情境课程着力培养学生的创造性思维品质，通俗地说，就是引导、鼓励孩子们想得远些、新些，想得与别人不一样；说得专业一点，就是有意培养学生思维的广阔性、思维的流畅性以及思维的独创性。所有这些都需要给孩子一个宽阔的思维空间。

我认为对于思维空间的"宽"与"窄"，教师的主导思想是至关重要的。这就像雏鹰飞翔，虽然眼下飞得不那么高远，但是飞翔的空间却是广阔无垠的蓝天，于是就有了长大后雄鹰翱翔天际的坚硬的翅膀。学科情境课程中人为优化的情境，由于本身的美感、意境的广远、情感的驱动，是最适宜儿童想天说地的宽阔的思维空间，都会有效地激起学生的想象，令其神往。凭借想象，儿童的思维使刘勰的论述"视通万里"、"思接千载"得到生动的映照，于是，孩子可以在意想中揣摩，在幻境中塑造，从而形成创新的欲望，培养创新的能力。

1. 在观察中培养观察力，为组合新形象做好铺垫

孩子怎么能想得广，想得远呢？这需要思维材料的储存，而这是建筑在对周围世界认识的基础上的。因此，让儿童在观察中培养一双敏锐的眼睛是必不可少的。人对世界的认识，主要是通过视觉获取的。因此观察对于儿童来说，不仅是认识世界的需要，也是丰富童年生活的需要，更是他们自身成长的需要。儿童总是睁大着眼睛看世界，因为世界对他们来说，是陌生而新奇的。他们不仅用眼睛、用智慧，而且是用整个心灵，去感知周围世界。观察为孩子的认识打开了一扇扇风光无限、奥妙无穷的窗户。

观察，对于儿童来说，满足了他们巨大的好奇心，以及对新生事物发现与挑战的渴望。周围世界的事事物物该蕴藏多少个疑问号！正是在这看世界的过程中，周围的景象、声响、色彩镶嵌在他们丰富的记忆中，以三维空间的形式记录他们获得的经验。这些经验、表象成为他们思维的鲜活的材料，成为展开想象组成新形象的重要的储存。

在情境教学拓展到情境教育时，同样是指导儿童观察，这一方法又有了新的内涵——不仅是在观察中思维、想象、描述，还要在观察中探究，也就是不仅要认识事物的现象，还要由此进一步观察分析事物的特征，从粗略的、笼统的观察发展到精细的、触及事物本质的观察与研究。

2. 在获得直接的印象中，发展想象力，为创新提供契机

观察是思维的基础，想象是拓宽儿童思维空间的最好的途径。儿童是富于想象的，凭借想象他们可以到达小鸟不能飞达的地方。可以说，想象力是儿童拥有的巨大的财富，但随着年龄的增长，这笔财富会随之减少，成年后则显得更加贫乏了。学校与教师必须不失时机地发展学生的想象力，必须无比珍惜孩子们最乐于想象、最易于创新的可贵的黄金岁月。

我们应该千方百计地让学生带着想象去阅读，带着想象去习作，带着想象去进行艺术创作，甚至带着想象进行科学的、数学的学习与探究。这样的阅读是智慧的阅读，这样的习作是激活智慧的表述，这样的创作是真正地在艺术中体现自我的创作，这样的探究是创新的萌芽。

想象往往是与儿童的感知、感受紧密相连的。在优化的情境中，图画、音乐、表演艺术的直观，让学生获得鲜明的、直接的印象，这种"直接的印象"笼罩着艺术的美，进入儿童的意识，为儿童展开想象做了十分有效的心理上、情感上的准备，甚至处于一种呼之欲出的状态中。想象，实际上就是将获得的直接印象，在"需要的推动"下进行新形象的组合。老师的提示、描述——"我们仿佛来到……"、"我们仿佛看见了……"、"我们仿佛听到了……"、"现在你们就是×××"带有推动性，让孩子在获得真切感知的同时，情不自禁地也进入想象的情境中了。

学科情境课程正是在这充满美感、有情有趣的宽阔空间里发展学生的思维能力和创新精神，使儿童在情境的驱动、心驰神往中展开想象，发展思维，启迪他们潜在的智慧。学科情境课程为了孩子的发展着力打好基础，同样注重符号操作，培养孩子探究思辨的兴趣，以引起抽象逻辑思维的学习活动，从而利用大脑两半球协调的合作关系，最终发挥全脑功能，

使孩子们一个个聪明起来，创新能力得到及早培养和发展。

以"情"为纽带

在学校这么多年，我深知传统教育过于偏向注重理性而忽视情感，而缺乏情感的教育是无法完成全面提高儿童素质的神圣使命的。我们应该强烈地意识到孩子的心随着他们阅历的丰富正在不断地发生变化，是变得关心他人、心地善良起来，还是变得冷漠？现在一般家庭里都是独生子女，许多年轻的父母并没有意识到自己无私的爱正娇惯着、孕育着一颗自私的心。无端的满足，会使孩子的心中只有自己。从学校这方面看，受应试教育的伤害，孩子对社会、对他人、对祖国知之甚少，也无暇顾及。

我一直认为，培养孩子高尚的道德情怀，是初等教育的崇高使命。我们要使孩子富有同情心，从小懂得关爱他人，友善待人，热爱生我养我的乡土，懂得热爱自己的祖国——那是多么崇高而美好的情感。归根结底，教育是人的教育，我们的使命就是把我们的学生培养成人，为了这个目标，我们必须积极引导和注重培育儿童的情感世界。世界教育的趋向，已从注重知识—注重能力—注重智力，发展到日益重视情感的教育，这正是体现以人为本的教育的需要。

在学校几乎所有的教师都知道儿童具有极大的可塑性。儿童在内心世界里总是满怀着积极向上的热情和欲望，他们总是希望自己能快快长大。孩子积极向上的心理是何等的急切！而这可贵的心理特点，常常是易于被忽略的。我们要深知，儿童人小情多，说儿童是"情感的王子"并不夸张。他们稚嫩的心田需要情感的滋润，正如苗木长成材不能没有雨露的浇灌一样。

情感具有巨大的能量，我们应该让情感进入学校，进入课堂，进入每一个学生的认知活动领域。学科情境课程根据教育的目标，根据儿童的特点，提出以"情"为纽带，缩短心理距离的理论。

学科情境课程根据教育教学的远期目标或近期目标，针对儿童的特点，或运用图画、音乐、表演等艺术的直观，或运用现实生活的典型场景，直接诉诸儿童的感官，引起感觉，产生体验。因此当儿童进入这样的情境时，很快他们就会被激起热烈的情绪。这种情感的驱动会使儿童情不自禁地投入教育教学活动中，并表露出内心的喜爱。"爱"又会演变成"力"，因而使教育获得意想不到的效果。其间，不仅有物化的情境的作用，而且有教师、学生、教材情感的传递。也就是说，"有意识地创造培养情感素养的环境，这是最细腻的教学艺术的领域，是教育素养的本质"（苏霍姆林斯基《让少年一代健康成长》）。

一、教师与学生之间，真情交融

儿童是富有情感的，教师在他们的心目中是最有权威而又值得爱的人，这种情感孕育在儿童的内心，他们总想表露这种爱，也总希望教师能爱自己。而教师是否可以爱，又是否爱自己，儿童幼小的心灵十分敏感地想触摸到教师的内心情弦。

首先教师应该将自己的感情公平地倾注给班上的每一个孩子。在教师眼中的学生没有"贫富"，没有"贵贱"，没有偏爱，没有歧视，不求功利，鄙薄庸俗，心中坦荡。学生从这样的教师身上便会受到纯真、高尚的陶冶。

于是，我提出了"一切为学生的发展服务"的总体要求，倡导珍爱学生的情感，奉献自己的爱心，使师生关系首先成为一种情感交流的十分亲和的人际关系。教师以自己的爱心触及学生的情感领域，成为儿童热爱学习、主动学习的情绪背景，亲、助、乐的师生人际情境的情绪效应得到发挥。

教师和孩子们建立起亲和的师生关系，营造了一种融洽和谐、充满自信、无拘无束的情境。我相信，没有爱和自信的学习是不会成功的。

二、教材与学生之间，引发共鸣

"教材—学生"之间情感的桥梁便是教师的情感。教师情感的示范性是学生与教材能否产生共鸣的关键。

学生与教材产生共鸣，表现得比较突出的是语文、思想品德、音乐、体育、美术等人文性很强的学科。尤其是语文教学，我曾经不止一次说过，小学语文虽小犹深，对儿童情感世界的影响是极其深远的，甚至是终身的。

教师对待课文中描写的人物、景物、事件的态度，显露出他内心情感世界的倾向。联系到我自己的教学，对课文中的伟人、英雄，首先我是崇敬、仰慕的，教学时自然而然就表现出敬爱和激动的情绪；对课文中描写的祖国的河山、祖国的瑰宝，我不是作为一般写景状物的文章教学，而是看到它是祖国锦绣山河、瑰丽珍宝的一部分，于是爱恋之情溢于言表，透出心中的愉悦和骄傲。所谓"传情"，就是这么一点一滴地渗透，一次一次地感染的。

情境教育通过生动形象的手段创设情境，注意渲染具有一定力度的氛围，从而激起儿童相应的情绪。在把儿童带入情境后，情境作用于儿童的多种感官，加深儿童的感受。儿童由"近"感到"真"，由"真"感到"亲"。在教师语言提示、描绘的调节支配下，从开始的"关注"到激起情绪，再到情不自禁地将自己的情感移到教材的对象上，在想象的作用下，儿童进入身临其境的心理场中，并随着情感体验的加深，引起情感的共鸣。即便是数学、科学，也因为"形"，因为"美"，以及担当某一相关角色，使儿童走进教材，为儿童学好知识、掌握教材做了重要的情感铺垫。

三、学生与学生之间，合作互动

以"情"为纽带，当然包含着学生与学生之间的亲密合作。班上每个学生都有各自的长处和短处。在主体性学习中，为了激活学生潜在的智慧，我们让他们在共同探究中相互学习，相互启发；在合作中求得互动，在互动中达到互补。

在各科的合作学习中，教师引导孩子们在学习中相互倾听小伙伴的发言，共同求得多种不同的答案，从各个不同的角度去思考、去发现；通过与他人互动交往，引发新的思考。学生潜在的智慧在同伴的启迪下得到开发，既求异，也求同。在这经常开展的相互交流、相互补充中，

他们体验到合作的快乐、交流的重要，有效培养了自己的互动意识和共同探究的精神。

课堂教学因为有情感纽带的链接、牵动，变得更富有诱惑力。在情感纽带牵动下，教师与学生之间、教材与学生之间以及学生与学生之间的心理距离缩短了，儿童便主动积极地投入学习活动中去。巴甫洛夫的实验证明：情感对大脑皮层的有效工作起到巨大作用，积极的情感增进它的工作，消极的情感阻碍、压抑它的工作。各科课堂教学的现场表明，实施学科情境课程，能激起儿童积极情感并产生增力的效果。苏联教育家多勃洛留波夫也说，"当孩子乐意学习的时候，就比被迫学习轻松得多，有效得多"。

这样在不同学科、不同年级延续、反复、发展，儿童的情感逐步加深，最终弥散渗透到内心世界的各个方面，作为相对稳定的情感态度、价值取向逐渐内化，进入自身的个性之中。

总之，儿童高级情感的发展，正是提高人才素质的重要基础。以"情"为纽带，培养儿童的高级情感，既是教育教学的目的，又是促进儿童主动发展的有效手段。

以"儿童活动"为途径

说到底，课堂是属于学生的，"教"是为了"学"。正是因为有那么多的学生需教、需导、需育，所以才有教师存在的价值。但在现实中，教师往往自觉不自觉地取代了学生的主体位置，"学"几乎等同于听讲、记忆、抄写、答题；教师的"教"往往简约成讲解、灌注、考试、评分。老师的主导作用被过度夸大、得到强化，从而忽略或排斥了教学过程中孩子应有的活动。"不及林间自在啼"的道理，并非为每个教师所接受。学生，尤其是小学生，在他们身体迅速成长的时候，更是通过自身的活动，去认识世界、体验生活、学习本领的。因此，学科情境课程选择以"儿童活动"为途径，在教学过程中让学生充分地活动。

一、活动融入学科课程，以求保证

儿童是蕴藏着智慧、洋溢着情感的活生生的人，他们具有成人已很少具有的可塑性、强烈的求知欲；他们比成人更富有情感，更充满活力与主动性。但是没有儿童的活动，就谈不上儿童的主动发展。只有让活动融入课程，儿童的主体位置才能得到保证。

学科情境课程强调特定的氛围，激起儿童热烈的情绪，让儿童在优化的情境中主动地活动起来，产生动机，充分感受，主动探究，进行情感体验、比较鉴别、判断正误、模拟操作、语言表达等一系列活动，通过图画、音乐、戏剧创设情境，进行包括唱歌、舞蹈表演在内的艺术的活动。这种学科情境课程中的活动遵循教材体系，以儿童知识、智能、情感意志获得尽可能大的发展为目标导向。

学科情境课程明确提出，在优化的背景下，把学科课程与儿童活动结合起来，这就不同于单设的活动课程由于不定期，内容缺乏系统性，往往易被忽略而得不到保证。实践表明，活动融入学科课程，为学科教学增添了活力，使教学化"难"为"易"、变"单调"为"多彩"，为学生发展提供了属于他们自己的广阔空间。

学生在优化的情境中活动起来，为可以显示自己的力量，表现自己的聪明才智，感到无比兴奋。在活动中，儿童的创造性最易于得到启迪和开发。客观环境与主体活动的和谐协同，使儿童全身心地沉浸其中，通过自身的感悟、操作、体验，得到主动的充分的发展。

需要说明的是，在教学过程中，让学生充分活动，并不排斥教师的主导，恰恰相反，只有在教师的主导下，学生才能活动得更好。

二、活动利用角色效应，以求主动

活动进入学科课程，必然受到孩子的欢迎。利用角色效应，让孩子扮演、担当特定的而又与教材相关的角色，学习教材内容——或朗读复述，或报告见闻，或演示操作，或描画表演，或主持裁决，都促使孩子带着情感色彩去学习。活动中，孩子担当、扮演"他角色"的新鲜感与情感体验，使他们兴奋不已。

儿童在课堂上扮演或担当的角色可归纳为向往角色、童话角色、现实生活角色三大类。那么在课堂上让学生担任哪类角色，又是怎么选定和设计的呢？学生担当的这三类角色中一种是扮演的。所谓扮演的，就是根据角色的需要，有一些小道具。例如一个头饰、一副眼镜、一只帽子、一副手套、一条围裙，甚至一撮胡子，让孩子简单地扮一扮、演一演，戏剧的色彩使角色的形象鲜明地呈现在孩子们面前，强化对教材形象的感受。另一种是提示支配的。如"现在就请你们担当写这首诗的诗人"，"现在我们就是课文中的××"，"让我们来做营业员"，等等。这是不必扮演的，只是通过教师语言支配，产生角色的意识。这种角色的担当，同样能帮助孩子进入角色，缩短与教材的距离，加深体验。无论是孩子扮演的角色还是担当的角色，都是根据教学的需要，从教材实际出发的。

教学过程中，通过角色转换，儿童就由习惯上的等待、接纳的被动角色，转为不断追求、进取的主动角色。他们一旦成为学习的主动角色，情绪就会由此辐射开去，主动地接纳知识，主动地想象、探究，主动地操作、进行综合实践。这样，儿童的主体意识在教学过程中，通过活动就可以有效地迅速形成，并日益得到强化，由此获得主动发展。

三、活动培养实践结合，以求应用

活动融入学科课程，教学过程随着儿童的活动推进，再利用角色效应进行，这样课堂教学比起单一的灌输式的教学就丰富多了。但是在教学过程中让儿童活动，并不意味着追求形式的生动，而是让儿童通过自身的活动，充实教学内容，丰富教学形式，让儿童乐中学、趣中学、动中学、做中学。活动贯穿于教学过程使活动具有鲜明的学科特点，并与培养实践能力相结合。也就是说，学科情境课程中，儿童的活动具有鲜明的目的，即通过活动体现儿童的自主，通过活动培养儿童的学科能力、实践能力、综合应用能力。事实上，人的诸多能力，正是在一次又一次的活动中逐渐形成并得到提高的。

应该说，通过活动培养学生的实践能力，是各科教学应承担的任务。语文学科听、说、读、写的能力，数学学科的口算、心算、计算的能力，音乐、美术的唱歌、绘画能力等的培养，都是不可忽略的要实现的教学目的。关键是学科情境课程强调学生的学科能力在实践中、在应用中培养、提高。学科情境课程从"儿童—知识—社会"三个维度进行建构，就是要将儿童课堂的学习与现在乃至未来的应用联系起来，形成学习的开放系统，从社会的需要，及早地培养儿童的实践能力。因此，作为教师，我们不能仅看到学校、学生、教科书，而且要看到日益发展的社会。归根结底，儿童终将是社会的一员，他们要走向社会，去生存，去发展，去展示自我。我们提倡教师要有广阔的视野，让儿童在课堂上充分活动起来。"学以致用"是中国古老的教育原则，而在今天，我们则赋予它新的内涵，即在"学中用"，"以用促学"，而"学"与"用"的中介，便是儿童的活动。

就拿语文来说，在生活中我们要进行或欣赏性的阅读，或休闲性的浏览，或资料性的检索，那么我们在教学中就应该有精读、略读、速读、跳读等多种不同要求和形式的阅读。在实际生活中，需用到叙述、说明、描写等不同表达方式以及应用文的诸多书面文字的实践，在教学中我们就应该有对各种文体的写作活动。在口头表达方面，我们的学生现在和将来需要能与熟悉的人或陌生的人交往，在交往中需说明情况、报告见闻、提出要求、发表见解、交流信息、沟通情感，需要有口语交际的实际能力，那么在教学中就需要模拟生活的情境进行口语交际，进行陈述、说明、对白、质疑、争辩、商量、评判等不同形式、不同要求的语言实践活动。而这些实践能力的培养往往是在模拟的情境中进行的。

再如数学是人们生活、劳动和学习必不可少的工具。学生在生活中能认识数，能把握数据大小的关系，能用数来表达和交流信息，能为解决问题而选择适当的算法，运算出结果，能收集和生活有关的数据，能描述数据，有初步统计的观念。

明确了各科在生活中应用的内容、应用的目的，在课堂教学中，学科情境课程便创设模拟的生活情境，让儿童在其中应用实践。通过角色扮演进行应用性操作和多种感官与思维、语言协同活动，把情感与认知活动结合起来，教学内容变得让儿童可以感受、可以触摸、可以应用，如此便可强化基础，做到"活中求实"。

在教学过程中让儿童充分活动，极大地激发了儿童的学习动机，他们感到无限快乐，似乎发现了自己，感受到自己的力量——精神的、智慧的力量在增长。活动为儿童开拓了宽阔的创造空间，让他们有一种更高的追求，希望自己能表现得更完美的渴望与日俱增。这时，他们的老师也会猛然发现，活动使孩子变得聪明、能干，似乎一下子长大了许多。如此开而弗达、循循善诱，必然水到渠成。

以"周围世界"为源泉

人类是大自然之子，大自然是人类生活的根基、智慧的源泉。大自然的万千姿态、绚丽色彩及富有音乐感的声响，又成为对儿童进行审美教育的课本。情境教育开设的野外情境课程，正是遵循了教育与自然相通这一教育的规律。那大自然的诗、大自然的画、大自然的音乐对儿童情感、意识以及智慧的发展，起着难以估量的作用。当然，我们反对过分强调自然的作用，忽视知识的系统学习，但大自然特殊的教育作用及其陶冶功能，确是其他任何教材也替代不了的。当儿童走进大自然宽阔的世界时，大自然那无与伦比的美感，连同大自然种种景象所包容的、所显示的因果关系，都会引起儿童的喜悦、惊叹和思考。儿童所掌握的词汇在其间复活，同时又在记忆屏幕上留下丰富鲜明的表象。可以说在很大程度上，儿童的发展是其与周围世界相互作用的前进运动。

情境课程根据儿童认识世界、学习的规律，十分注重儿童与大自然的接触，引导他们由近及远、由表及里地渐次认识周围世界。

儿童不断与周围世界接触，充分领略到大自然赋予的美感，逐步认识社会生活。儿童智慧的火花在其间被点燃，丰富的感知里广泛地储存了关于周围世界的表象，为第二信号系统开拓了取之不尽的源泉。在此过程中，我注意将接触周围世界，与认识大自然，与启迪智慧及进行道德、审美教育有机结合。

一、渐次认识大自然

周围世界是一个由大自然与社会生活构成的丰富多彩的天地。其中，大自然以它特有的丰姿、无与伦比的美感，成为对儿童特别富有魅力的场景。但它不宜一览无余地展露在孩子面前，必须渐次地在儿童眼前揭开面纱。

在条件尚不具备建立野外活动基地前，我们可就近优选周围世界的典型场景。就拿校门口的小河濠河来说，怎么经常带孩子去而又不至重复，只有逐一地渐次地进行。第一次，我们把孩子带到小河边，帮助他们认识"这是一条小河"、"一条弯弯的小河"、"河上"、"有一座桥"、"河两岸"、"有树"、"有芦苇"，让儿童认识小河的形体、空间位置及岸边的主要景物。第二次来到小河旁，我们让孩子们坐在小河边静静地注意着、听着小河水哗哗地向前流去，小船儿悠闲地在水面上摇着，小鸭子也跟在后面嘎嘎地叫着；然后让孩子从河上的景物猜想河底还会有什么。于是，小蚌蛤、小鱼、小石子、小螺儿、小乌龟，一下子闪现在孩子的眼前——"小鱼巧遇小虾"的童话，"乌龟和螺儿比赛跑"的故事就在这诗一般的小河边、在大自然的怀抱里诞生了。一篇"弯弯的小河，穿过石桥，绕过田野，哗哗地向远方流去"的带有八个生词的短文，竟被一年级刚入学的孩子轻而易举地学会了，这些词语带着鲜明的色彩与音响进入了孩子的意识，留下了难以磨灭的视觉和听觉记忆。以后年级升高了，在这小河边，我们还进行"濠河上吊桥的不平常的经历"、"我们沿着濠河走"、"濠河畔的野花"、"濠河边的青蛙音乐会"、"小蝌蚪到哪里去了"、"濠河边的芦苇丛里"、"濠河变清了"等主题的认识，仅从这一小角，儿童就可由此去感受周围自然的美、趣、情。其他的许多场景也都如此渐次地进行，大自然的美貌在孩子的心灵上就永远是新鲜的，富有诱惑力的。儿童对大自然的感情，也在这有意无意间日积月累地积聚起来。反之，离开大自然奢谈自然之美、生态平衡，只是一席空话而已。因为没有感性，哪里会有理性呢？

二、潜心启迪智慧

情境课程引导儿童认识世界，注重儿童与大自然的接触，引导他们由近及远、由表及里地渐次认识周围世界，引起积极的思维活动。为此，我们极力扩大儿童的视野，拓宽教育空间，开设了野外情境教育课程，把它作为源泉领域。

周围世界的某一场景虽然是广阔天地的一隅，但此物与彼物、甲现象与乙现象的变化，及因与果的相互关系，都可以激起儿童的思考。面对具体情境，感觉真切，思维就有了材料，推理就易于找到依据。这对促进学龄期儿童从具体的形象思维向抽象的逻辑思维过渡、发展更为合适。例如引导三年级的儿童去认识家乡的"桥"，沿着家乡的濠河逐一认识、观察桥，并相机介绍家乡桥的变化。这种集中观察某一事物的方式使感知目标鲜明，引起学生极大的兴趣，甚至有点"考察"的意味，从而使儿童的感受获得丰富的源泉，思维活动积极展开。他们自己提出：

"这座桥原先是怎么吊起来的，怎么会想到建吊桥呢？"

"这座石桥除了三个大桥孔外，上面还有小孔，是不是运用了赵州桥的原理？"

"我记得公园桥原来是很陡的，骑自行车很难上去；现在坡度减小了，人和车都好走多了。"

"新建的斜拉桥究竟是用的什么原理？"

……

这些从周围世界中优选的客体，变成了孩子发展思维能力、想象能力，感受建筑文化的活动。在野外教育中，大自然及社会生活中的事事物物直接或间接地作用于儿童感官，这种开放式储存信息的方式，为第二信号（即语言文字）系统提供丰富的资源，使儿童得到源源不断的思维"材料"，表象丰富，并随着视野的拓宽，思维的领域也日益扩大。事实表明，只有保持现实具体刺激与现实抽象刺激所引起的两个信号系统的自然平衡，儿童的思维才会具有广阔性、深刻性、灵活性的品质。

三、与道德、审美教育结合

大自然与人相连、与社会相通，而涉及社会的教育就包含着思想道德、审美情趣。因此，在引导儿童认识周围世界时，实验班有机渗透思想教育、道德教育及美的熏陶。如让孩子们去体验春天的生机、夏天的繁茂、秋天的奉献、冬天的孕育；去观察太阳怎样使人类从黑暗走向光明，月亮怎样跟着地上的孩子在云朵里穿行；感受日出的气势、光亮、色彩、炽烈，体验月升的恬静、温柔和所展现的神话般的意境……这些我们都让孩子观察过、欣赏过、描述过，热爱大自然、保护自然资源的教育都渗透其中。一次一次，孩子们去郊外的萝卜地、果园、稻田、瓜地，丰收的场景使他们沉浸其中。对劳动、劳动果实、劳动人民的情感，就在这具体生动的一幕幕场景的认识过程中培养起来了。

就在那美丽的田野上，从老牛的"哞哞……"到拖拉机马达的轰响；从方整的农田到在田野里辛劳的农民；从田野边寥寥无几的低矮的小屋，到耸立在村边的一幢又一幢新建的小楼房；从老街上石子铺成的小路，到今天宽阔繁忙的大街，无不包含着对儿童进行热爱劳动、热爱劳动人民、热爱生活、热爱美丽的家乡、热爱优越的社会主义等方面生动形象的教育。实验班诸如此类许多有关道德、审美的教育，常常是在认识周围世界的过程中相机进行的。

我们让儿童渐次地认识大自然，启迪智慧，并与道德、审美教育结合，让他们在无限美好天地间感受、思索、顿悟，获取天地万物给予他们的智慧语言的源泉。学生在此基础上展开联想、想象和分析推理。这些活生生的信息资源，大大弥补和丰富了课堂上的符号认知活动。